W0078139

WALTER SCHOBERT

MALT WHISKY
GUIDE

IMPRESSUM

Hinweis: Die im Buch genannten Adressen, Zahlen und Besitzverhältnisse entsprechen dem Stand vom Juni 2012. Aktuelle Informationen sind auf der Online-Serviceseite zum Buch unter www.maltwhiskyguide.de.

Dank: Wir danken Gregor Haslinger, Whisky Spirits in Frankfurt/Main (www.whiskyspirits.de), für seine kenntnisreiche Mitarbeit beim Korrekturlesen und die redaktionelle Betreuung sowie für seine attraktiven Fotos und Dieter Kirsch für die Unterstützung beim Fotografieren der Flaschen in seinem Lager.

Fotos: Vorsatzmotiv und Seiten 5, 6, 12, 14, 15, 19, 20, 23, 29, 148, 187, 205 und 207 Gregor Haslinger, Frankfurt/Main; Seite 147 Diversa Spezialitäten GmbH, Rheinberg; Seiten 46, 57 (Mitte und rechts), 111 und 142 Archiv des Autors; alle weiteren Michael Brem, Leonberg/Fotoassistenz: Oliver Fritzel
Zeichnung: Seite 8/9 nach einer Vorlage von projekt design, Frankfurt/Main
Gestaltung und Titel: Julia Graff, Design & Produktion, Weil der Stadt
Satz: pagina GmbH, Tübingen
Gesetzt in der Scala, Syntax und Trajan Pro
Reproduktion: LUP AG, Köln
Druck: Bosch-Druck GmbH, Landshut
Printed in Germany 2012

4 3 2 1 | 2015 2014 2013 2012
www.haedecke-verlag.de
ISBN 978-3-7750-0510-4

INHALT

Einleitung
Zu diesem Buch

Vor genau 20 Jahren, 1992, erschien dieses Buch zum ersten Mal und damals begann es mit dem Satz: »Fangen wir damit an, was dieser Malt Whisky Guide, dieser Führer zu den Quellen nicht ist, was er weder sein will noch sein kann.« Das soll gleich geschildert werden, aber vorher muss erst einmal konstatiert werden, dass die Whiskywelt eine andere ist als vor zwei Jahrzehnten. Sie hat sich gewaltig und grundlegend verändert, in vielerlei Hinsicht ungemein positiv, zuweilen aber auch negativ.

Positiv ist es gewiss, dass das Angebot an Malt Whiskies geradezu explodiert ist. War man damals froh, von jeder der schottischen Brennereien wenigstens eine Sorte probieren zu können, steht man heute vor Regalen, in denen vier oder fünf, manchmal auch ein Dutzend und zuweilen sogar Dutzende von Varianten eines Malts zu finden sind. Wer miterlebt hat, wie man Anfang der 1980er Jahre in Deutschland die Sorten noch an zwei Händen zählen konnte, kann sich heute nur vorkommen wie im Paradies.

Auf der anderen Seite öffnet sich da eine Schere. Fusionen hat es im schottischen Whiskygeschäft schon früh, eigentlich schon Ende des vorletzten Jahrhunderts gegeben und schon in den zwanziger Jahren bildeten sich durch Zusammenschlüsse übermächtige Konzerne wie die DCL. Ein Jahrzehnt später begann die Globalisierung – vielleicht war die Whiskyindustrie sogar die erste, bei der dieses so moderne Phänomen zu beobachten war. Die DCL ging nach USA und Australien und in Schottland landeten die Kanadier.

Heute ist schottischer Whisky zu einem Teil in der Hand großer internationalen Konzerne, über sein Schicksal wird in Tokio bestimmt oder Paris und manchmal sogar in London und man hat den Eindruck, dass nicht mehr so viel übriggeblieben ist, was da noch übernommen werden könnte – es sei denn, Diageo, die weltgrößte Spirituosenfirma, schluckt doch noch Pernod-Ricard, die zweitgrößte.

Das alles ging und geht natürlich einher mit den üblichen Begleiterscheinungen – und man darf schon froh sein, wenn bei lauter Rationalisierung und Verschlankung wenigstens noch alle daran festhalten, schottischen Whisky – anders als eine britische Automarke – nicht in Indien oder China zu machen ...

Hier läuft der Nachlauf durch den spirit safe.

Aber die Schere hat noch eine zweite Schneide. Gut, dass es sie gibt. Denn den wenigen, immer wenigeren, großen Konzernen stehen immer mehr kleine und ganz kleine Einzel- und Familienunternehmen gegenüber, den Fabriken die Manufakturen, den Buchhaltern und Controllern diejenigen, die Malt Whisky für ein lokales schottisches Produkt halten und dafür sorgen, dass es das auch bleibt (wobei es sich noch herausstellen wird, ob sie nicht doch besser rechnen können als die *accountants*).

Wir sind jedenfalls mit ihnen der Meinung, dass es eben einen Unterschied macht, ob ein Computer vorgibt, wann beim Destillieren der *cut* gesetzt werden muss, oder ein Mensch entscheidet. Es macht einen Unterschied, ob noch ein paar Mitarbeiter eingespart werden und die Fässer nicht mehr vor Ort gelagert werden, weil beim nächsten Vierteljahresbericht »die Märkte« und die *shareholder* gute Zahlen erwarten, oder ob eine Familie Malt macht, damit die nächste Generation ihn verkaufen kann.

Bei aller Freude über die wunderbare Fülle an wunderbaren Malts gestehen wir, dass wir uns manchmal schon auch ein bisschen Sorgen machen um die Zukunft – nicht die der neuen Märkte in China und Mexiko, sondern um unsere Zukunft als Whiskyliebhaber und -genießer. Und wir hätten es

schon gerne, wenn auch noch unsere Kinder und Enkel manche Malts in der Qualität genießen könnten, in der sie uns unser Leben schöner gemacht haben.

Aber kommen wir zurück auf die Frage, was denn nun dieses Buch von anderen Whiskybüchern (deren Zahl auch explodiert ist) unterscheidet.

Malt Whisky ist nach unserem Urteil und der ebenfalls dramatisch gestiegenen Zahl seiner Afficionados eines der schönsten, edelsten, individuellsten Getränke dieser Welt. Welch eine Fülle von Aroma, welch ein Reichtum an Geschmack auf der Zunge, welche Vielfalt von Eindrücken beim *finish*! Was die Nase riechen, der Gaumen schmecken darf – ins Schwärmen kann geraten, wer es beschreiben möchte.

Die Frage ist nur, wem das nützt. Denn entweder bleiben solche Versuche sehr im Unverbindlichen stecken (»eher als Aperitif«, »mehr nach dem Essen geeignet«) oder sie versteigen sich in Formulierungen, die einen ausgewachsenen Lyriker vor Neid blass werden lassen. Und die dann regelmäßig abgeschlossen werden mit dem Bekenntnis, man müsse natürlich zugeben, dass der gleiche Whisky bei anderer Gelegenheit völlig anders geschmeckt habe.

Blick über Loch Indaal auf der Insel Islay hinüber nach Jura.

Bewertungen wollen wir also nicht geben, kein Geschmacksführer sein. Gerade weil wir zutiefst davon überzeugt sind, dass jeder Whisky einzigartig ist, gerade weil wir fest daran glauben, dass ein Malt das Prädikat *Single* auch deshalb trägt, weil er unverwechselbar ist, gerade weil wir möchten, dass uns die Industrie Single Malts in *cask strength* anbietet, gerade weil wir wissen, dass sich ein Malt vom anderen ebenso unterscheidet wie der Wein eines Châteaus vom anderen, wie ein Jahrgang eines Grand Cru vom folgenden, gerade deshalb glauben wir, dass Geschmacksbewertungen bestenfalls Annäherungen sein können, aber immer nur das erfassen, was man in *einer* Flasche, *einem* Glas gefunden hat. Die nächste Flasche, das nächste Glas können schon ganz anders schmecken.

Das ist der objektive Grund für unseren Verzicht auf geschmackliche Bewertungen. Der subjektive kommt dazu. Zu jeder Bewertung gehört der Bewerter, sein Geschmack, seine Erfahrung, seine Kenntnisse – und seine Laune. Die Situation, in der ein Malt getrunken wird, beeinflusst die Meinung über ihn ganz ungemein. Ein torfiger, schwerer Islay schmeckt an einem nebelverhangenen, grauen Regentag auf der Insel ganz anders als an einem warmen und heiteren Sommerabend auf der deutschen Terrasse. Eine Banalität? Natürlich – aber wozu taugen dann die lyrischen Ergüsse oder die oberlehrerhaften Noten?

Auch auf eine andere Eigenheit von Whiskybüchern haben wir verzichtet: die Einteilung und Untergliederung in Landschaftstypen, liebgeworden und durch die neuen Whiskygesetze von 2009 endlich auch genau festgelegt. Auch sie wird oft verwendet, um die Malts geschmacklich zu sortieren – und ist untauglich dafür. Denn auch dabei gibt es zu viele Ausnahmen, als dass die Regel noch brauchbar wäre. Ob ein Whisky aus den nördlichen, westlichen oder östlichen Highlands kommt, vom Spey, vom Deveron, vom Livet oder Findhorn, aus Campbeltown, von Islay oder einer der anderen Inseln (die keine eigene Region mehr sind) oder aus den Lowlands – das mag man sich notieren, um Ordnung in den Kopf zu bekommen und sich die Vielfalt leichter merken zu können. Mit dem Geschmack hat es wenig zu tun; einen wirklich typischen Landschaftsgeschmack gibt es einfach nicht. Selbst die acht Destillerien auf Islay weisen mehr Unterschiede als Gemeinsamkeiten auf.

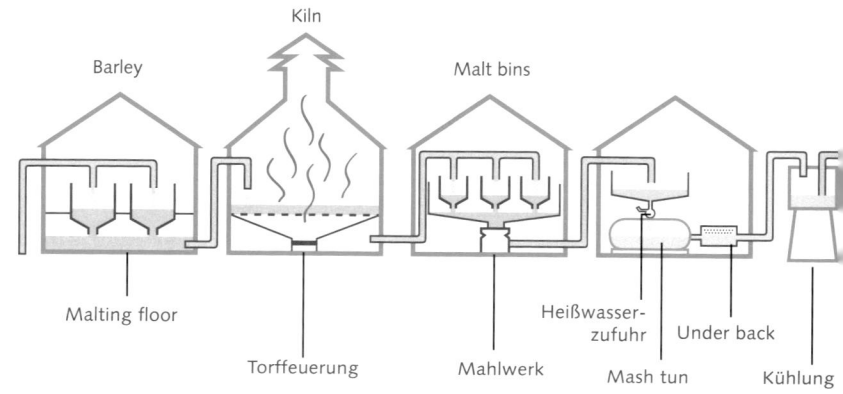

Barley

Kiln

Malt bins

Malting floor

Heißwasser-
zufuhr

Under back

Torffeuerung

Mahlwerk

Mash tun

Kühlung

Für frühere Auflagen habe wir uns auf einen, faulen, Kompromiss eingelassen und haben trotz unserer grundsätzlichen Bedenken und um unseren Lesern die Einordnung eines Whisky doch ein bisschen zu erleichtern, die »seitlich offene Schobert-Skala« eingeführt, um einen Hinweis auf die an Rauch und Torf gemessene Heftigkeit zu geben: Das waren keine Noten, keine Bewertungen, sondern nur ein Versuch, den Charakter eines Malt nach einigermaßen objektivierbaren Kriterien zu erfassen. Wir geben zu, dass er nicht besonders geglückt war und unterlassen ihn deshalb dieses Mal.

Dieses Buch soll ein »Guide« sein, man soll es in die Tasche stecken und mitnehmen auf seine Entdeckungsreise in das Land, aus dem der Malt kommt. Wer dagegen daheim im stillen Kämmerchen seinen Whisky genießen möchte, dem ist besser mit dem zweiten Buch gedient, das wir inzwischen (auch in diesem Verlag) veröffentlicht haben, dem »Single Malt Note Book«. Dort findet man behutsame Annährungen, Beschreibungen der Whiskies und kann sie mit seinen eigenen Empfindungen vergleichen.

Die Skala funktioniert auch deshalb nicht mehr, weil immer mehr Brennereien nicht nur einen, sondern gleich mehrere Whiskies machen, meist einen ungetorften und einen getorften. Wie hätte man das markieren sol-

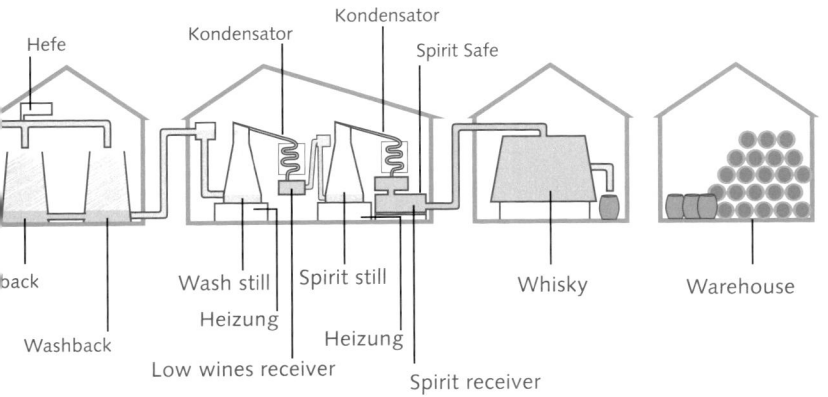

len? Besonders, wenn eine Destillerie nicht nur zwei, sondern wie Springbank drei oder wie Bruichladdich je nach Zählung zwischen vier und noch mehr produziert? Ein anderes Problem kommt dazu: Springbank hat für seine drei auch drei verschiedene Namen, Bruichladdich aber auch nur für drei, die anderen heißen alle *Bruichladdich*. Aber beide benutzen das gleich Equipment, während anderswo in den gleichen Gebäuden, aber z. B. mit verschiedenen Brennblasen gearbeitet wird.

Womit wir bei Auswahlkriterien und Regeln wären: Die Quelle für einen Whisky ist seine Destillerie. Alle Varianten von Bruichladdich finden Sie also unter diesem Namen im Alphabet. *Glenburgie* und *Glencraig* kommen zwar beide aus Glenburgie, aber für den *Glencraig* wurden eigene *stills* benutzt. Deshalb gibt es zwei Einträge – und auch die unterschiedliche Schreibweise ist geklärt: *kursiv* verwenden wir, wenn wir von Whisky sprechen, »normale« Typographie, wenn von der Brennerei die Rede ist. Das sind jetzt nur noch schottische – ein harter Einschnitt gegenüber früheren Auflagen, aber ein konsequenter und wir handhaben ihn auch konsequent. Deshalb verzichten wir sogar auf die beiden irischen »Schwestern« Bushmills und Cooley. Zu den Dingen, die sich in den letzten zwei Jahrzehnten gar wunderlich vermehrt haben, gehört auch die Menge der Whisky her-

stellenden Länder und die Zahl der Destillerien. Vor 20 Jahren staunte man noch drüber, dass auch in Japan Malt gemacht wird (und zwar seit mehr als 100 Jahren) und dass es in Indien mehr Brennereien geben sollte als in Schottland. Heute wird nicht nur mehr Malt angeboten und genossen, sondern vor allem auch gemacht. Immer mehr Produzenten versuchen, als Trittbrettfahrer auf die schottische Lokomotive aufzuspringen.

Im trinkfreudigen Schweden sind es (und bei allen Angaben handelt es sich um Momentaufnahmen vom Jahresanfang 2012) schon sieben, die in Produktion sind oder im Bau. Selbst die Engländer haben das Tabu gebrochen, dass Whisky ein schottisches Getränk sei. In Österreich und der Schweiz tut sich was und in Deutschland fühlt man sich eher an krebsartige Wucherungen erinnert: Kaum eine Woche, in der nicht die Lokalzeitung irgendeiner Kleinstadt stolz vermeldet, dass die örtliche Brauerei oder ein Obstbrenner ihre wahre Berufung entdeckt hätten ... Manche brennen tatsächlich Bier und haben nicht gemerkt, dass Hopfen nicht in Whisky gehört, genauso wenig übrigens wie zugesetzte Enzyme.

Wir begnügen uns mit Schottland und stellen ganz schlicht vor, welche Malts es gibt, wo sie hergestellt werden und wo man sie, die Herstellungsorte und die Malts, findet. Dabei ist Vollständigkeit und Korrektheit durchaus angestrebt. Ob sie erreicht wurde, hängt nicht allein von uns ab, sondern auch von der Industrie, die, wie gesagt, immer heftig in Bewegung ist und sich ständig verändert. Im Augenblick werden freilich, anders als früher, eher Brennereien wieder aufgemacht als geschlossen oder sogar neu gebaut. Drei von ihnen fehlen noch: Aisla Bay, Roseisle und Daftmill, die zwar schon produzieren, deren Whisky aber noch nicht abgefüllt wurde.

Ausgegangen wird dabei immer von der Destillerie, deren Name oben auf der Seite steht. Darunter kommt eine Information, die helfen soll, Namen richtig auszusprechen und zu verstehen – auch das Versuche und Annäherungen. Für die Aussprache sollte man immer »native speaker« fragen, also Leute, die auch im Alltagsleben Gälisch sprechen. Von denen gibt es hier in Islay noch genug, aber fragt man zwei, bekommt man auch zwei Versionen. Noch schlimmer ist es mit der Übersetzung: Manchmal, oft, sind die Namen in ihrer modernen, am Englischen orientierten Form verballhornt bis zur Unkenntlichkeit und es gibt mehrere Möglichkeiten sie abzuleiten.

Wir haben unser Bestes versucht. Im Zweifelsfall gilt: Versuchen Sie es nicht Englisch, sondern eher Deutsch und betonen Sie auf der vorletzten Silbe.

Damit Sie die Destillerien finden, geben wir die OS-Nummer. Das steht für Ordnance Survey und meint präzise Landkarten und ihr spezielles Orientierungssystem. Nicht jeder hat ja ein »Navi« und wer es hat, wird in Schottland manchmal auf groteske Umwege geschickt. Die »National Grid Reference« dagegen ist eindeutig: Jede Karte hat eine Nummer, die Zahlen verweisen auf ein Quadrat und dort findet man, was man sucht. Die Telefonnummern sind nicht die der Destillerien oder das Büro ihres Managers, sondern, falls vorhanden, des *Visitor Centres*. Immer mehr haben eines und freuen sich auf Besucher, weil sie gemerkt haben, dass dies die beste Form von Marketing ist. Aber viele haben eben auch keines und möchten bei ihrer Arbeit nicht gestört werden – und das sollte man auch respektieren. Selbst wenn man nicht eingelassen wird, es ist meist schon aufschlussreich zu sehen, wo eine Brennerei liegt und wie sie aussieht.

Eine Bestandsaufnahme der käuflich erwerbbaren Whiskies ist mittlerweile ein ebenso schwieriges wie gefährliches Vorhaben, also versuchen wir sie erst gar nicht mehr. Kein Mensch kann heute die Übersicht behalten und das gilt auch, wenn man sich nur auf die »offiziellen«, die Brennerei-Abfüllungen beschränken würde. Auch sie füllen immer häufig nur einzelne Fässer ab und bieten die Flaschen oft nur in einem einzigen Land oder gar nur in einem einzigen Laden an. Das Wort »Explosion« zu verwenden, ist nicht übertrieben. Auch die Unabhängigen werden immer zahlreicher und auch von ihnen gibt es so viele Abfüllungen, oft nur von wenigen Flaschen, oft nur für einen Markt, oft nur für wenige Tage, dass es fast schon vermessen wäre, sie vollständig erfassen zu wollen. Im Anhang sind aber die Namen der wichtigsten *independents* zu finden.

Der letzte Absatz beschreibt jeweils, ob die Brennerei zu besichtigen ist und ob es vielleicht besondere Attraktionen gibt. Wir haben keine Zeiten für Führungen oder für die Öffnung des Shops angegeben. Wer Schottland kennt, weiß, dass dies schlicht sinnlos ist. Beispiel? Anfang des Jahres hingen hier überall Plakate und verkündeten: »Kilchoman open: January Monday to Friday.« Gehst Du dann hin, an einem Dienstag, findest Du noch

Visitorcenter von Glenfarclas.

ein Poster: »Sorry, this week closed.« Die Schotten und die Zeit ... Aber ist es nicht genau dieses relaxte Verhältnis zur Zeit, das dem Whisky bekommt – und auch mitteleuropäischen Besuchern. Eine telefonische Nachfrage vor dem geplanten Besuch ist nie verkehrt, wir befinden uns eben auf keltischem Boden, wo die Menschen schon immer die Zeit nicht so wichtig nahmen. Ausgerechnet im Sommer übrigens sind viele Brennereien geschlossen, *due to maintenance*. Und immer mehr verlangen Eintrittsgeld; es wird bei einem Einkauf allerdings meist verrechnet. Und noch etwas, das sich positiv verändert hat: Immer mehr bieten Führungen in unterschiedlicher Intensität an.

Malt Whisky Guide. Ein Führer zu den Quellen. Ein Handbuch für Genießer und Touristen – auch das wäre ein guter Untertitel gewesen. Ein Leitfaden für alle, die Malt Whisky suchen und sammeln wollen. Ihnen möchten wir den Weg zu den Quellen weisen, ganz im Sinne der Humanisten: *ad fontes*. Aus ihnen zu schöpfen, all den guten Whisky zu trinken, sich dem Abenteuer seines wunderbaren Geschmackes auszusetzen und seines Reichtums an Aromen: Dazu braucht dann, davon sind wir überzeugt, niemand mehr einen Führer.

Walter Schobert   Nerabus, Isle of Islay, Sommer 2012

WHISKY-WISSEN

Mehr als eine kurze Zusammenfassung kann es nicht, muss es nicht sein. Es gibt veritable Bücher über diese Themen; in unserer Malt-Bibliografie, der immer noch ausführlichsten überhaupt, sind sie aufgeführt. Als dieser »Guide« zum ersten Mal erschien, gab es in deutscher Sprache nur das große Buch von Michael Jackson (in diesem Verlag). Seither, also in den letzten zwanzig Jahren, sind mehr Whiskybücher erschienen als in den 500 Jahren vorher. Die meisten von ihnen sind immer noch in Englisch, aber es gibt auch eine ganze Reihe in deutscher Sprache, darunter »Das Whiskylexikon« des Autors.

Doch während dieses Nachschlagewerk nahezu alle Whiskies dieser Welt beschreibt, konzentrieren wir uns hier ganz auf den Malt Whisky und zwar allein und ausschließlich den schottischen Malt Whisky, widmen uns allein dieser Gattung, die die erste war, lange Zeit die einzige, und die immer noch die beste ist. Scotch Malt ist der König der Whiskies – und dass er überhaupt Konkurrenz bekam und schließlich sogar zum großen Unbekannten wurde, ist eines der traurigsten Kapitel in der Geschichte der trinkbaren Genüsse und eines der finstersten in der an finsteren Kapiteln gewiss nicht armen Geschichte Schottlands. Malt Whisky und Schottland gehören zusammen. Die Schotten haben ihn (wahrscheinlich) nicht »erfunden«, aber sie haben ihn kultiviert, vollkommen gemacht – und waren daran schuld, dass er in eine Vergessenheit geriet, der er erst seit Mitte der 1960er zaghaft und so richtig erst seit Beginn der 1990er Jahre wieder entrissen wird.

Wer diese Zeit bewusst und als Whiskygenießer miterlebt hat, kann das, was sich da ereignet hat, eigentlich nur als Wunder beschreiben: Malt gibt es mittlerweile in kaum mehr zu überblickender Vielzahl und es gibt ihn aus vielen Ländern, aus Irland natürlich, aber auch aus Wales und England, aus Japan, Neuseeland und Indien, aus Frankreich und Schweden, sogar aus Pakistan – aus der Schweiz, Österreich und aus Dutzenden von winzig kleinen Brennereien aus Deutschland. Müssten sie nach schottischen Gesetzen produzieren, dürften die meisten von ihnen ihr Produkt zwar als Whisky (dieses Wort ist nicht geschützt), aber nicht als Malt Whisky bezeichnen (der streng definiert ist, für den z. B. keine Enzyme zugesetzt werden dürfen und *pot stills* benutzt werden müssen). Längst kommen die meisten Malt Whiskies nicht mehr aus Schottland mit seinen rund 120 Brennereien, von denen aber nur etwa 90 in Produktion sind. Dennoch: Nur sie sind unserer Thema.

Über einige Begriffe

Es ist nicht das Herkunftsland, das einen Whisky als Malt definiert, sondern ausschließlich seine Herstellungsmethode – und sein Rohstoff. Malt Whisky darf nur aus Gerste und zwar aus gemälzter Gerste gebrannt werden und verwendet damit unter allen Getreidedestillaten das teuerste Ausgangsprodukt. Irischer *Whiskey* unterscheidet sich nicht so sehr durch die eigenwillige Schreibweise vom Malt (um die Jahrhundertwende war es auch in Schottland Mode, das Wort so zu schreiben, während die Iren das »e« oft wegließen), sondern durch die Tatsache, dass in Irland eben auch ungemälzte Gerste verwendet wird. Echter Malt, irischer wie schottischer, wird in *pot stills* gebrannt, in Brennblasen, die so heißen, weil sie ursprünglich wirklich kleine Töpfe waren, die wie eine Kreuzung zwischen einer Birne und einer Zwiebel oder manchmal auch wie ein riesiges Michelin-Männchen aussehen.

Nach jedem Brennvorgang müssen alle Geräte sorgfältig gereinigt werden, d.h. es kann nicht kontinuierlich destilliert werden. Das war erst durch die sogenannte p*atent still* möglich, die auch *continuous* oder nach einem ihrer

Floor malting: Nur wenige Brennereien mälzen noch auf diese traditionelle Art und Weise.

Peat: Der Rauch des Torffeuers sorgt für das markante Aroma so mancher Whiskies.

Erfinder auch *Coffey still* genannt wird. Diese Methode erlaubt die Herstellung ungleich größerer Mengen von s*pirit*, die schon deshalb sehr viel billiger sind als Malt. Noch billiger wird das Produkt, weil eben nicht nur gemälzte Gerste verwendet wird, sondern auch Korn, Mais und anderes Getreide erlaubt sind. Dieser *Grain Whisky* hat einen sehr hohen Alkoholgehalt und ist deshalb fast geschmacklos – und er hat eine Eigenschaft, die dazu geführt hat, dass der Malt Whisky verdrängt wurde: Er eignet sich bestens zum Verschneiden.

Seit den siebziger Jahren des vorletzten Jahrhunderts haben diese *Blended Whiskies*, die nur noch einen Teil Malt aufweisen, immer größere Marktanteile erobert. Die Qualität dieser *Markenwhiskies* hängt entscheidend davon ab, in welchem Verhältnis Malt und Grain stehen; je höher der Malt-Anteil, desto besser sind sie (das Alter spielt freilich auch eine Rolle). Die Blends sollten nicht mit dem verwechselt werden, was früher *Vatted Whisky* genannt wurde, aber jetzt dank der neuen Gesetze von 2009 *Blended Malt* heißen muss, weil das angeblich die Verbraucher weniger verwirrt als die alte Bezeichnung. Auch er besteht ausschließlich aus Malts, die aber aus verschiedenen Destillerien kommen. Auf die Qualität muss das keinen Einfluss haben; im Gegenteil, es ist reizvoll, selbst zu experimentieren und sich aus verschiedenen Malts einen eigenen *Vatted*, Verzeihung, *Blended* zu komponieren.

Heute nicht mehr so gebräuchlich, dafür aber schön: eine offene mash tun.

Single Malt ist der Begriff, der dem Whisky einer einzigen Brennerei zukommt; er wird aber wiederum durchaus eine Mischung aus verschiedenen Fässern sein und aus unterschiedlichen Jahrgängen kommen, wobei immer der jüngste enthaltene Jahrgang das Alter vorgibt, das auf der Flasche stehen muss. Obwohl es eigentlich der Idee vom Malt als einem individuellen Getränk widerspricht, sind die Firmen daran interessiert, auch ihren Malt durch solche Mischungen, die man dann gerne »marriage« nennt, Verheiratung, möglichst immer gleich riechen und schmecken zu lassen. Und sie kamen auf die unschöne Idee, ihn oft durch Karamell zu färben, also auch gleich aussehen zu lassen.

Dass jeder Single Malt ein eigenständiges, individuelles, unverwechselbares Getränk ist, bei dem kein Fass mit dem anderen identisch ist, kann man am besten bei den sogenannten *Single Cask-Abfüllungen* erleben, die je nach Fassgröße nur eine limitierte Flaschenzahl ergeben. Rechnet man den natürlichen Schwund an Whisky durch Verdunstung während der Lagerung, den »Anteil der Engel«, *angels' share*, und wünscht man nicht, dass der Whisky vor der Abfüllung durch Wasser auf die gesetzlich vorgegebene Mindest-Alkoholstärke von 40 % (oder 43 %) verdünnt wird, sondern unverdünnt in *cask strength* kommt, ergibt ein Fass etwa 200 bis 500 Flaschen, manchmal aber auch sehr viel weniger – ein ebenso kostbares wie kostspieliges Vergnügen, das indes von immer mehr Kennern und Liebhabern bevorzugt wird, weil es das einzige ist, das wirklich voll zur Geltung bringt, was einen Malt vor allen anderen Whiskies auszeichnet.

Die Herstellung

Ausschließlich gemälzte Gerste – damit fängt die Herstellung eines Malt an. Sie vollzieht sich in mehreren Stufen. Chemiker können beschreiben und analysieren, wie die Enzyme eingreifen, um Stärke in Zucker und Zucker in Alkohol zu verwandeln. Verlockt vom Zauber Schottlands kann man auch zu einer Mischung aus metaphysischem und magischem Vokabular greifen und,– bedenkend, was beim Brennen zusammenwirkt, den Malt Whisky als das göttliche Ergebnis einer Vermählung der vier Elemente Erde, Wasser, Feuer und Luft feiern.

Tatsächlich sind sie alle beteiligt: Von der dem Boden entstammenden Gerste war schon die Rede, aber Erde ist auch der Torf, der früher zum Feuern gebraucht wurde und auch heute noch zum Aromatisieren. Torfig ist oft auch das Wasser, das seinen Geschmack weitergibt. Feuer ermöglicht die Destillation. Und die Luft? Sie ist das Element, das oft übersehen wurde. Es wurde in den letzten zwanzig Jahren aber immer klarer, dass die Qualität der Rohstoffe wie die Sorgfalt und Erfahrung der mit der Herstellung betrauten Männer zwar gar nicht hoch genug eingeschätzt werden können, dass aber auch die Lagerung für den Whisky eine höchst bedeutende Rolle spielt. Für sie ist nicht nur die Qualität und Beschaffenheit der verwendeten Fässer wichtig, sondern auch die Dauer und die klimatischen, auch mikroklimatischen Bedingungen, also die Luft, der die Fässer ausgesetzt werden. Man ist heute der Meinung, dass nur etwa 30 % des Whiskycharakters in der Destillerie geformt werden, der viel größere Rest aber in den *warehouses*, also beim Lagern und Reifen im Fass.

Es sind also wirklich alle Elemente beteiligt. Aber wir sind weder Metaphysiker noch Chemiker und versuchen deshalb in schlichten Worten zu beschreiben, was auch in unserer Skizze dargestellt wird, den Ablauf der Whiskyproduktion.

Zuerst muss gemälzt werden. Dafür wird Gerste (manchmal und sogar zunehmend wieder aus Schottland, aber meist aus Südfrankreich, Polen oder der Ukraine) in Wasser eingeweicht und dann ausgebreitet. Früher hatte jede Brennerei dafür ihre *malting floors*, in denen Arbeiter die keimende Gerste zur Temperaturregulierung mit Schaufeln ständig wenden mussten. Heute gibt es dafür mechanische Verfahren wie zuerst die nach ihrem Erfinder benannten *Saladin boxes* oder die modernen, (fast) vollautomatischen riesigen *drum maltings*, die gleich mehrere Destillerien versorgen können. Nur wenige Brennereien wie Highland Park, Balvenie, Springbank, Bowmore, Laphroaig, Kilchoman und auch bald wieder Benriach mälzen wenigstens einen Teil ihres Malzes noch selbst.

Hat die Gerste gekeimt, muss sie getrocknet werden. Das geschieht auf dem Dörrboden in der *kiln*, jenem Gebäude mit der Pagode auf dem Dach, die das Wahrzeichen fast jeder Brennerei ist, obwohl fast keine mehr eine benutzt. In dieser Stufe der Bearbeitung wird durch Heizen sowohl der

Wassergehalt gesenkt (auf etwa 3 %), wie eventuell durch Torffeuer das Malz aromatisiert. Dafür hat jede Destillerie ihr spezielles Rezept und die Einhaltung der bestellten *ppm of phenols* (Millionstel Anteil an Phenolen), also der Rauchgehalt des Malzes, wird penibel gemessen.

Das getrocknete, mehr oder weniger rauchige Malz wird dann gemahlen und anschließend in der sogenannten *mash tun* mit heißem Wasser vermischt, das zusammen mit den enthalten Enzymen die Stärke in Zucker verwandelt. Die Maische wird ständig gerührt und es entsteht ein flüssiger Gerstenbrei, dessen feste Bestandteile, die Treber (*druff*), meist dem Vieh verfüttert werden und dessen flüssiger Teil, *wort* oder *worts* genannt, gekühlt und dann in die *wash backs* gepumpt wird, wo er mit Hefe versetzt wird. Die Gärung kann beginnen. Das Endprodukt dieser zweiten Stufe, des Brauens, ist eine Flüssigkeit, die etwa 7 % bis 9 % Alkohol enthält und bierähnlich ist. Der ganze Vorgang dauert etwa 40 bis 60 Stunden.

Erst danach kommt der entscheidende Schritt, die Destillation. Jedes Detail bei ihr spielt eine große Rolle für den fertigen Malt: Die Art der Befeuerung und ihre Geschwindigkeit, die Größe und die Form der Brennblasen, die über Generationen hin bei jeder fälligen Erneuerung exakt kopiert werden, um jede Veränderung des Destillats auszuschließen. In Schottland wird meist nur zweifach gebrannt; es gibt aber auch Brennereien, die an der Dreifachmethode festhalten. Das erste Destillat, die *low wines*, hat etwa 23 %, das zweite dann etwa um die 70 %. Aber nicht alles wird *new spirit*. Beim letzten Durchlauf gibt es einen *foreshot* genannten Vorlauf und die *feints*, den Nachlauf. Beide sind für den menschlichen Genuss nicht geeignet, sie dürfen auf keinen Fall ins Fass kommen: Sie werden aber nicht weggeworfen, sondern zusammen mit den *low wines* bei der nächsten Destillation »recycelt«. Ins Fass aber geht das »Mittelstück«, *the heart of the run*. Es ist die Kunst des Brennmeisters, den berühmten *cut* zu setzen, die exakte Trennung vorzunehmen. Heute wird viel dem Computer überlassen, aber andere schwören darauf, dass keine Automatik, keine maschinelle Analyse einen erfahrenen Brennmeister, seine Augen und seine Nase, ersetzen kann. Ob er gut gearbeitet hat, entscheidet sich erst viele Jahre später, wenn der Inhalt des Fasses trinkreif ist.

Die Trennung des unreinen vom reinen Destillat erfolgt durch die Beobachtung des destillierten Whisky im *spirit safe* – an dieser Stelle musste man

Unterschiedliche Formen von Brennblasen bei Allt A' Bhainne (hinten: low wine stills, vorne: spirit stills).

früher einen weiteren wichtigen Mann ins Spiel bringen, den *excise man*, den Zollbeamten, ohne dessen Schlüssel keiner an den *safe* herankam und der genau überwachte, was mit dem *make* passierte, von der Verdünnung auf Fassstärke bis zur Einlagerung der Fässer in den *warehouses* und der oft erst nach vielen Jahren erfolgenden Abfüllung in Flaschen. »Ihrem« Zollbeamten musste die Brennerei sogar ein Haus auf ihrem Gelände stellen. Heute kommt der Zoll nur noch zu Stichproben und der Destilleriemanager muss den Job miterledigen und das »paperwork« tun. Immer noch gesetzlich vorgeschrieben ist eine Lagerung von mindestens drei Jahren, aber die meisten Malts werden viel länger auf Holz belassen.

Die Fässer sind ein kostbarer Besitz; entsprechend werden sie gehütet und gepflegt. Verwendet werden – und das ist wieder eine Frage der Philosophie jeder einzelnen Destillerie – ganz selten neue Fässer, meist, heute sogar zu 90 %, werden Fässer, in denen vorher Bourbon war, eingesetzt. Für besonders geeignet gelten auch Sherryfässer und zwar meist *Oloroso butts*, die aber immer seltener und teurer werden. Seit man in Balvenie und wenig später in Glenmorangie die sogenannte *zweite Reifung* entdeckt

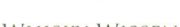

hat, lassen immer mehr ihrem Whisky ein solches *finishing* angedeihen, für das meist alle möglichen Weinfässer eingesetzt werden. Seit mehr Malt als Single verkauft wird und eben nicht nur in Blends verschwindet, hat man die Bedeutung des Holzes entdeckt und gelernt, dass es einen Einfluss nicht nur auf die Farbe hat (das ist allerdings bedeutungslos, wenn die Whiskies mit Zuckerkulör gefärbt werden, was immer noch gesetzlich erlaubt ist), sondern auch auf den Duft und Geschmack eines Malt, auf seinen Charakter.

Verkauft wird der *new make* – nicht unbedingt in Fässern, sondern häufig in Tanklastwagen – oft gleich nach dem Destillieren. Auf diese Weise kann die Brennerei zu Kapital kommen, auf das sie sonst lange Jahre warten müsste, wobei sie später natürlich ungleich mehr erlösen könnte. Die Lagerung muss aber in Fässern und darf *in bond*, d. h. ohne Versteuerung, erfolgen und sie muss wie übrigens auch die Abfüllung in Flaschen seit dem neuen Gesetz von 2009 ebenfalls in Schottland geschehen. Die Steuern werden erst fällig, wenn die Fässer zur weiteren Verwendung aus dem Lager kommen. Diese Steuer wurde im Laufe der Geschichte des Malt Whisky immer höher und höher geschraubt. Bei einer Flasche mit 40 % muss man

Vorbereitete leere Fässer für die Wiederbefüllung.

in Großbritannien £5.87 (plus 17,5 % Mehrwertsteuer) berappen, bei einem *cask strength* ist sie entsprechend höher.

Ein bisschen Geschichte

Erst diese Steuer bietet die schlüssige Erklärung für viele Entwicklungen in den letzten zweihundert Jahren Whiskygeschichte – und es ist schade, dass hier nicht der Platz ist, diese Geschichte ausführlich zu referieren. Es wäre unterhaltsam, spannend und lehrreich.

Unterhaltsam, weil es eine unendliche Fülle von hübschen, erzählenswerten Anekdoten gibt. Spannend, weil sich in der Geschichte des schottischen Whisky der uralte Antagonismus zwischen Schottland und England fortsetzt und spiegelt, weil der Verlust der schottischen Selbstständigkeit sich in der Whiskyindustrie wiederholt und soweit geführt hat, dass seit langem fast alle Entscheidungen nicht mehr in Schottland, sondern in London getroffen werden. Heute ist kaum mehr als eine Handvoll Brennereien in schottischem Besitz. Auch das ist eine Erklärung für die blamable Tatsache, dass selbst viele Schotten vergessen haben, dass ihr ursprünglicher Whisky einmal der Malt war.

Lehrreich schließlich wäre eine ausführliche Schilderung der Geschichte, weil sich in der Entwicklung der Kunst des Destillierens *in nuce* demonstrieren lässt, wie die moderne Wirtschaft entstanden ist: Vom Kleingewerbe oft bäuerlicher Prägung über kleine Handwerksbetriebe führte der Weg zu immer größeren Firmen in der Hand immer weniger »Barone«, also von der Manufaktur über Oligopole zu Monopolen. Heute sind die meisten Destillerien im Besitz von nur noch wenigen Konzernen, die zudem oft gar nicht mehr primär mit Getränken zu tun haben müssen, die international operieren und für die Malt Whisky eine Investition bedeutet, aber keinen Selbstzweck. Da tut es gut zu sehen, dass sich dennoch einige alte schottische Familienfirmen wie die beiden nicht verwandten Glenfiddich- und Glenfarclas-Grants gehalten haben und dass es auch wieder mehr Brennereien gibt, die einem Einzelbesitzer gehören wie Bladnoch, Kilchoman oder Edradour und die Herstellung von Whisky als Handwerk verstehen und nicht als Fabrikation.

Wer mehr über die Sozial- und Wirtschaftsgeschichte der Whiskyindustrie wissen möchte, sei auf das beste Buch zum Thema verwiesen, »The Making of Scotch Whisky« von Michael S. Moss und John R. Hume, das allerdings die Entwicklungen der letzten Jahre nicht mehr dokumentiert.

Wir haben leider keinen Platz für die Details: Nicht für die in nahezu graue Vorzeit führenden Erklärungen, wie denn die Kunst, aus *ale* ein *aqua vitae*, gälisch *uisge* (bzw. im irischen Gälisch *uisce*) *beatha* genannt, zu destillieren, in das damals scheinbar weitab jeglicher Zivilisation gelegene Land gekommen sei; keinen Platz für erbauliche Geschichten von irischen Mönchen und vom Heiligen Patrick; keinen Platz auch für den frommen Klosterbruder John Cor, dessen Bestellung von *eight bolls of malt* 1494 die früheste schriftliche Quelle darstellt; keinen Platz für die Stories von den oft blutigen Auseinandersetzungen zwischen den illegalen Brennern und den englischen Zöllnern und ihren Versuchen, die Störenfriede zur Räson zu bringen. Auch von der Einführung der imaginären Trennlinie zwischen den Highlands und den Lowlands können wir nicht ausführlich berichten; hinter ihr standen, wie fast immer, steuerliche Manöver und handfeste Diskriminierung der Highlander.

Es waren diese Bestrebungen der englischen Herren, den größtmöglichen Gewinn aus dem Brennen zu schöpfen, die 1823 zum Angebot der »Legalisierung« führten und damit aus einer Beschäftigung von Farmern ein Betätigungsfeld für Unternehmer machten – und ein blühendes Geschäft, das indes immer wieder durch neue steuerliche Abschöpfungen bedroht wurde. So kam es, dass die Geschichte des Malt Whisky ein dauerndes Auf und Ab wurde, das einer Folge von Sinuskurven gleicht, bei der dem Boom die Rezession und dem Niedergang wieder die Erholung folgte.

Natürlich spielten auch andere Faktoren eine Rolle wie die Erfindung der *patent still*, die eine große Verlockung darstellte, zumal als in den siebziger Jahren des vorletzten Jahrhunderts wegen der Rebschäden in Bordeaux plötzlich ein Mangel an Weinbrand auftrat und eine riesige Nachfrage nach Whisky herrschte. Sie wurde durch die *Blends* (übrigens auch in Irland) befriedigt, wodurch einige aus kleinen Anfängen stammenden Händler wie die Dewars, die Haigs, die Walkers mächtig wurden – und der Malt als Single plötzlich bedeutungslos. Den entscheidenden Stoß versetzte dem Malt der Gesetzgeber, der es 1909 / 11 zuließ, beide, den Malt und die Blends, als echten Whisky zu definieren.

Das und der Erste Weltkrieg brachten eine tiefe Krise. Die folgende Besserung wurde durch den Nackenschlag der amerikanischen Prohibition gestoppt. Der Zweite Weltkrieg mit der fast totalen Einstellung der Brennereiaktivitäten folgte. In den fünfziger Jahren des vorigen Jahrhunderts ging es wieder bergauf. Manche Brennerei wurde gebaut, andere wieder eröffnet. Die achtziger Jahre brachten eine neue Krise, und diesmal war es das Überangebot, das die neuen, nun internationalen Herren um ihren Absatz fürchten ließ und zur Schließung vieler Destillerien führte.

Und heute? »Wir können nicht klagen«, schrieben wir vor 20 Jahren und dürfen froh eingestehen, dass es uns noch nie so gut gegangen ist wie heute. Viele Destillerien sind wieder in Produktion, wenn auch einige für immer *silent* sein werden und einige liebgewordene Namen nur noch in der Erinnerung existieren. Dabei dreht sich das Karussell der Übernahmen und Fusionen immer schneller, bleiben neben den wenigen »Kleinen« nur noch sehr wenige und immer mächtigere internationale Konzerne im Whiskygeschäft. In den 1980er Jahren hat Guinness in einem Aufsehen erregenden *unfriendly takeover* die Brennereien der *Distillers Company Limited (*DCL*)* aufgekauft, die selbst oft die Rolle des Hechtes im Karpfenteich gespielt

Trauriges Beispiel für die Schließung vieler Destillerien: Port Ellen – in den 1980ern stillgelegt und später zum Teil abgerissen.

hatte. Kaum zehn Jahre später kam die Vereinigung mit Grand Metropolitan zu dem, was heute Diageo heißt und der weltgrößte Spirituosenkonzern ist. Pernod-Ricard hat zuerst Seagram geschluckt und dann den Löwenanteil von Allied Domecq. Eigentümer schottischer Firmen sitzen in Paris, Tokio, Deerfield (Illinois), Bangalore oder Trinidad & Tobago.

Obwohl also die Schere zwischen schottischer Identität und internationalem Big Business immer weiter auseinandergeht: Wir Maltliebhaber müssen, auch wenn es paradox erscheint, der Gerechtigkeit halber konstatieren, dass es uns hervorragend geht, weil nie zuvor so viele Single Malts verfügbar waren wie jetzt. Man darf heute erwarten, dass in den drei Monaten vor Weihnachten rund 300 verschiedene Single Malts herauskommen. Wenige Monate, bevor dieses Buch 1992 zum ersten Mal erschien, war es dem Autor gelungen, nach zwei Jahrzehnten Sammelns endlich von jeder schottischen Destillerie eine Flasche zu besitzen; heute könnte man das, falls Geld keine Rolle spielt, zwischen dem Abendessen des einen und dem Mittagessen des nächsten Tages spielend (und online) erledigen.

Vom rechten Umgang

Mälzen, Brauen, Brennen, Reifen – mit den vier Stufen der Herstellung ist es nicht getan. Wir wollen den Malt auch kaufen – und genießen. Freuen wir uns darüber, dass wir niemals vorher so viele verschiedene Single Malts erwerben konnten, sei es als Herstellerabfüllung, in verschiedenen Altersstufen, als *vintages* aus einem einzigen Jahrgang oder als immer neue *expressions* aus ungewöhnlichen Fässern. Es können aber auch Abfüllungen von den ebenfalls wie Pilze aus dem Boden schießenden »unabhängigen Abfüllern« sein, jenen »Händlern«, die den Whisky fassweise kaufen und ihn dann für uns in die Flaschen bringen. Die namhaftesten sind Gordon & MacPhail aus Elgin, Cadenhead aus Campbeltown und Signatory, die zu Edradour gehören. Von ihnen kommen im Augenblick immer neue Sorten auf den Markt.

In diesen wunderbaren Flaschen altert der Malt übrigens nicht mehr. Man kann ihn also aufbewahren. Licht freilich schadet ihm – und eine angebrochene Flasche sollte man nicht länger als einige Monate (sechs etwa, sagt man) unausgetrunken lassen.

Bleibt nur die freilich schon wieder zu Glaubensbekenntnissen herausfordernde Frage, wie man ihn denn trinken soll, den kostbaren Stoff. Zwei Dinge, sagt das Sprichwort, liebt der Schotte nackt; eines sei der Whisky. Aber der Volksmund (der natürlich einen *blended* meint) verkündet nur die halbe Wahrheit! Natürlich scheut ein Malt Eis oder Sodawasser wie der Teufel das Weihwasser; und wer ihn unbedingt kaputt machen will, soll es ruhig einmal mit kohlesäurehaltigem Mineralwasser versuchen.

Andrerseits ist ein gutes stilles Wasser etwas, was fast jedem Malt ja schon unmittelbar vor der Fasslagerung (wenn auch in geringem Umfang) zugesetzt wird. Und es ist unbestreitbar, dass eine kleine Zugabe von Wasser wahre Wunder wirkt, um einen Malt »aufzuschließen«, sein Aroma zu öffnen. Aber wie viel man nimmt, muss jeder selbst herausfinden. Einer ist glücklich mit einigen Tropfen, der zweite liebt ihn mit einem Teelöffel Wasser, manche ziehen halb und halb vor. Natürlich spielt auch der Alkoholgehalt eine Rolle bei der »Wasserfrage«. Zu empfehlen ist immer, das Wasser erst nach einem ersten Beschnuppern des unverdünnten Malt einzugießen, dem dann ein ebenso unverdünnter erster Schluck folgen sollte. Wer allerdings das Aroma eines Malt wirklich wahrnehmen will, also einen Malt wie die Profis *nosen* möchte – und für viele ist ja das Riechen das Schönste überhaupt – der kommt nicht darum herum, einen kräftigen Schuss Wasser zu verwenden. Denn erst dann offenbaren sich die Aromen.

Und das Glas? Leider ist es ein Teil des Marketing geworden, dass jede Destillerie eine möglichst originelle Form für ihr eigenes Glas erfindet. Profis aber wissen, weshalb sie für ihre Arbeit nur eine Glasform akzeptieren, das *nosing glas*, das ungefähr so aussieht wie ein Sherryglas. Es eignet sich allerdings nicht so gut zum Trinken. Alternativen sind das französische Weinprobierglas oder das distelförmige Glas, das funktionell genauso viel leistet und dazu noch an die schottische Nationalblume erinnert. Und wer, etwa im Pub, wirklich nur trinken will oder kann, der ist immer noch gut bedient mit dem *tumbler*, dem traditionellen Whiskyglas.

Aber nun ist es höchste Zeit, ein Glas zu füllen und zu erheben. *Slàinte mhath!* Zum Wohl!

ABERFELDY
[aberféldie]

Mündung des (St.) Paldoc-Baches

In Betrieb www.dewars.com

Besitzer John Dewar & Sons (Bacardi Limited, Bermuda)

Adresse Perthshire · Aberfeldy, PH15 2EB, OS 52 86 / 49

Telefon 01 887 822 010

HIGHLANDS

Errichtet von John Dewar & Sons, »Blenders of Perth«. Zusammen mit Haig, Walker, Buchanan und Mackie zählte Dewar zu den »Big Five«, ohne die schon im vorletzten Jahrhundert im Whiskygeschäft nichts lief. Sie arbeiteten früh zusammen – und legten dadurch den Grundstein für die spätere Globalisierung der schottischen Whiskyindustrie. Besonders Tom Dewar war ein frühes Genie für Marketing und Werbung. Sein Vater, der Firmengründer, stammte aus der Nähe von Aberfeldy und fand dort ideale Bedingungen vor: eine alte Destillerietradition, Wasser vom Tay, Brauwasser aus dem Pitilie Burn und, nicht zuletzt, die Eisenbahn. 1972 wurde gründlich

renoviert, für die vier *stills* wurde ein neues *stillhouse* gebaut, die alten *maltings* wurden in eine »Dark-grain«, eine Tierfutteranlage, umgebaut. Einige alte Gebäude sind aber erhalten geblieben. Als Bacardi im Frühjahr 1998 die Marke *Dewar's White Label* kaufte, gehörten, gleichsam als Morgengabe, auch die Brennereien Aberfeldy, Aultmore, Craiggelachie und Royal Brackla zum Paket.

Lange nur von den »Unabhängigen« erhältlich. Die alten Besitzer brachten dann doch noch eine Eigenabfüllung auf dem Markt, und deren Nachfolger United Distillers nahmen einen 15jährigen sogar in die »Flora & Fauna«-Serie auf, von dem es überdies einen *cask strength* gab (1980, 62 %). Bacardi kaufte die Brennerei nur aus Interesse am Blend, der in den USA ein Bestseller ist. Der Single Malt wird stiefmütterlich behandelt, aber immerhin gibt es einen 12 und einen 21 Jahre alten Malt.

Aberfeldy ist ein Musterbeispiel dafür, wie die *big player* ihren Malt und seine Brennereien sehen: Sie sind nicht Selbst-, sondern Mittel zum Zweck, unverzichtbar, aber nur, um die Zutaten für die Blends zu liefern. Schon das *Visitor Centre* macht das deutlich. Aberfeldy bildet das Herz von *Dewar's White Label* und deshalb heißt das ganze Ganze »Dewar's World of Whisky«, die alte Destille ist nur ein Anhängsel. Das 2000 eröffnete Visitor Centre ist allerdings mit allen Schikanen modernster interaktiver Besucherführung ausgestattet.

ABERLOUR
[aberlauer]

Mündung des Lour

In Betrieb **www.aberlour.com, www.maltdistilleries.com**

Besitzer Chivas Brothers (Groupe Pernod-Ricard, Frankreich)

Adresse Banffshire · Aberlour, AB38 9PJ, OS 28 26 / 42

Telefon 01 340 881 249

SPEYSIDE

Der lange gepflegte sanfte Touch von Cognac in Aufmachung und Werbung war kein Zufall. Obwohl unter einem klangvollen schottischen Namen firmierend, untersteht Aberlour seit 1974 französischer Führung: Es war, mit Edradour und Glenallachie, die dritte Destillerie, die sich Pernod Ricard sicherte, ehe die Gruppe mittlerweile zur Nummer 2 in Schottland aufstieg. An die French connection erinnerte einst der *VOHM*, man sprach gerne von einem »Premium«-Malt und distanzierte sich ganz

unschottisch heftig von den Mitbewerbern. Gerne kokettiert man auch damit, schon 1826 gegründet zu sein, obwohl die heutige Brennerei erst 1879 eröffnet wurde. Und gerne verbreitet man auch die uralte Geschichte vom späteren Bischof und Heiligen Dunstan, der für Schotten eigentlich St. Drostan ist und der das Wasser aus einer zu Aberlour gehörenden Quelle allerdings nur zum Taufen verwendet hat. Ob aus ihr auch das »Prozesswasser« kommt oder doch aus einer anderen Quelle (oder gar aus dem Burn of Lour) wird freilich sibyllinisch offengelassen.

Der *Aberlour* ist die Nummer 1 in Frankreich und vor allem dort kommt eine Abfüllung nach der anderen heraus. Die wichtigste ist immer noch der 10jährige. Gelegentlich werden *vintage-bottlings* angeboten, z. B. 1964, 1969, 1971, 1976 und 1988 (der nur in Spanien). Der *Antique* (43 %), der *100 Proof* (57.1 %) und der *a'bunadh* (»Ursprung«, 59.65 %) haben keine Altersangabe. Von letzterem gab es zum Millennium auch eine Edition mit einem Label aus echtem Silber. Eigentlich nur für Frankreich bestimmt sind der 12 Jahre alte aus dem Sherryfass, der 12jährige *Double Wood*, der 15 Jahre alte *Marie d'Ecosse* und der gleichaltrige *Sherry Wood Finish*. Dazu kommen Abfüllungen mit 16, 18, 21 und eine mit 30 Jahren.

Vor Ort kann man sich selbst einen *Aberlour* abfüllen. Die sehr hübsche und gepflegte Anlage sollte man gesehen haben. Der Shop hat normale Öffnungszeiten, Besichtigungstouren muß man buchen. Sie sind nicht billig, dafür gehört aber ein geführtes Tasting zum Angebot. Noch teurer ist die – lohnende – »Founder's Tour«, Zeiten und Details erfährt man durch einen Anruf.

ABHAINN DEARG

[avéen jerraek]

Roter Fluss

In Betrieb www.abhainndearg.co.uk

Besitzer Abhainn Dearg Distillery, Mark Tayburn, Schottland

Adresse Isle of Lewis · Carnish, HS2 9EX, OS NB 315035

Telefon 01 851 672 429

HIGHLANDS

Harris und Lewis, die beiden größten Inseln der äußeren Hebriden, sind berühmt für ihren unverwüstlichen, zeitlos schönen Tweedstoff, für mysteriöse Steinzeitdenkmale wie »standing stones of Callanish« und auch als letzte Feste einer sehr strengen Religiosität, die am Sonntag nichts als den Besuch des Gottesdienstes erlaubt und dafür gesorgt hat, dass selbst die CalMac-Fähren erst seit gut einem Jahr am »Sabbath« Stornoway anlaufen dürfen. Für Whisky waren die Inseln bisher nicht berühmt – sieht man von der Tatsache ab, dass auch hartgesottene Christen nicht durchaus auch große – und vor allem heimliche – Trinker vor dem Herrn sein können. Möglicherweise hat gerade diese etwas zwiespältige Haltung verhindert, den »demon drink« auch selbst herzustellen. Das hat sich nun geändert. Seit 2008 hat Lewis eine kleine, sehr kleine Whiskybrennerei. Sie ist das Kind von Mark Tayburn, der in Carnish an der Westküste zuhause ist, am Roten Fluss, dessen Wasser gut für Whisky geeignet zu sein scheint. Er ging nach Bruichladdich, absolvierte dort die Akademie und ging dann zuhause zu Werk. Er hat viel in Handarbeit selbst gemacht und ganz sicherlich die in ihrer Form originellsten *stills* des Landes aufgestellt. Bruichladdich hatte zweifellos auch Einfluss auf seine Philosophie: Es ist nicht verwunderlich, dass er mittlerweile seine Gerste (*Golden Promise*) selbst anbaut und glaubt, bald ganz autark zu sein.

Die ersten drei Jahre sind vergangen und Mark darf sein Destillat als Single Malt verkaufen. Der »Jungfernwhisky« wurde im Herbst 2011 abgefüllt und auf dem *National Mod* zum ersten Mal der Welt präsentiert, auf dem alljährlichen Festival derer, die noch gälisch sprechen und musizieren und die da Wettbewerbe im Chor- und Solosingen, Tanzen etc. austragen. 2011 fand es passenderweise in Stornoway statt. Seinen *new spirit* verkauft Mark auch, als *Spirit of Lewis*.

Er wird nicht befürchten müssen, an diesem Ort, der das Wort »remote«, abgelegen, mit mehr Recht trägt als jede andere Brennerei in Schottland, von Menschenmassen überrannt zu werden wie seine Kollegen in der Speyside oder in Edradour. Vielleicht ist man deshalb umso froher (und freundlicher), wenn man Gäste begrüßen kann. Sie sind herzlich willkommen. Es gibt auch einen Shop. Ja, es ist ein Umweg. Aber einer, der es wert ist, gemacht zu werden.

ALLT A' BHAINNE
[alt-a-véyn]

Milchbach

In Betrieb

Besitzer Chivas Brothers (Groupe Pernod-Ricard, Frankreich)

Adresse Banffshire · Glenrinnes by Dufftown, AB55 4DB, OS 28 27 / 34

Telefon 01 542 783 332

SPEYSIDE

»Am wenigsten«, schrieb ich in der ersten Auflage dieses Buches, »kann man wahrscheinlich von Allt A' Bhainne erwarten, dass er einmal abgefüllt wird.« So gern hat der Autor selten Unrecht behalten: Gleich mehrere Abfüllungen gibt es inzwischen, und weil sie alle von »Unabhängigen« sind, hat man ihm sogar seinen Namen gelassen. Auf eine einheitliche Schreibweise für diesen Namen hat man sich allerdings bis heute nicht einigen können.

Allt A' Bhainne ist wie die nicht weit entfernte Braes of Glenlivet (deren Whisky es mittlerweile auch gibt, allerdings unter dem Namen Braeval – um Verwechslungen zu vermeiden) eine Seagram-Brennerei. Sie wurde 1975 kurz nach ihrer Schwester gebaut und kam schon damals mit einem Mitarbeiter pro Schicht aus, nahm also moderne Produktionsmethoden vorweg. Auch die Architektur ist modern, fügt sich freilich mit ihren Traditionsverbundenheit ausstrahlenden, aufgesetzten Zier-Pagoden hervorragend in die Landschaft ein. Die Anlage hat riesige Kapazitäten, die 1989 noch einmal auf fünf Millionen Liter verdoppelt wurden. Das Wasser kommt nicht vom Burn of Milk, sondern von anonymen Quellen auf dem Ben Rinnes.

Es hat sich nichts geändert: Es gibt nur unabhängige Abfüllungen – und verschiedene Schreibweisen. Cadenhead bevorzugt ein »l« und schreibt das »A« ohne Akzent, dafür mit zwei Bindestrichen, die auch das Whisky Castle in Tomintoul bei seiner »Castle Collection Nr 1« gelassen hat (13 Jahre, 43 %). Sie gehörten zu den ersten *bottlings*, wie auch das unter fürstlichem Wappen von Graf Beissel von Gymnich auf Flaschen gezogene Fass Nr. 26 332 in der Cadenhead-Schreibung.

Die einige Meilen südwestlich von Dufftown nahe der B 9009 und an der Flanke des Ben Rinnes gelegene Brennerei steht Besuchern nicht offen.

ARDBEG
[ardbég]

Kleine Anhöhe

In Betrieb **www.ardbeg.com**

Besitzer The Glenmorangie Co (Louis Vuitton Moët Hennessy, Frankreich)

Adresse Argyll & Bute · Port Ellen, Isle of Islay, PA42 7EA, OS 60 41 / 45

Telefon 01 496 302 244

ISLAY

Die Angst ist ausgestanden: Ardbeg ist endlich in verlässlichen Händen und hat wieder eine sichere Zukunft. 1997 hatten die Besitzer von Glenmorangie, die Familienfirma MacDonald & Muir, die am stärksten traditionsverbundene Islay-Destillerie gekauft und mit viel Geld liebevoll wieder in Schuss gebracht. Seitdem können die vielen Liebhaber des bis zum Erscheinen des *Octomore* aus Bruichladdich am heftigsten getorften Malts beruhigt sein – und auch der Weiterverkauf an den französischen Luxuskonzern hat daran, wenigstens bis jetzt, nichts geändert. Die meisten dieser Liebhaber sind im »Committee« versammelt, aber nicht nur sie schwören auf den Whisky aus der sehr alten Brennerei, die dort 1815 / 17 eröffnet wurde, wo schon früher *excise men* gegen Schmuggler zu kämpfen hatten. Fast 150 Jahre wurde Ardbeg von der Familie McDougall betrieben, ehe 1977 Hiram Walker die Destillerie übernahm, die Whisky-Tochter des Brauereigiganten Allied-Lyons (seit 1994 Allied-Domecq). Die eröffnete ihr Islay-Juwel nach einigen Jahren der Schließung zwar 1989 wieder, aber ohne die *floor maltings*, und stellte den Betrieb 1996 ganz ein – vermutlich, weil sie sich ganz auf die Nachbarin Laphroaig (nur Lagavulin liegt zwischen beiden) und ihren Bestseller konzentrieren wollte und wohl einen Konkurrenten im eigenen Haus lästig fand.

Ardbegs Wasser kommt aus Loch Uigeadail und Loch Arigh Nam Beist und so heißen auch zwei Abfüllungen. Der Standardmalt ist wie schon in den siebziger Jahren der 10jährige, der jetzt lobenswerte 46 Prozent hat, *non chill-filtered* ist und mittlerweile natürlich aus der neuen Produktion kommt. Er wurde vorbereitet von einem 5jährigen *For Discussion*, einem *Very Young, Still Young, Almost There* und *Renaissance*. Es gibt auch einen ungetorften namens *Kildalton*, einen nur behutsam getorften *Blasda* und den fast doppelt so torfigen *Supernova*. Besonders die Committee-Mitglieder werden immer wieder auch mit Einzelfassabfüllungen von den mittlerweile nur noch wenigen älteren Fässern verwöhnt.

Von Port Ellen Richtung Westen die letzte der vier Brennerein, die an der Südküste Islays wie an einer Kette aufgereiht liegen. Das sehr schöne *Visitor Centre*, wird von Jackie Thomson geleitet und bietet nicht nur einen Shop mit allen aktuellen Abfüllungen und geschmackvoller Kleidung, sondern ein Restaurant, wo man sehr gut essen und wunderschön Familienfeste feiern kann. Einige Meilen weiter steht das Kildalton Cross, eines der schönsten keltischen Kreuze.

ARDMORE

[ard-mór]

Große Anhöhe

In Betrieb www.ardmorewhisky.com

Besitzer Beam Inc., USA

Adresse Aberdeenshire · Kennethmont by Huntley, AB54 4NH, OS 37 55 / 29

Telefon 01 464 831 213

HIGHLANDS

Die kleine und immer noch wenig bekannte Brennerei wurde 1890 von William Teacher gebaut, ebenso wie die etwas weiter nördlich liegende Glendronach. Deren Name ist freilich viel geläufiger, weil ihr Whisky immer viel besser erhältlich war als der von Ardmore, den die Firma vor allem für ihren *Teacher's Highland Cream* brauchte. Mit der Gründerfirma, die kurz vorher noch auf acht *stills* erweitert hatte, ging Ardmore 1976 in den Besitz von Allied über. Die verkauften sich 2005 bekanntlich selbst und wurden unter Pernod Ricard und Jim Beam aufgeteilt – es war der Blend auf den die Amerikaner scharf waren. Es ist schade,

dass man sie nicht besichtigen kann. Sie hat den Charme einer Anlage des 19. Jahrhunderts bewahrt, ist also nicht nur hübsch, sondern wird auch recht traditionell betrieben, obwohl auch sie nicht mehr mit Kohle befeuert wird. Auch die alte Dampfmaschine ist nicht mehr in Betrieb, wird aber so liebevoll gepflegt, dass sie jederzeit einsatzbereit wäre. Das Wasser entstammt einer Quelle am Knockandy Hill. Die Brennerei liegt in den Eastern Highlands, in der Nähe des Bogie und südlich von Huntley.

Zum 100. Jubiläum der Brennerei gab es 1998 einen 12jährigen in Eigentümer-Abfüllung. Die neuen Besitzer haben ihn aber nun endgültig auch allgemein verfügbar gemacht: als ziemlich robust getorften 10jährigen *Quarter Cask*, der erfreulicherweise nicht kühlgefiltert ist. Den 25 Jahre alten gibt es nur im Duty-free-Geschäft, den 30jährigen nur in den USA.

Die Beam-Leute zeigen in Laphroaig vorbildlich, wie man heutzutage mit Besuchern umgeht. Sie sollten auch Ardmore öffnen. Aber wer sowieso in der Nähe ist, etwa auf dem Weg zur nahe gelegenen Leith Hall, sollte in der Zwischenzeit wenigstens von außen einen Blick auf Ardmore werfen.

AUCHENTOSHAN
[ochen-tóschen]

Ecke des Feldes oder Platzes

In Betrieb www.auchentoshan.com

Besitzer Morrison Bowmore Distillers (Suntory Ltd, Japan)

Adresse Dunbartonshire · Dalmuir, Glasgow, G81 4SJ, OS 64 47 / 72

Telefon 01 389 878 561

LOWLANDS

Zwei Besonderheiten (mindestens) weist Auchentoshan auf: Obwohl am Rande Glasgows nahe der Eskine Bridge und an den Ufern des Clyde gelegen und damit

eindeutig zu den Lowlands zählend, bezieht man das Wasser aus den Kilpatrick Hills, also aus den Highlands. Zum Zweiten wird hier wie sonst nur noch in Springbank (beim *Hazelburn*) teilweise in Benrinnes und Mortlach und natürlich in Irland die alte Methode der Dreifachdestillation (in drei verschieden großen *stills*) praktiziert, was zu einem leichteren Malt führt und in der Werbung entsprechend herausgestellt wird. Und geworben wird viel, seit die Brennerei zu Morrison Bowmore gehört, die sie von Eddie Cairns Ltd. übernahm. Die wiederum kaufte die wahrscheinlich bereits um 1800 gegründete, im 2. Weltkrieg durch Bomben schwer beschädigte Destillerie vom Brauerei-Riesen Bass-Charington. Morrison Bowmore selbst wurde im Juli 1994 von Suntory, Tokio, übernommen.

Früher gab es ihn auch 5- und 8- und – nur in Frankreich – auch 18jährig. Morrison Bowmore bieten ihren Lowland in einer breiten Palette: einen *Classic* und einen *Select* (ihn nur im »Travel Retail«) ohne Altersangabe und mit 12, 18 und 21 Jahren. Der *Threewood* ist zuerst im Bourbon-, dann im Oloroso- und schließlich ein paar Monate im Pedro-Ximenez-Fass gereift – ebenfalls ohne Altersangabe, die auch der *Valinch* nicht hat. Hin und wieder kommen stark limitierte *vintages* heraus wie der 1977er aus dem Sherryfass oder der 50 Jahre alte von 1957.

Das lang angekündigte *Visitor Centre* ist nun endlich offen – und es ist mehr als nur ein Raum, in dem sich Besucher für die Führung versammeln und einkaufen können: Ein solides Konferenzzentrum mit allen Schikanen ist da an der A 82 neben der längst nicht mehr am *Corner of the field* gelegenen Destillerie entstanden.

AUCHROISK
[och-roisk]

Furt durch den roten Strom

In Betrieb www.discovering-distilleries.com

Besitzer Diageo plc, England

Adresse Banffshire · Mulben by Keith, AB55 6XS, OS 28 37 / 49

SPEYSIDE

Auchroisk – wer wirklich wissen will, wie das ausgesprochen wird, dem hilft nicht einmal ein Anruf in der Destillerie; keine Lautschrift kann das wiedergeben. Eine Brennerei so nennen kann eigentlich nur, wer nie geplant hat, ihren Whisky als Single Malt zu verkaufen. Vermutlich sollte er wirklich nur in die Blends gehen, in die von Justerini & Brooks vor allem, die Auchroisk für den Konzern Grand Metropolitan führten, ehe sie durch deren Fusion mit Guinness unter das Dach von UDV kam, die sich dann in Diageo umbenannten. Als man sich entschieden hatte, tatsächlich eine Abfüllung herauszu-bringen, verfiel man ins Gegenteil, in allzu auftrumpfende Verständlichkeit – wobei der Name *Singleton* eigentlich gar nicht anmaßend ist, sondern nur ein Einzelfass meint, was dann wiederum ganz klar macht, dass der *make* aus Auchroisk eben eine Zutat für die vielen Blends der Firma ist.

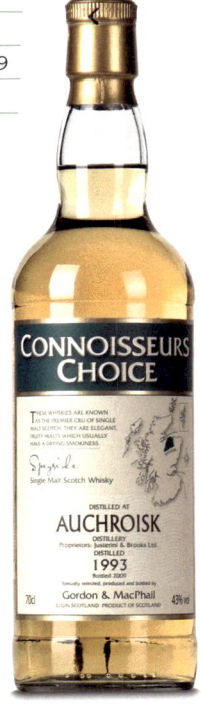

Der Bau der 1974 eröffneten Brennerei freilich ist eines der ganz raren Beispiele dafür, dass moderne Architektur sehr geglückt sein kann; die strengen Flächen der weißen Gebäude mit den schwarzen Dächern fügen sich jedenfalls sehr harmonisch in das milde Hügelland zwischen Rothes und Keith. Auchroisk ist groß ausgelegt: Die acht *stills* könnten nahezu vollautomatisch und durchgängig sieben Millionen Liter pro Jahr produzieren. Zwölf Lagerhäuser gehören zum Komplex, in dessen Eingangshalle die alte Dampfmaschine von Strathmill steht. Das Wasser kommt aus Dorie's Well.

Singleton also hieß der erste Malt aus Auchroisk. Später gab es einen 10jährigen in der »Flora & Fauna«-Serie. Keine Altersangabe hatte der »Managers' Choice« mit seinen 60.6 %, den es vermutlich wegen seines Preises immer noch gibt – ebenso wie die 20 Jahre alte »Special Release« von 2010.

Ein angenehmer Anblick. Aber es gibt kein Pardon, oder besser, keinen Blick ins Innere.

AULTMORE
[olt-mór]

Großer Bach

In Betrieb
Besitzer John Dewar & Sons (Bacardi Limited, Bermuda)
Adresse Banffshire · Keith, AB55 6QY, OS 28 40 / 53
Telefon 01 542 881 800
SPEYSIDE

Es ist immer wieder spannend (und lehrreich) zu verfolgen, wie bald und intensiv Konzentrationsprozesse in der Whiskyindustrie eingesetzt haben, wie schnell bei der Herstellung von Malt zuerst kleine Handwerksbetriebe die ursprünglichen (oft illegalen) Farmbrennereien ablösten, um dann rasch von oligopolitisch strukturierten Firmen ersetzt zu werden. Die »Big Five« (Haig, Dewar, Walker, Buchanan, Mackie) spielten dabei die Hauptrolle: Der Besitz von Destillerien sicherte ihnen die Malts für ihre Markenblends. Aber auch »kleinere« Konglomerate waren nicht unbedeutend. Aultmore ist dafür ein gutes Beispiel. Alexander Edward, der sie 1896 baute, hatte von seinem Vater schon Benrinnes geerbt und war Mitbegründer von Craigellachie; schon 1898 kaufte er Oban dazu. 1913 war es dann mit der Selbstständigkeit vorbei und es kam doch einer der Fünf, Dewar, zum Zug. Der Konzentrationsprozess brachte

Aultmore über ihn, die DCL (1925), die SMD (1930), zu United Distillers, die nach der Fusion ihrer Mutter Guinness mit Grand Metropolitan die Brennerei an Bacardi verkauften – zusammen mit der großen und starken Marke *Dewar's White Label*. Seit 1971 gibt es vier *stills*. Das Wasser kommt vom Burn of Auchinderran.

Aultmore gab es unter dem Namen des Lizenzträgers John & Robert Harvey, Glasgow, mit 12 Jahren. Ebenso alt war die Abfüllung in der »Flora & Fauna«-Serie, der dann noch eine in *cask strength* von 58.8 % mit einem 1983 folgte. In der Reihe der »Rare Malts« gab es einen *Aultmore* von 1974 mit 21 Jahren und 60.9 %. Bacardi ist am *White Label* interessiert. Es gab einmal einen Hoffnungsschimmer, als von jeder ihrer Brennereien eine Abfüllung herauskam, die eigentlich für die Mitarbeiter gedacht waren. Darunter war auch ein *Aultmore*, den man im Gegensatz zum »F&F« kaum mehr findet. Noch schwerer ist der *Centenary* zu bekommen, der, 16 Jahre alt und mit heftigen 63 %, zum Jubiläum erschien.

Die außerhalb von Keith an der B 9016 nach Buckie auf einer Anhöhe gelegene Brennerei war bisher nicht zu besichtigen und den erwähnten Whisky kann man auch nicht mehr kaufen.

BALBLAIR

[bal-blair]

Siedlung oder Farm in der Ebene

In Betrieb www.balblair.com

Besitzer Inver House Distillers (Thai Beverage plc, Thailand)

Adresse Ross-shire · Edderton by Tain, IV19 1LB, OS 21 70 / 85

Telefon 01 862 821 273

HIGHLANDS

Nur wenig entfernt von Glenmorangie, etwas weiter landeinwärts am Dornoch Firth, liegt inmitten sanfter, als Wei-
deland benutzter Hügel Balblair – in einer Gegend, die seit
Alters her als »parish of peat« berühmt ist. Obwohl Barnard
als Gründungsdatum 1790 nennt, was die Brennerei
bereits zu einer der ältesten noch existierenden machen würde, hat auch die Jahreszahl 1749, die früher
auf dem Fünfjährigen stand, einiges für sich. Die
gegenwärtige Destillerie freilich stammt vom Ende
des 19. Jahrhunderts. Einige ältere Gebäude werden
als *warehouses* benutzt. Glücklicherweise haben weder
Allied Distillers noch Inver House, denen sie die
Brennerei 1996 verkauften, Anlass gesehen, dort im
Norden viel zu verändern. Balblair macht bis heute
mit ihren grauen Mauern und dem Ziegelschorn-
stein den properen Eindruck einer Anlage, wie sie im
Whisky-Bilderbuch steht. Sie hat mit am besten den Geist der *distiller* des vorletzten
Jahrhunderts konserviert. Besonders gut kann man studieren, wie sie die Schwerkraft
ausnutzte, um die gemälzte Gerste zum Mahlen und zum Maischen, die *worts* in die
washbacks und dann die *wash* zu den Brennblasen zu transportieren. Das Wasser
kommt von Ault Dearg, dem Roten Bach; von den drei *stills* arbeiten nur zwei: Selbst
die alte genietete *still*, obschon längst nicht mehr gebraucht, durfte stehen bleiben.

Den erwähnten Fünfjährigen gibt es längst nicht mehr. Schon seiner Flasche waren
die Verbindungen zum *Ballantine's* anzusehen. Der ist immer noch Hauptabnehmer.
Daneben gab es schon lange und glücklicherweise noch immer, mit »Balblair Dist.
Company« auf dem Label, Lizenzabfüllungen: Von Gordon & MacPhail einen 10jäh-
rigen mit 40 bzw. 57 % und auch manchmal Jahrgangsabfüllungen (etwa 1957,
1964). Die neuen Besitzer bringen viele Abfüllungen dieses wunderbar leichten und

extrem fruchtigen Malts, zuletzt als *vintages*, also mit dem Entstehungsjahr – in einer Box, die fast an einen thailändischen Schrein erinnert.

Noch gibt es keinen Zugang, aber ein Visitor Centre ist im Bau und wird vielleicht noch im Sommer 2012 eröffnet. Bis dahin ist Balblair auch von außen ein lohnender Anblick, der den kleinen Abstecher lohnt.

BALMENACH
[bal-ménach]

Siedlung, Farm in der Mitte

In Betrieb **www.inverhouse.com**

Besitzer Inver House Distillers (Thai Beverage plc, Thailand)

Adresse Morayshire · Cromdale by Grantown-on-Spey, PH26 3PF, OS 36 07 / 27

Telefon 01 479 872 569

SPEYSIDE

Gleich zwei prominente Quellen gibt es für die lange Geschichte Balmenachs, die immerhin schon 1824 gegründet wurde: Auch hier war Alfred Barnard zu Besuch und schildert, was er 1877 vorgefunden hat. Der zweite Zeuge ist Sir Robert Bruce Lockhart, der in seinem Buch »Scotch« der Brennerei ein ganzes Kapitel gewidmet hat (S. 32–45). Niemand war dazu berufener als er, ist er doch der Urenkel von James McGregor, ihrem Erbauer. Besonders stolz war Sir Robert, weil sein Ahn in einem Gebiet aktiv war, in dem das Schwarzbrennen vielen Menschen ihr täglich Brot brachte. Die weitere Geschichte verlief nicht spektakulär: 1930 übernahm SMD die Destillerie, die von 1941–1947 geschlossen war (um Militär zu beherber-

gen). 1962 wurde der Betrieb, der zu Füßen der Cromdale Hills nahe am Spey liegt und sein Wasser aus dem Cromdale Burn bezieht, auf vier *stills* (heute sind es sechs) erweitert, während die *floor maltings* aufgegeben wurden. Im Januar 1993 gehörte Balmenach zu den vier Destillerien, die United Distillers schlossen, um sie nur noch als Fasslager zu nutzen. Glücklicherweise wurde nichts abgerissen. Im Dezember 1997 wurde Balmenach von Inver House (heute im Besitz des thailändischen Konzern) gekauft; wenig später wurde die Produktion wieder aufgenommen.

Früher nur von den »Unabhängigen« zu bekommen, brachten United Distillers 1992 einen 12jährigen mit 43 % in der »Flora & Fauna«-Kollektion heraus, der zuweilen immer noch auftaucht. Anders als von ihren Neuerwerbungen Balblair und Pulteney konnten sich die neuen Besitzer bisher noch nicht für eine Destillerie-Abfüllung erwärmen, dafür aber für einen – Gin namens *Caorunn* (das ist gälisch für Vogelbeere, die neben 6 traditionellen und weiteren 4 »keltischen« Pflanzen zu seinem von Kennern vielgerühmten Geschmack beiträgt). Malt-Liebhaber sollten wissen, dass auch der *Deerstalker* und der *Inverarity Ancestral Balmenachs* sind.

Besuche sind nicht möglich.

BALVENIE
[bal-vénie]

Siedlung oder Farm des Bhainidh (ein Bischof von Mortlach) oder des Glücks

In Betrieb **www.thebalvenie.com**

Besitzer William Grant & Sons Ltd, Schottland

Adresse Banffshire · Dufftown, AB55 4BB, OS 28 32 / 41

Telefon 01 340 822 210

SPEYSIDE

Das Wasser beziehen sie aus der gleichen Quelle mit dem schönen Namen *Robbie Dubh*, dem schwarzen Robert. Beide Brennereien liegen, nur durch einen Bahndamm getrennt, fast nebeneinander. Sie benutzen die gleiche Gerste, die zum großen Teil noch von eigenen Farmen kommt. Und es sind die gleichen Männer, die die Arbeit tun. Dennoch ist ihr Whisky so grundverschieden, dass die Firma, der beide Brennereien gehören, früher den einen als Aperitiv, den anderen als Digestiv empfahl (was natürlich ideal für den Umsatz war) – Balvenie und ihre größere und berühmtere Schwester Glenfiddich sind klassische Beispiele dafür, dass bei allen Gemeinsamkeiten in der Herstellung jeder Malt eben doch seinen eigenen, unverwechselbaren Charakter hat. Balvenie, fünf Jahre nach Glenfiddich 1892 von den Grants gegründet, 1893 eröffnet und bis heute im Familienbesitz, benutzt freilich immer noch viel eigenes Malz, das in der traditionellen *kiln* gemälzt wird. Und sie besitzt auch ganz charakteristische *stills* mit einem eigenartigen zweiten Bauch über dem ersten, sonst üblichen, dem sogenannten *Balvenie ball*. Acht gibt es von ihnen und längst kann sich die Firma jedesmal, wenn es notwendig ist, neue leisten. Die ersten kaufte der alte Major William *second hand* von Lagavulin und Glen Albyn. Ein sparsamer Mann, der die Destillerie mit seinen Söhnen im wahrsten Sinn des Wortes eigenhändig aus den Steinen des neuen Balvenie-Schlosses baute. Die Ruinen des alten wurden glücklicherweise nicht angetastet, sie überragen noch heute majestätisch die Anlage, die aus den Bemühungen der fleißigen Familie entstanden ist – immerhin die viertgrößte Whiskyfirma Schottlands und, was noch mehr zählt, immer noch in schottischem Besitz der Gründerfamilie.

Wenn es um die Abfüllungen geht, muss ein weiterer Name eingeführt werden: David Stewart, mehr als 45 Jahre der Master Blender der Grants und zum Zeitpunkt der Drucklegung immer noch der Malt Master von Balvenie. Er hat schon den *Founders' Reserve* in der Cognac-Flasche und den *Classic* (der in einer Kreuzung zwischen Armagnac- und Bocksbeutel-Flasche kam) kreiert. Aber als die Marketing-Stars der Firma das 100jährige Jubiläum zu einem *relaunch* nutzen wollten, schuf David Stewart Whiskygeschiche: Neben dem 10 Jahre alten mit der alten Bezeichnung *Founder's Reserve*, brachte er mit dem 12jährigen *Double Wood* das erste jener

finishings, ohne die die Welt des Maltwhisky nicht mehr vorstellbar ist. Sie können einen Whisky unglaublich verändern – wenn auch nicht immer mit so fabelhaften Ergebnissen wie beim Erfinder und seinem Balvenie, den Kenner schon immer für einen der Größten gehalten haben. Auch mit dem 15jährigen *Single Barrel* gab es eine Premiere, war er doch die erste Einzelfassabfüllung einer großen Firma. Sie alle kamen in einer schönen neuen Flasche daher, etwas gedrungener als die klassische Malt-Bottle und oben hübsch ausgelippt. Heute gehören zur permanenten *range* der 21 Jahre alte *Port Wood*, der 14 Jahre alte *Golden Cask*, ein 30 und ein 40 Jahre alter. Es gibt auch immer wieder *vintages* als Einzelfassabfüllungen und nicht alle sind so rar wie der 1964er, dessen Fass gerade noch 151 Flaschen ergab. Immer wieder kreiert David neue limitierte Abfüllungen, aus besonders behandeltem Malz, aus speziell ausgesuchten Fässern, wie den 17jährigen *Peated Balvenie* oder den *Tun 1401*. Eine der schönsten Varianten ist der 12jährige *Signature*, mit dem sich der große Mann selbst das wohlverdiente Denkmal setzen durfte.

Endlich kann man Balvenie auch sehen – und die Touren dort sind etwas ganz Besonderes. Sie dauern lang und sind teuer. Eine ideale Kombination ist es, zuerst nach Glenfiddich zu gehen (man sollte sich nicht davon abschrecken lassen, dass diese eine der großen Touristenattraktionen des Landes ist; sie ist auch die einzige weit und breit, die die meisten ihrer *expressions* an Ort und Stelle abfüllt und trotz ihrer Größe immer noch eine der traditionellsten. Man bekommt dort eine sehr gute Einführung). Anschließend kann man dann, nach Anmeldung, drei Stunden lang in Balvenie die Feinheiten studieren – mit der Schaufel in den Maltings, in der Küferei und beim *Tasting* im *warehouse*.

BANFF

[banff]

Bedeutung unsicher, vielleicht ein poetischer Name für Irland

Abgerissen

Besitzer ehemals DCL

Adresse Banffshire · Inverboyndie by Banff, OS 29 66 / 64

HIGHLANDS

Banff, das war die Destillerie mit der amüsanten Geschichte von den betrunkenen Kühen und Gänsen. Sie geht auf das weniger amüsante Bombardement zurück, mit dem ein deutscher Pilot am 16. August 1941 das *warehouse* Nr. 12 belegte. »Thousands of gallons of whisky were lost, either by burning or running to waste over the land …

and so overpowering were the results that even farm animals grating in the neighbourhood became visibly intoxicated«, zitieren die »DCL Distillery Histories Series« ein Lokalblatt. Weder diese Story noch ihre Geschichte überhaupt (sie entstand 1863 als Nachfolgerin einer 1824 an anderer Stelle erbauten Anlage gleichen Namens) und auch nicht die Tatsache, dass sie immerhin das Londoner Unterhaus versorgt hatte, konnte sie davor bewahren, 1983 geschlossen und seitdem größtenteils abgebaut zu werden. Damals gehörte sie der SMD, die sie schon 1932 übernommen hatte. Banff hatte zwei *stills* und verwendete Wasser von einer Quelle der Fiskaidly Farm.

Von Banff waren keine Eigentümerabfüllungen bekannt, ehe Diageo, die Rechtsnachfolger der SMD, 2004 in ihrer Serie »Rare Malts« einen 21 Jahre alten *Banff* von 1982 herausbrachten. Die Vorräte sind offensichtlich mittlerweile stark dezimiert – *Banff* war immer nur selten zu bekommen, aber jetzt ist es dramatisch. Wer ihn noch sieht, sollte zugreifen: Von Zeit zu Zeit kommt ein *Banff* in der »Connoisseurs Choice«-Serie von Gordon & MacPhail oder von anderen Unabhängigen wie Cadenhead oder Signatory.

Zyniker könnten befriedigt feststellen, dass nun endlich Schluss ist mit der Verwirrung. Banff ist zu – und niemand muss mehr, wenn er die kaum vorhandenen Reste der westlich von Stadt und Deveron an der B 9136 gelegenen Destillerie sehen will, nach der Inverboyndie Distillerie fragen, weil sie dort niemand unter dem Namen Banff kennt.

BEN NEVIS
[ben névis]

Der giftige, boshafte Berg oder der Berg mit dem Kopf in den Wolken

In Betrieb www.bennevisdistillery.com

Besitzer Nikka Whisky Distilling (Asahi Group, Japan)

Adresse Lochaber · Lochy Bridge by Fort William, PH33 6TJ, OS 41 12 / 75

Telefon 01 397 700 200

HIGHLANDS

Dass sie den Namen des höchsten schottischen Berges, des majestätischen Ben Nevis, trägt und an seinem Fuß liegt, konnte die Schließung ebensowenig verhindern wie die Tatsache, dass sie 1825 von einer der (und man kann das ganz wörtlich nehmen) herausragendsten Figuren der Whiskygeschichte gegründet wurde. John Macdonald war nicht nur Nachfahre der Lords of the Isles und Überlebender eines berühmten Geschlechtes. Er war so groß, dass man ihn den »Long John« nannte. Ein *Blended Scotch*

erinnert heute noch an ihn. Seine Brennerei wurde in den zwanziger Jahren an Seager Evans verkauft, die dann von dem Brauerei-Riesen Whitbread übernommen wurden. Von 1955 bis 1981 gehörte Ben Nevis dem schillernden Kanadier Joseph Hobbs (der u. a. auch Lochside und Bruichladdich besaß). Er ergänzte die vier *pot stills* um *Coffey stills* und verwendete das Wasser aus der Buchan's Well (heute kommt es von Coire an Ciste und Coire Leis) auch zur Herstellung von Grain Whisky und ließ Malt und Kornwhiskies sofort blenden. Die Schließung 1986 setzte diesen Niedergang nur konsequent fort. Die Rettung kam aus Fernost: Nikka, im whiskyverrückten Japan eine Größe, nutzte die Gelegenheit, endlich eine »richtige«

Destillerie zu bekommen und 1989 ihr Imperium von japanischen Brennereien mit einer schottischen zu schmücken. Heute wird wieder nur Malt destilliert.

Ben Nevis gab es bis zur Übernahme durch Nikka nur von den Unabhängigen. Nikka brachte zuerst ältere Versionen (u. a. 19, 21, 25 und 26 Jahre). Zur Zeit gibt es permanent einen 10 Jahre alten, mit generösen 46 %, und hin und wieder die Abfüllung eines Sherryfasses oder ein *finishing*.

Die Japaner, doch sonst so auf Äußerlichkeiten bedacht, lassen es zu, dass die Brennerei ziemlich heruntergekommen aussieht – vielleicht glauben sie, dass sowieso vor lauter Berg-Hintergrund niemand an den Gebäuden interessiert ist. Die Besichtigung ist ganzjährig möglich. Vor der Führung darf man ein Video über *Hector McDram* sehen, das zu den witzigsten gehört, die bei solchen Gelegenheiten gezeigt werden.

BEN WYVIS
[ben wíewis]

Der eindrucksvolle oder der elegante Berg

Abgerissen

Besitzer Invergordon Distillers (Whyte & Mackay)

Adresse Ross-shire · Invergordon, IV18 0HP, OS 21 71 / 69

HIGHLANDS

Hoch und heilig hatten sie es immer wieder versichert, die Mitarbeiter von Invergordon, dass von ihrer Maltbrennerei am Cromarty Firth wirklich kein Fass übriggeblieben sei. Also bestand keine Hoffnung mehr, ihn jemals kosten (und Ben Wyvis in dieses Buch aufnehmen) zu können. Tatsächlich haben sie nicht gelogen, denn die Fässer, die 1999 in den *warehouses* der damals zu Jim Beam gehörenden Firma gefunden wurden, gehörten ihr wirklich nicht, sondern einem amerikanischen Inverstor, der sie 1968 gleich nach der Abfüllung gekauft hatte. Seine Kinder schrieben sie zur Auktion aus. Die Brennerei trägt den berühmten Namen – nicht nur, weil sie nach dem großen Berg in ihrer Nähe benannt ist, sondern weil es schon einmal eine Anlage gleichen Namens gegeben hatte, in Dingwall, weiter landeinwärts am Firth. Sie wurde 1879 nicht weit von der Stelle gebaut, wo einst die berühmte Ferintosh Distillery stand, deren Ende schon Robert Burns beklagt hatte. 1926 wurde Ben Wyvis geschlossen. Invergordon benutzte den Namen wieder, als man 1965 inmitten ihres mächtigen Grain-Komplexes am Firth auch Malt machen wollte. Aber auch diese Destillerie wurde schon 1977 wieder abgerissen.

Die Nachricht war eine Sensation – und ihr Urheber war (wer sonst, ist man versucht zu sagen) kein anderer als Andrew Symington von Signatory, der schon den *Glenflagler* und den *Killyloch* entdeckt hatte. Von den fünf ersteigerten Fässern waren allerdings zwei leer. Kaum glaublich, aber auch die Schotten, die den Amerikanern ihre Firma abgekauft hatten, entdeckten noch ein Fass. Aber nicht einmal diese »Final Resurrection« von 1965 war die letzte, es tauchten noch drei weitere Fässer von 1972 auf. Sie alle waren extrem teuer, weshalb es sie auch heute durchaus noch gibt.

Auch von den beiden *stills* nahm man an, dass nichts übriggeblieben sei. Heute arbeiten sie, etwas abgeändert, in Glengyle. Und natürlich steht auch noch die an eine Raffinerie erinnernde Grain Distillery, aber ein besonders schöner Anblick ist sie nicht.

BenRiach
[ben-ríach]

Grauer, trister Berg

In Betrieb www.benriachdistillery.co.uk

Besitzer The BenRiach Distillery Company Ltd

Adresse Morayshire · Longmorn by Elgin, IV30 8SJ, OS 28 23 / 58

Telefon 0131 456 2617

SPEYSIDE

Kurz vor der Wende zum 20. Jahrhundert wurden einige neue Brennereien gebaut, aber dem Boom folgte abrupt eine Rezession, die vor allem durch die spektakuläre Pleite der Pattisons verursacht wurde, die auch viele andere Firmen und Brennereien ins Verderben riss. Auch Benriach entstand in dieser Zeit. Kaum erbaut, wurde sie

1898 zunächst vom Nachbarn Longmorn übernommen, ehe sie 1900 schließen muss-te. Erst 65 Jahre später wurde wiedereröffnet, unter der Regie von Glenlivet. Lange wurde ihr Malt nur für die Blends der Firma verwendet, auch nach der Formung der »Glenlivet Dist. Ltd.« und nach der Übernahme der Schotten durch den kanadischen Konzern Seagram. Auch der benutzte Benriach nur als Melk-Kuh für seine Blends, füllte manchmal auch einen *Longmorn* als Single Malt ab und gab dann doch in der »Heritage Selection« einen Malt frei. Als Seagram an Pernod Ricard verkauft wurde und die Kartellbehörden den Weiterverkauf von Benriach forderten, kamen der Whis-kyveteran Billy Walker und seine zwei südafrikanischen Partner zum Zug – und alles änderte sich: die Schreibweise und vor allem die Verfügbarkeit. Und es kam heraus, dass Seagram, wohl um weniger von Islay-Malts abhängig zu sein, auch *peated malt*, also rauchiges Malz, verwendet hatte.

Ein Paradebeispiel dafür, welchen Unterschied es macht, ob ein internationaler Konzern eine Malt-Destillerie betreibt oder eine kleine Privatfirma. Der *Benriach* von Seagram war 10 Jahre alt. Vom *BenRiach* gibt es nun fast unübersichtlich viele Vari-anten: 28 waren zum Redaktionsschluss in der Liste eines großen Londoner Händlers zu finden, ungetorfte und getorfte, viele Altersstufen, *finishings* und vor allem immer wieder ganze Serien von Einzelfassabfüllungen, die zum Teil nur in lokalen Märkten angeboten werden.

Die neuen Besitzer sind dabei sogar die *maltings* wieder in Gebrauch zu nehmen. Und man kann anrufen und dann unter Umständen die Destil-lerie besichtigen.

BENRINNES

[ben-rínnes]

Spitzer Berg, Vorgebirge

In Betrieb www.malts.com

Besitzer Diageo plc, England

Adresse Banffshire · Aberlour, AB38 9NN, OS 28 25 / 38

SPEYSIDE

»Welcome to the family!« begrüßten wir in der ersten Auflage dieses Buches den ersten *Benrinnes* in Destillerieabfüllung, der 1991 von United Distillers in der »Flora & Fauna«-Reihe auf den Markt gebracht worden war. Sie ist immer noch zu finden, ist aber offiziell aus dem Portfolio gestrichen wie vieles andere, das der Fusion von Guinness und Grand Metropolitan bzw. deren Spirituosentöchter UD und IDV zu UDV zum Opfer fiel. Besucher, die von Aberlour kommend die A 95 an der 2. Abzweigung nach links verlassen (Achtung: die 1. führt nach Glenallachie), müssen heute keine Angst mehr haben, von Kühen (und einem Bullen) eingeschüchtert zu werden, wie es von früher berichtet wird. Benrinnes, am Nordabhang des großartigen Berges auf 250 Meter Höhe liegend, blickt auf eine lange Tradition zurück – sicher ist sie (als Lyne of Ruthrie) für 1835 nachzuweisen. Auf dem üblichen Weg – von Dewar über DCL und SMD – ist die Brennerei an die Guinness-Tochter gekommen, die heute Diageo heißt; die Lizenz hatten bis 1992 A. & A. Crawford in Leith. 1966 wurde von drei auf sechs *stills* erweitert, mit denen eine nur hier angewandte Form der Dreifachdestillation praktiziert wird. Das Wasser kommt von den Scurran und Rowan Tree Burns.

Der »Flora & Fauna«-*Benrinnes* enthält einen 15 Jahren alten Whisky mit 43 % und er blieb die einzige Abfüllung, bis es auch eine in der »Rare Malts«-Kollektion gab. Eine weitere war der »Managers' Choice« (1996, 12 Jahre alt) und 2009 ein »Special Release« mit einem 1985er. Besser als sie alle sind der 12 und der 18 Jahre alte »Stronnachie« zu erhalten, die nun auch auf dem Label zeigen, dass sie aus Benrinnes kommen.

Diageo finden, dass sie in der Umgebung genug Brennereien für Besucher geöffnet haben, weshalb Benrinnes auch weiterhin nicht zugänglich sein wird.

BENROMACH
[ben-rómach]

Zotteliger, struppiger Berg

In Betrieb www.benromach.com

Besitzer Gordon & MacPhail

Adresse Morayshire · Forres, IV36 3EB, OS 27 03 / 59

Telefon 01 309 675 968

SPEYSIDE

Benromach – das klingt nach einer Lage in den Bergen. Die Brennerei liegt aber gleich hinter den Bahnschienen am nördlichen Rand des Städtchens Forres, dessen Namen sie auch manchmal (sicher: 1907–10) trug. Sie blickt auf eine traurig-lange Kette von Schließungen zurück, die gleich unmittelbar nach der Gründung 1898 durch einen Whiskyhändler aus Leith und den Brenner Duncan McCallum von der Glen Nevis Distillery in Campeltown begann und 1983 ihr Ende fand, als die gerade zehn Jahre vorher restaurierte Anlage noch von der DCL zugemacht und dann vom neuen Besitzer UDV (heute Diageo) im Inneren total abgebaut

wurde. Glücklicherweise war das nur ein vorläufiges Ende. Denn es gelang der bisher nur als »unabhängiger« Abfüller bekannten Firma Gordon & MacPhail aus Elgin, die Anlage zu kaufen – ein glücklicher Kauf, weil sie die Brennerei schon viele Jahre vorher einmal besessen hatten. Ihre Pläne, sie wieder in Betrieb zu nehmen, wurden wahr: Am 15. 10. 1998, auf den Tag 100 Jahre nach ihrer Gründung, floss in Anwesenheit von HRH[1] dem Prinzen of Wales wieder Whisky aus den mittlerweile neuen *stills* – und sogar ein *Visitor Centre* wurde eröffnet.

G&M hatten immer Bestände dieses Malts und Vorbesitzer UDV nutzte die Vorräte für einen »Rare Malt«. Die neuen Besitzer feierten die Wiedereröffnung mit dem 17 Jahre alten *Centenary bottling*, der aus

---

1   His Royal Highness

drei sehr alten, 1886, 1895 und 1901 zum ersten Mal benutzten Sherryfässern kam, in denen er zwei Jahre nachreifen durfte. Dann legten sie richtig los: Heute gibt es viele Altersstufen und Jahrgänge, *finishings*, einen *Traditional* und einen Bio-Whisky (*Organic*), selbst getorfter Malt wird gemacht. Besonders bemerkenswert ist die Reihe *Origins*, bei der ausprobiert wird, dass z.B. ein Wechsel in der Gerste durchaus Änderungen beim fertigen Whisky bedeutet.

Das neue Besucherzentrum bietet »normale« Führungen, aber z.B. auch die »Exclusive Managers' Tour« unter Leitung von Brennerei-Leíter Keith Cruickshank. Wer will, kann eine selbst abgefüllte Flasche erwerben. Und wenn Sie schon dort sind, besuchen Sie am Ortsausgang Richtung Elgin auch Sueno's Stone, den vielleicht schönsten piktischen[2] Stein überhaupt.

BLADNOCH
[blad-nóch]

Vielleicht: blumiger Platz

In Betrieb www.bladnoch.co.uk

Besitzer Co-ordinated Development Services Ltd (Raymond Armstrong)

Adresse Wigtownshire · Bladnoch, DG8 9AB, OS 83 42 / 54

Telefon 01 988 402 605

LOWLANDS

Zwei Aspekte machen (außer ihrem Whisky natürlich) Bladnoch bemerkenswert: ihre Lage – und die vielen Hände, durch die sie, vor allem in den letzten dreißig Jahren, gegangen ist. Bladnoch, auf der abgelegenen, geschichtsträchtigen Halbinsel Machars in Galloway gelegen, ist bei weitem die südlichste Destillerie Schottlands.

---

2   Die Pikten gelten als die Ureinwohner Schottlands.

Sie war, 1817 von John und Thomas McClelland gegründet, im Familienbesitz, bis sie 1938 geschlossen wurde. Vorübergehend in nordirischem Besitz wurde sie 1956 von Bladnoch Dist. Co. wiedereröffnet und 1966 von zwei auf vier *stills* erweitert. 1973 kaufte sie Inver House Distillers, die sie bald wieder schlossen. 1983 war dann Arthur Bell am Zuge; es wurde renoviert. Bell wurde von Guinness bzw. ihrer Tochter UD übernommen, die zwar einen Single Malt in der »Flora & Fauna«-Reihe herausbrachten, die Brennerei aber loswerden wollten. 1991 scheiterte ein Verkauf an Gibson International, worauf die Brennerei geschlossen wurde. Schließlich erwarb der nordirische Unternehmer Raymond Armstrong Bladnoch. Dank hartnäckiger Bemühungen schaffte er es, zur großen Überraschung (und Freude) der Whiskywelt, 1997 sogar wieder die Lizenz zu erhalten. Nachdem er eine neue *mash tun* und zwei neue *stills* installiert hatte, begann er mit der – kleinen – Produktion.

Die »Flora & Fauna«-Abfüllung enthielt einen 10 Jahre alten Malt mit 43 %. Raymond Armstrong mußte die Jahre, bis sein eigener Malt reif war, mit mühsam zusammengekauften Fässern überbrücken, was auch das Alter seiner Malts erklärt (15, 17, 18, 20 Jahre). Aus der neuen Produktion kommt ein 8jähriger. Armstrong experimentiert gern, z. B. mit verschieden getorftem Malz, und auch das schlägt sich in mehreren Varianten nieder.

Bladnoch liegt etwas außerhalb von Wigtown und südlich der Stadt am River Bladnoch. Das 1991 nach der Schließung (!) gebaute *Visitor Centre* ist nun täglich geöffnet. Es bietet auch der lokalen Kunst, vor allem der Musikszene, Raum. Wer länger bleiben will, kann hinter der Brennerei campen – oder die Whisky School besuchen.

BLAIR ATHOL
[blair-aßoll]

Ebene (oder Moor) von Atholl (neues Irland?)

In Betrieb www.bells.co.uk

Besitzer Diageo plc, England

Adresse Perthshire · Pitlochry, PH16 5LY, OS 52 94 / 57

Telefon 01 796 482 003

HIGHLANDS

An Blair Athol kommt keiner vorbei – weil jeder dort vorbeikommen muss, der von Perth aus in den Norden will, ins Speytal, nach Killicrankie oder in das Schloss Atholl (mit Doppel-ll), wo der Duke die einzige Privatarmee auf britischem Boden halten darf (und sich die *Keeper of the Quaich* zu ihren Banketten treffen). Das Schloss liegt nördlich, die Destillerie südlich und gleich am Ortseingang von Pitlochry, dem bevölkerten, für seine Fischtreppe bekannten Touristenort an der A 9. Der Brennerei sieht man nicht an, dass sie erst 1949 in der jetzigen Form errichtet wurde, so stilsicher haben Arthur Bell & Sons gebaut, die Blair Athol 1933 (zusammen mit Dufftown)

übernommen und erst einmal stillgelegt hatten. Die Geschichte des Hauses reicht aber über 1826, als die Vorgängerin der jetzigen Anlage errichtet wurde, sogar bis 1798 zurück. Heute gibt es vier *stills*, das Wasser kommt vom Ben Vrachin; Allt Dour (d. h. Otterbach) heißt das Gewässer, das in den River Tummel fließt.

Schon die Bells boten einen 8 Jahre alten Malt an. Dann kam in der »Flora & Fauna«-Serie ein 12jähriger, dem ein mit einem Otter geschmückter *cask strength* von 1981 mit 55.5 % folgte. Weil sie Malts von Brennereien brachte, von denen es sonst keine Abfüllung gab, wurde die Einstellung der beliebten Serie sehr bedauert. Umso größer die Freude, als dann doch ein neuer 12 Jahre alten *Blair Athol* kam, diesmal unter dem Label »Fauna & Flora«. Der Malt war auch in den Serien »Rare Malts«, »Manager's Dram« und bei den »Special Releases« vertreten. Ein Highlight waren die zwei *bottlings*, mit denen 1998 das 200. Jubiläum der Brennerei gefeiert wurde: Eine 12jährige *Commemorative Limited Edition* und der 18 Jahre alte *Bicentenary*.

Besucher erwarten Führungen, ein Shop, aber leider kein Café mehr. Die Führungen gibt es in drei Versionen, die »Allt Dour Deluxe Tour« ist die teuerste, bietet aber auch ein großzügiges Tasting. Im Ort gibt es übrigens Robertson's, der eine sehr anständige Auswahl von Malts führt (und wo der *Blair Athol* manchmal billiger ist als in der Brennerei!).

BOWMORE
[bou-mór]

Großes Riff oder großes Haus

In Betrieb **www.bowmore.com**
Besitzer Morrison Bowmore Distillers (Suntory Ltd, Japan)
Adresse Argyll & Bute · Bowmore, Isle of Islay, PA43 7JS, OS 60 31 / 60
Telefon 01 496 810 671

ISLAY

Stolz hat man 1979 kostbar aufgemachte Abfüllungen zum »Bicentenary« auf den Markt gebracht, beansprucht man doch, die älteste noch arbeitende Destillerie Schottlands zu sein, und ist mit Sicherheit die älteste noch arbeitende legale Destillerie der Whiskyinsel. Tradition wird also groß geschrieben: Man leistet sich eine eigene Mälzerei mit *floor maltings* und bezieht das Wasser immer noch aus dem in Torfland entspringenden River Laggan. Seit Stanley Morrison 1963 die wie ein Bollwerk in der Bucht von Loch Indaal [*in-dohl*] am Rand der »Hauptstadt« der Insel gelegene Anlage übernommen und zum Flaggschiff von Morrison Bowmore Distilleries ausgebaut hat, setzt man aber auch auf Modernität: Durch ein vorbildliches, einladendes *Visitor Centre* etwa oder durch konsequenten Umweltschutz mit einer revolutionären Heizungsmethode, die auch das Wasser im öffentlichen Hallenschwimmbad erwärmt, das in ein ehemaliges Lagerhaus eingebaut ist. Seit Juli 1994 gehört Bowmore dem japanischen Großkonzern Suntory – ein Engagement, das anfangs auf viel Skepsis stieß, sich im Rückblick aber als sehr segensreich, weil zukunftsichernd, herausgestellt hat. Dass Suntory für sein Insel-Juwel sorgt, kann man schon an den immer strahlend weiß getünchten Fassaden der Gebäude sehen. Bowmore hat (mindestens) zwei bedeutende Persönlichkeiten hervorgebracht: Die *distillery cat* Smoky, die bei einer Wahl unter die schönsten sieben Katzen des Vereinigten Königreiches gekürt wurde, und James »Jim« McEwan, der dort einst als Küferlehrling begann, dann Manager »seiner« Brennerei wurde und nun seit 2000 auf der anderen Seite des Lochs in Bruichladdich wirkt. Wie kein zweiter bezaubert er seine Zuhörer auf der ganzen Welt mit seinem Charme und dem Charisma, mit dem er

die Vortrefflichkeit »seines« *Bowmore* (oder jetzt) *Bruichladdich* darstellt und dessen Aromen mit an kraftvolle gälische Poesie grenzenden Worten zu vermitteln vermag (»… rollen über die Geschmacksknospen wie die Wellen von Loch Indaal an einem Maimorgen …«).

Die alte bauchige Flasche mit dem 12jährigen wurde durch die klassische Flaschenform ersetzt sowie das dann eingeführte elegant-durchsichtige Etikett durch ein normales. Neben dem erwähnten Jubiläumswhisky gab und gibt es immer wieder Jahrgangs-abfüllungen von älteren Malts – so zahlreich, dass es unmöglich ist, den Überblick zu behalten, zumal es viele Abfüllungen nur im »Travel Retail« (oder nur in Japan) gibt. Die »Basis-Reihe« besteht aus dem *Legend*

und dem *Surf* ohne Altersangabe, dem 12jährigen ohne Namen und dem ebenfalls 12 Jahre alten Enigma, den beiden 15 Jahre alten *Mariner* und *Darkest*, dem Klassiker mit 17 Jahren (nach Meinung von Jim McEwan der perfekteste *Bowmore*), dem 18-, dem 25jährigen und einem *Cask Strength*. Auch die *finishings* hat man entdeckt.

Damit nicht genug. Den Wert von Sondereditionen erkannte man in Bowmore schon mit dem *Bicentenary*, aber erst der 30 Jahre alte *Bowmore*, der erste, der unter der Re-gie von Brian Morrison entstand, und vor allem die drei Editionen des *Black Bowmore* von 1993, 1994 und als *final edition* von 1995 mit jeweils etwa 2000 Flaschen mar-kierten eine neue Epoche in der Malt-Vermarktung (zu Sammlerstücken geworden, haben sie es heute auf etwa € 3.000 gebracht). Ihnen folgte ein 40jähriger, der damals etwa DM 12.000 kostete (in dem Preis war ein Wochenende in Bowmore enthalten), und im Sommer 2000 ein 38 Jahre alter *Bowmore*, destilliert 1957 und abgefüllt 1996. Es würde zu weit führen, alle die älteren *Bowmores* wie etwa einen weiteren *Black, White* oder *Gold* aufzulisten, zumal sie, wie übrigens auch manche zum Islay Whisky Festival angebotene Sonderabfüllung, normalen Whiskyliebhabern preislich nicht zugänglich sind – anders etwa als die drei 16jährigen (Bourbon, Port und Sherry) oder die immer nur in kleinen Stückzahlen herausgebrachten 10 Jahre alten *Tempest*.

Jim ist bei Bruichladdich, Smoky ist im Katzenhimmel und Christine Logan, so viele Jahre das Gesicht von Bowmore, wurde gefeuert. Shop und *Visitor Centre* wurden neu gestaltet, ein – gut gemachtes – kleines Museum kam dazu. Führungen gibt es im Sommer an Werktagen. Das Management hat den halben Square aufgekauft, die Häuser sehr geschmack- und liebevoll eingerichtet und vermietet sie – ebenso wie zwei Wohnungen innerhalb der Brennerei – zum *self catering* an die, die es auch zu schätzen wissen, dass der Ort viele Pubs hat.

BRAES OF GLENLIVET (BRAEVAL)
[bräs, bräval]

Hang am Tal des Livet

In Betrieb

Besitzer Chivas Brothers (Groupe Pernod-Ricard, Frankreich)

Adresse Banffshire · Chapeltown of Glenlivet, AB37 9JS, OS 36 24 / 20

Telefon 01 542 783 332

SPEYSIDE

Eigentlich ist das Problem, das die Gründerfirma Seagram durch die Namensgebung sehenden Auges provozierte, ja gelöst. »Cadenhead«, hieß es in einer früheren Auflage dieses Buches, »hat längst mindestens ein Fass und möchte gerne abfüllen, hat aber Rechtsprobleme, angeblich, weil Seagram eine Verwechslung mit ihrem *Glenlivet* fürchtet«. Die Gefahr ist gebannt: Die erst 1973 / 4 als Schwester von Allt A' Bhainne gebaute Brennerei wurde kurzerhand umbenannt. Sie firmiert jetzt unter Braeval. Dennoch gibt es nach wie vor keine Abfüllung, weil der *make* nach wie vor nur für die großen Blends wie den *Chivas Regal*, den *Passport* oder den *100 Piper* verwendet wird. Aber immerhin kann man hin und wieder, mal unter diesem, mal unter dem anderen Namen, einen Malt der Brennerei finden. Es handelt sich um eine sehr moderne Destillerie, was die Gründer freilich nicht gehindert hat, anzubringen, was man liebevoll Zitate alter Gebäude nennen kann – oder auch Kitsch. Pro Schicht genügt ein Mitarbeiter, weil der Produktionsablauf vollautomatisch gesteuert wird. Andrerseits gibt es Pagoden, auch wenn sie nicht gebraucht werden, weil das Malz natürlich von großen *maltings* bezogen wird. Die mittlerweile sechs *stills* (ursprünglich waren es nur drei) sind exakte Kopien von Strathisla.

Die schnellsten unter den Unabhängigen waren die Symingtons von Signatory (damals waren es noch zwei). Unsere Abbildung zeigt die erste jemals von Braes of Glenlivet abgefüllte Flasche. Sie enthält einen 15jährigen mit 43 % aus dem Sherryfass, dem kurz darauf ein *cask strength* mit 60 % (1979 / 95) folgte. Auch Cadenhead hat sein Fass abgefüllt, Gordon & MacPhail haben ihn zuweilen und Signatory füllt jetzt manchmal auch einen »Braeval« ab.

Die sehr abgelegene Brennerei kann nicht besichtigt werden. Es lohnt sich natürlich immer, sich selbst anzusehen, wo und wie eine Destillerie liegt, auch wenn sie fast genauso aussieht wie ihre Zwillingsschwester.

BRORA
(EHEMALS: CLYNELISH)
[brora]

Flussbrücke

Geschlossen

Besitzer Diageo plc, England

Adresse Sutherland · Brora, KW9 6LR, OS 17 89 / 05

HIGHLANDS

Nein, die Abbildung ist kein Versehen: die Flaschen kommen wirklich aus Brora. Oder aus Clynelish (siehe dort). Um die Verwirrung (hoffentlich) zu beseitigen und das Geheimnis zu erklären, muss Geschichte referiert werden. Es war der Marquis und spätere Herzog von Sutherland, der, um die soziale Situation der (von ihm selbst!) zwangsumgesiedelten Bauern zu verbessern, 1817 zuerst eine Brauerei, dann 1819 eine Brennerei baute. Sie ging 1896 an James Ainslie, der Bankrott machte. 1930 übernahm sie die SMD, schloss die Anlage, die immer noch Clynelish hieß, in den Jahren 1931 bis 1938 und vom Mai 1941 bis November 1945. 1967 entschloss man sich zum Bau einer neuen Destillerie, die zwei Jahre später eröffnet – und auch Clynelish genannt wurde. Dafür taufte man die alte in Brora um, legte sie im Eröffnungsjahr der neuen Brennerei still, eröffnete sie aber bald wieder, um die beiden *stills* nach mehreren kurzzeitigen Unterbrechungen 1983 endgültig dichtzumachen. Was bis 1969 aus ihnen floss, hieß Clynelish. So heißt aber auch der Whisky aus der neuen Anlage – und kurze Zeit trugen beide Malts sogar den gleichen Namen. Brora kann also nur heißen, was zwischen 1970 und 1983 in der alten, umgetauften Destille hergestellt wurde, die inzwischen nicht nur geschlossen, sondern leider auch teilweise ihres Equipments beraubt wurde.

Der 12jährige kam von Gordon & MacPhail und es gab ihn mit 40 % und 57 % (»Connoisseurs Choice«). Sie wurden unter dem Namen des ehemaligen Lizenzinhabers abgefüllt und sind nicht sicher zuzuordnen. Die heutigen Besitzer der alten Anlage haben in ihrer Reihe »Rare Malts«, wenn wir richtig gezählt haben, 19 Abfüllungen herausgebracht – sie zeigen oft einen ziemlich rauchigen Malt. Auch zu den »Special Releases« gehören mit schöner Regelmäßigkeit *Broras*. 30 Jahre alt waren die von 2003, 2004, 2005, 2007, 2009 und 2010. 2008 war es ein 25 und 2011 ein 32 Jahre alter.

Von außen sind die alten Gebäude immer noch ganz intakt und verströmen den Charme traditioneller Whiskyproduktion. Vor allem, wer im *Visitor Centre* der neuen Clynelish Distillery die »Taste of Brora« Tour gemacht hat, sollte den kurzen Spaziergang auf jeden Fall unternehmen.

BRUICHLADDICH
[bruich-laddie]

Ecke am Strand

In Betrieb **www.bruichladdich.com**

Besitzer Bruichladdich Distillery Co Ltd

Adresse Argyll & Bute · Bruichladdich, Isle of Islay, PA49 7UN, OS 60 26 / 61

Telefon 01 496 850 221

ISLAY

Es grenzt an ein Wunder, was sich alles geändert hat: Seit 2001 produziert Bruichladdich wieder und die Wiedereröffnung hat nicht nur die Whiskywelt verändert, sondern die ganze Insel Islay, die seither so blüht und prosperiert wie die Brennerei. Sie wird es verschmerzen, dass sie auch einen Superlativ verloren hat, der ihr seit der Schließung der Lochindaal Distillery (die heute zum Teil eine Jugendherberge ist, zum Teil von Bruichladdich genutzt wurde) gehörte, nämlich Heimat der westlichsten Brennerei Islays und damit Schottlands zu sein. Malerisch am Loch gegenüber von Bowmore und mit reizvollen Blick (*weather permitting*) darauf gelegen, ist Bruichladdich auch nicht mehr die einzige Brennerei auf der Insel, die nicht direkt am Meer liegt – aber mehr als eine schmale Straße trennt sie nicht vom Wasser und dem längst nicht mehr benutzten Landesteg. Es wird zwar immer noch nicht gemälzt, aber die gusseisernen Braukessel aus der Zeit der Gründung, die 1881 durch die Familie Gourlay Harvey erfolgte, sind ebenso wieder in Gebrauch wie die viktorianischen *stills*

(1975 wurde sie von zwei auf vier erweitert). Vorbei die Zeiten, in denen sie mehr geschlossen (z. B. 1929 bis 1937) als offen war, vorbei der Alptraum, dass Jim Beam sie wenige Tage nach der Übernahme ihrer Mutterfirma Invergordon 1995 stillegte. »1998 gab es«, hieß es noch in der letzten Auflage dieses Buches, »eine kurze Produktionsphase, aber sie diente nur dazu, Käufer anzulocken – bislang ohne Erfolg«. Vor Weihnachten

2000 waren sie dann da – in Gestalt des in der Szene hochangesehenen unabhängigen Abfüllers Murry McDavid, dessen Besitzer
Mark Reynier, Simon Coughlin und Gordon Wright sich mit keinem
Geringeren als Jim McEwan (siehe Bowmore) zusammengetan
hatten. Seit Mai 2001 wird produziert, mit drei verschiedenen
Torfrezepturen, zweifach, dreifach und sogar vierfach, mit
normaler und mit Bio- und zunehmend auch mehr wieder
auf der Insel selbst angebauter Gerste. Abgefüllt wird
grundsätzlich ohne Kühlfiltrierung und seit einigen Jahren
auch in der eigenen Abfüllhalle. Jim McEwan setzt vor
allem auf den Faktor Mensch bei der Whiskyproduktion –
während andere ihre *workforce* auf einen Mitarbeiter pro
Schicht und Computer rationalisieren, stehen in Bruichladdich 50 Menschen auf der Lohnliste. Ob das so bleibt oder
ob sich an der einzigartigen Philosophie dieser Brennerei
etwas ändern wird, ist allerdings im Moment nicht absehbar: Die Anteilseigner haben
im Juli 2012 das Angebot der bisher nicht am Whiskygeschäft beteiligten französischen Firma Rémy Cointreau angenommen und gaben für die Rekordsumme von
£ 58 Millionen ihre Unabhängigkeit auf.

Man hat schon den Vorwurf erhoben, dass Bruichladdich viel zu viele
Abfüllungen herausbringe. Aber erstens müssen die hohen Schulden
des Kaufes ebenso getilgt werden, wie am Freitag die Löhne für die
Mitarbeiter ausbezahlt werden. Glücklicherweise musste nicht gewartet
werden, bis die Malts der neuen Produktion reif waren, man konnte auf
viele alte und gute Fässer zurückgreifen. Die drei Torfstufen spiegeln
sich in drei unterschiedlichen Namen wieder: *Bruichladdich* für
den klassischen, honigsüßen Ungetorften, *Port Charlotte* für
einem mit 50 ppm* getorften und *Octomore* für einen Malt, der
mit bis zu 167 ppm einsamer Spitzenreiter der *peat*-Monster ist.
Aufsehen hat der Vierfachdestillierte mit dem Namen *X4* erregt,
der mit an die 90 % aus den *pot stills* kam. Gerne experimentiert
man mit *finishings*, für die dank der Weinvergangenheit von
Mr. Reynier und Mr. Coughlin Fässer von den Spitzenweingütern
dieser Erde (u. a. Chateau Petrus, Latour, Yquem) zur Verfügung
stehen. Das führt manchmal zu extremen Experimenten wie
einem 15jährigen Bruichladdich, der in sechs verschiedenen
französischen oder italienischen Barriques nachreifte. 2011 kam
der erste 10jährige aus der neuen Produktion heraus ebenso wie
ein *Islay Barley*, ein Meilenstein auf dem Weg, Malt Whisky wieder
zu einem lokalen Produkt zu machen, dessen Herkunft sich ebenso

im Geschmack niederschlägt wie bei einem Wein. Dieser Gedanke hat auch beim Gin aus Bruichladdich eine Rolle gespielt, der »The Botanist« heißt und mit 22 auf Islay beheimateten Kräutern gemacht wird – in einer *Lomond still* übrigens, die man sich aus der abgerissenen Dumbarton Distillery besorgt hatte. Sie heißt jetzt »Ugly Betty« und steht im *stillhouse* neben den mächtigen *stills* für die Whiskyproduktion.

Das Tor war werktags immer offen, aber für die Besucher steht dort jetzt nicht mehr das abweisende *Strictly business only*. Jetzt ist jeder willkommen. Mehrmals an Werktagen gibt es Führungen und wer will, kann auch seine selbstabgefüllte Flasche mitnehmen, die zwar nicht mehr mit dem *valinch*, dem Stechheber gezogen wird, aber immer noch so heißt. Die beliebte *Academy* gibt es nicht mehr, bei der man, *learning by doing*, intensiven Einblick in die Kunst der Whiskyherstellung nehmen konnte. Das geschah manchmal so intensiv, dass die Mitarbeiter gar keine Freizeit mehr fanden.

BUNNAHABHAIN
[bunna-héven oder bunna-háven]

Mündung des Flusses

In Betrieb **www.bunnahabhain.com / www.blackbottle.com**

Besitzer Burn Stewart Distillers (CL World Brands, Trinidad & Tobago)

Adresse Argyll & Bute · by Port Askaig, Isle of Islay, PA 48 7RW, OS 60 42 / 73

Telefon 01 496 860 646

ISLAY

Gar nicht so unaussprechlich, wie er sich zunächst liest: Der Name weist darauf hin, dass die Brennerei an der nordöstlichen Spitze der Insel dort liegt, wo der River Margadale ins Meer fließt. Bevor an dieser Stelle, etwa drei, vier Meilen nördlich des Fährhafens Port Askaig und gegenüber von Jura, gebaut wurde, war die Gegend unbewohnt, weshalb auch Häuser für die Arbeiter, den Direktor und den *excise man* errichtet werden mussten. 1887 vereinigte man sich mit W. Grant von Glenrothes-Glenlivet, woraus die Highland Distillers wurden. Diese erhielten 1999 eine neue Rechtsform und waren fortan eine Tochter der Edrington Group (und William Grant & Sons von Glenfiddich mit einem 30 %-Anteil). Die Gruppe veranstaltete ein Groß-reinemachen unter ihren Brennereien und trennte sich u. a. von ihrem Islay-Kind (und dem mit ihr verbundenen Blend *Black Bottle*). Den Zuschlag bekam die in Trinidad & Tobago ansässige Investmentfirma CL Financials. Schon vorher erfolgte ein Bruch mit der Brennerei-Tradition, wie die im gleichen Jahr gegründete Destillerie in Bruichladdich einen praktisch rauchfreien Malt zu machen. Wohl um dem immer deutlicher werdenden Trend zu stark getorften Whiskies Rechnung zu tragen, wird seither an mehreren Monaten im Jahr ein *heavily peated* gemacht. Er hat keinen eigenen

Namen, trägt aber das vertraute Label, einen Seebären, und einen Hinweis auf »Westering home«, sozusagen die Nationalhymne von Islay, der Insel, wo man »den Sorgen *goodbye* sagen kann«.

Lange Zeit gab es nur einen 12jährigen, dann kamen ein 18 und ein 25 Jahre alter dazu. Sie haben seit 2009 nicht nur eine neue Ausstattung, die man vielleicht als »wertiger« ansehen kann. Der Inhalt ist es auf jeden Fall, weil jetzt konsequent auf das *un-chillfiltering* verzichtet und somit auch mit 46, bzw. hier sogar 46.3 % abgefüllt wird. Manchmal, und nicht nur zum Islay-Festival, gibt es auch Einzelfassabfüllungen. Bei anderen sprechen die Namen für sich: *Cruach-Mhona* heißt Torf-Stapel, *Darach Ur* neue Eiche (in der er sein *finishing* bekommen hat) und *Toitach* rauchig.

Die Whiskies sind besser geworden, vielleicht weil sich damit besser Geld verdienen lässt. Die Brennerei selbst wird vernachlässigt und sieht mittlerweile sehr heruntergekommen aus. Trotzdem sollte man sie besuchen, denn schon der Weg in die weit abgelegene Brennerei ist spektakulär. Vor Ort gibt es drei unterschiedliche Führungen und einen Shop mit guter Auswahl. Die Ferienwohnungen werden leider nicht mehr vermietet.

CAOL ILA
[kaal-íela]

Meerenge, Sund von Islay

In Betrieb www.discovering-distilleries.com

Besitzer Diageo plc, England

Adresse Argyll & Bute · by Port Askaig, Isle of Islay, PA46 7RJ, OS 60 42 / 70

Telefon 01 496 302 760

ISLAY

Kaum zu glauben, aber dieser Malt war lange ein Geheimtipp und sehr schwer zu bekommen. Er ist ein erfreulicher Beweis dafür, wie sehr sich die Chancen der Maltliebhaber verbessert haben, an den gesuchten Stoff zu kommen. Ein *»collector's item«* nannte ihn Prof. McDowell und Michael Jackson schrieb: »immer eine Probe wert, wenn man ihn bekommt«. Nicht einmal in der Destillerie gelang das immer – wenn man den schmalen Weg dorthin gefunden hatte, der von der Straße von Bridgend zum Fährhafen Port Askaig abzweigt. Caol Ila liegt unmittelbar an dem schnellströmenden Sund, nach dem sie benannt ist, nördlich von dem Flecken, den

eine Pendelfähre mit dem nur fünf Minuten entfernten Jura verbindet und von dem die CalMac-Fähren nach Kennacraig aufs Festland in See stechen – oft beladen mit dem Whisky von Caol Ila. Seit sie 1974 von zwei auf sechs *stills* vergrößert wurde (wobei ein nicht besonders schöner, aber funktioneller Neubau die alten Gebäude ersetzte), hat die 1846 errichtete Destillerie einen recht großen Ausstoß, der 2010 noch einmal erhöht wurde, auf jetzt fast 8 Millionen Liter pro Jahr. Caol Ila ist das Musterbeispiel eines »working horses«, das für Blends produziert. Zu den Hauptabnehmern gehört *Johnnie*

Walker und dessen glänzende Zukunftsaussichten mit neuen Märkten in Indien und China erfordern Weitsicht. Caol Ila macht auch ungetorften Malt, wird von einem Mann pro Schicht »gefahren« und der *new make* wird schon seit vielen Jahren nicht mehr vor Ort gelagert.

Es ist zu vermuten, dass es mit den Lieferschwierigkeiten, die Diageo mit ihrem Superstar *Lagavulin* hatten, zusammenhängt, dass wir jetzt plötzlich mit dem *Caol Ila* überschwemmt werden – der übrigens schon immer der Favorit der Einheimischen war, wenn es ihnen nach einem rauchigen Malt war. Es gibt ihn mit 12, 18 und 25 Jahren, als *cask strength* ohne Altersangabe und, nachdem er 1996 in die Reihe der »Classic Malts« aufgenommen wurde, auch immer wieder in den »Distillers Editions«, also in einem zweiten Fass nachgereift. Dazu kommen Sondereditionen wie der jugendliche *Moch* und, natürlich, auch welche im »unpeated style«.

Caol Ila liegt eingezwängt zwischen der See und einem steilen Berghang. Da ist nicht viel Platz. Die Andeutung eines Shop ist auch der Treffpunkt für die regelmäßigen Führungen, für die man sich anmelden sollte.

CAPERDONICH
[kaper-dónich]

Geheime Quelle

Geschlossen

Besitzer Chivas Brothers (Groupe Pernod-Ricard, Frankreich)

Adresse Morayshire · Rothes, AB38 7BS, OS 28 27 / 49

SPEYSIDE

Sie liegen sich gegenüber, Caperdonich und Glen Grant, getrennt nur durch eine schmale Straße – und eigentlich nicht einmal das. Denn lange Zeit gab es eine Pipeline, die die beiden Destillerien verband und den *make* von Caperdonich, die oft auch nur Glen Grant No. 2 genannt wurde, zur größeren und älteren Schwester fließen ließ. Die Gründerfamilie hatten sie gemeinsam und auch das Wasser, eben jene geheime, verborgene Quelle. Auch später teilten sie den Besitzer. 1897 / 8 wurde sie von J. & J. Grant errichtet, aber schon 1902 im Zeichen der großen Whisky-Rezession wieder geschlossen. Erst 1965 wurde wiedereröffnet, zwei Jahre später von zwei auf vier *stills* erweitert. Alles war sehr modern, zwei Leute konnten die Anlage fahren; nur die Brennblasen waren alt. 1977 übernahm der kanadische Konzern Seagram das Zepter

(und behielt nach wie vor fast allen *Caperdonich* für seinen *Chivas Regal* selbst). In Vergangenheitsform steht das alles hier, weil Seagram 2000 von Pernod-Ricard übernommen wurde, die Caperdonich 2002 schlossen, und weil sie die große Glen Grant Distillery mittlerweile an Campari verkauften, besteht auch keine Verbindung mehr zwischen Nr. 1 und Nr. 2. Immerhin wird letztere heute vom Nachbarn, dem weltberühmten Kupferschmied Forsyth, als Werkstatt und Lager genutzt.

Es hat tatsächlich, in den Siebziger Jahren, einmal eine 5jährige Destillerie-Abfüllung gegeben. Gäbe es nicht die Unabhängigen, keiner könnte den Whisky probieren. Vor allem Gordon & MacPhail bieten ihn aber immer wieder an.

Caperdonich war und ist nicht zu besichtigen, man muss sich also mit der gegenüberliegenden Glen Grant 1 zufriedengeben, die dafür umso gastfreundlicher ist. Auch Forsyth empfängt leider keine Besucher, aber einen Blick über den Zaun kann – und sollte man – schon werfen.

CARDHU
[kar-dú]

Schwarzer Fels

In Betrieb www.discovering-distilleries.com

Besitzer Diageo plc, England

Adresse Morayshire · Upper Knockando by Aberlour, AB38 7RY, OS 28 18 / 43

Telefon 01 479 874 635

SPEYSIDE

Manchmal liest man auch Cardow, wovon noch zu reden sein wird. Der Whisky war also ursprünglich nach der gälischen Version seines Herkunftsortes benannt, der erst 1981 so getauft wurde, wie der Whisky (fast) schon immer hieß: Cardhu. Beides bedeutet dasselbe und wird auch genauso ausgesprochen. Seit 1893 gehörte die Brennerei John Walker und blickte auf eine Geschichte zurück, die 1824 an etwas anderer Stelle begonnen hatte, als John Cumming und seine Frau (illegal) zu destillieren

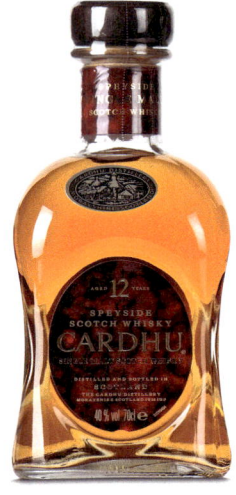

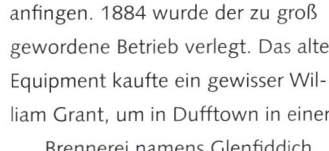

anfingen. 1884 wurde der zu groß gewordene Betrieb verlegt. Das alte Equipment kaufte ein gewisser William Grant, um in Dufftown in einer Brennerei namens Glenfiddich mit der Arbeit zu beginnen. Heute gehört Cardhu, die seit 1961 sechs *stills* hat und ihr Wasser aus den Mannoch Hills bezieht, Diageo und ist eines ihrer Flaggschiffe mit einem Whisky, der weltweit vermarktet wird und zu einem der bekanntesten Single Malts aufgebaut wurde. Besonders erfolgreich war er in Spanien, wo der Bedarf so stark anwuchs, dass er sich nicht mehr decken ließ, weswegen aus dem »Single« still und heimlich ein »Pure«, also ein *vatted* Malt wurde. Der Skandal führte schließlich zu den neuen Whiskygesetzen von 2009. Seitdem darf das Wort »pure« nicht mehr verwendet werden und in einer Flasche, auf der der Name einer existierenden Brennerei steht, darf nur Whisky aus dieser Destillerie sein. Einen »Cardow« freilich gibt es auch, eben einen, nein kein *vatted* (denn dieses Wort ist auch verboten), sondern ein *blended* Malt. Cardhu gehört seit 2006 zu den »Classic Malts«

Cardhu wird seit langem in einer unverwechselbaren, mit einem großen Stöpsel verschlossenen Karaffe verkauft. Er ist 12 Jahre alt und hat neuerdings zwei ältere Geschwister bekommen, einen 15- und einen 18jährigen. Außerdem gibt es eine »Special Cask Reserve«, die in *batches*, also jeweils in kleinen Mengen, abgefüllt wird. Bei Cadenhead gab es manchmal auch einen *Cardow*, aber das war natürlich ein echter Single. In seinem Heimatland ist er übrigens schwer zu bekommen.

Natürlich hat eine so prominente Brennerei, die sozusagen das Mutterhaus von Johnnie Walker – mit Abstand der Nummer 1 unter den Whiskies – ein *Visitor Centre*. Es liegt spektakulär hoch über dem Spey und an dem (vom Automobilclub eingerichteten!) »Whisky-Trail«. Angeschlossen sind ein Shop und sogar ein Café. Führungen werden regelmäßig angeboten, in unterschiedlicher Länge, mit oder ohne Tasting.

CLYNELISH

[klein-liesch]

Berghang oder Garten am Abhang

In Betrieb www.discovering-distilleries.com

Besitzer Diageo plc, England

Adresse Sutherland · Brora, KW9 6LR, OS 17 89 / 05

Telefon 01 408 623 000

HIGHLANDS

Die (heute) Clynelish genannte Destillerie wurde erst 1967 / 8 gebaut und im Jahr darauf eröffnet. Sie entstand unmittelbar neben einer schon sehr alten Brennerei, die bis dato den gleichen Namen getragen hatte, mit der Eröffnung des Neubaus jedoch auf den Namen der nächsten Ortschaft, also Brora, umgetauft wurde (siehe auch dort) und seit 1983 wohl für immer geschlossen ist. Beider Wasser kam aus dem Clynemilton Burn, beider Lizenz gehörte der DCL-Tochter Ainslie & Heilbron, Glasgow, und beide sind, sieht man von Pultney ab, die nördlichsten Brennereien auf dem Festland. Sie gehören heute zum Portfolio des Giganten Diageo, der aus der feindlichen Übernahme der DCL durch Guinness und deren Fusion mit Grand Metropolitan (und mehreren Zukäufen) erwuchs.

Die Konfusion mit den beiden Brennereien und die Unsicherheit, welcher Whisky aus welcher kam – wie bei den von Gordon & MacPhail unter dem Lizenznamen angebotenen Flaschen (12 Jahre und 40 % bzw 57 %) – ist mittlerweile beseitigt. Den Malt aus der neuen Brennerei gab es in der »Flora & Fauna«- und auch in der »Rare Malts«-Reihe. Nachdem man als Ergänzung zu den »Classic Malts« zunächst eine neue Serie namens »The Hidden Malts« probiert hatte, wurde der *Clynelish* zusammen mit anderen bei den »Klassikern« eingegliedert – als *coastal malt*. Dort ist er jetzt mit einem 14 Jahre alten (46 %), mit einer im Oloroso-Fass nachgereiften »Destillers' Edition« und zuweilen mit einer Sonderabfüllung für die »Friends of Classic Malts« vertreten.

Im Gefolge der Entdeckung, dass sich Touristen auch für die Produktion von Malt Whisky interessieren, entschloss man sich sogar zum Bau eines *Visitor Centre* in der beliebten Golf- und Angelregion an der Nordseeküste. Neben den Routineführungen werden Führungen unter dem Motto »Taste of Clynelish« und auch »Taste of Brora« angeboten. Letztere schließt eine Besichtigung der schönen alten Gebäude der älteren Schwester leider nicht ein.

COLEBURN
[kohl-börn]

Eck?-Bach

Geschlossen

Besitzer Diageo plc, England

Adresse Morayshire · Coleburn by Elgin, IV38 8GN, OS 28 24 / 55

SPEYSIDE

Coleburn hat nie viel von sich reden gemacht, weder durch besondere historische Ereignisse noch durch Aufsehen, das ihr Whisky erregt hätte. Er war immer schwer erhältlich und höchstens in den sogenannten Händlerabfüllungen der Unabhängigen zu bekommen. Vielleicht verschwindet er bald ganz. Denn die Brennerei ist schon seit 1985 *silent* (nachdem die Mälzerei bereits 1968 eingestellt wurde) und man hat nie etwas davon gehört, dass sie wie viele andere zwischen 1983 und 1985 geschlossene Destillerien wieder zum Leben erweckt werden könnte. Auch die Lizenz wurde gelöscht, aber Lizenzen kann man erneuern und gerade die Kleinheit wäre vielleicht doch eine Chance für einen unabhängigen Betreiber. Sogar für Besucher ließe sie sich attraktiv machen, denn Coleburn, 1897 gebaut wurde, kurz mit Clynelish vereinigt und über John Walker zur DCL gekommen, sieht wunderbar altmodisch aus. Die erwähnte Lizenz besaßen übrigens J. & G. Stewart – ein Indiz dafür, dass Coleburn einst für einen der berühmtesten Blends verwendet wurde: Usher's. Das war einer der ersten überhaupt. Er legte den Grundstein für den Welterfolg des Scotch Whisky und mit ihm begann die moderne Whiskygeschichte – die ja eine der Blends ist und eben (noch?) nicht der Malts.

Die Bestände scheinen nicht mehr sehr groß zu sein: Diageo, Rechtsnachfolger der früheren Besitzer, hat nur einmal einen »Rare Malt« gebracht, 1972 destilliert und 21 Jahre alt. Aber glücklicherweise gibt es ja die Unabhängigen. Besonders Gordon & MacPhail scheinen sich doch einigermaßen bevorratet zu haben, Signatory auch und auch der Berliner Whiskyfreak Jack Wiebers kennt irgendwelche Quellen.

Coleburn sieht so aus wie zur Zeit der Gründung. Es liegt, in der Nähe eines *standing stone*, ziemlich genau in der Mitte zwischen den Orten Elgin und Rothes fast direkt an der A 941, gleich an der (ebenfalls eingestellten) Bahnlinie.

CONVALMORE
[konval-mór]

Groß-Conval

Geschlossen

Besitzer William Grant & Sons

Adresse Banffshire · Dufftown, AB55 4DH, OS 28 32 / 41

SPEYSIDE

Wenn man, überwältigt von einem so kleinem Ort mit einer so großen Zahl an Destillerien, Dufftown in nördlicher Richtung verlässt, um sich vielleicht im Craigellachie Hotel an der sensationellen Quaich Bar zu erholen, stößt man noch auf eine weitere Destillerie. Convalmore ist von acht (oder zehn?) ortsansässigen wahrscheinlich die unbekannteste. Dabei hat sie für die größte Aufregung gesorgt: Am 29. Oktober 1909 brannte die 1893 / 34 errichtete Anlage fast vollständig ab – ein bis heute nicht vergessenes Ereignis, vor allem, weil, wie die Lokalzeitung berichtet, »to add to the other discomforts, snow commenced to fall, and the effect of the burning buildings on the white landscape provided a striking picture«. Damit nicht genug des Unglücks: In den folgenden Jahren probierte man aus, ob Malt Whisky auch mit kontinuierlicher Destillation gemacht werden kann, was man aber bald wieder aufgab. Die Brennerei wurde noch von der DCL bzw. ihrer Tochter SMD 1964 auf vier *stills* erweitert. Sie kam mit allen anderen DCL-Destillerien 1987 zu Guinness, die endgültig beschlossen, die bereits zwei Jahre vorher eingestellte

Produktion nicht wieder aufzunehmen, und sie später, vollkommen leergeräumt, an William Grant & Sons verkauften. Diese nutzen sie heute, um in den Lagerhäusern Whisky aus ihren benachbarten Brennereien Glenfiddich, Balvenie und Kininvie reifen zu lassen. Convalmore bezog – wie Mortlach – ihr Wasser aus den Conval Hills und betrieb auch eine Tierfutterfabrikation.

Fraglich, ob diese Brennerei noch in der nächsten Auflage zu finden sein wird. Sie wurde ja einstmals, wie Port Ellen, unter der Lizenz von W. & P. Lowrie betrieben. Aber während von der Islay-Brennerei doch noch relativ viele Fässer vorhanden sind, tröpfelt der *Convalmore* aus. Diageo, so heißt Guinness heute, hatten einmal einen »Rare Malt« (1978, 24 Jahre alt) und eine »Special Release« eines 28 Jahre alten von 1977, der auch schon 2005 herauskam. Seitdem gab es nichts mehr und auch die Unabhängigen scheinen ihre Bestände weitgehend geräumt zu haben, nur Gordon & MacPhail können noch helfen.

Convalmore ist seit 1985 geschlossen. Mittlerweile verblasst wie der Whiskybestand auch der Namenszug, der früher von einem der Dächer grüßte und daran erinnerte, dass dort einmal eine produzierende Destillerie war.

CRAGGANMORE
[krággan-mór]

Große Felsen

In Betrieb **www.discovering-distilleries.com**

Besitzer Diageo plc, England

Adresse Banffshire · by Ballindalloch, AB37 9AB, OS 28 16 / 36

Telefon 01 479 874 700

SPEYSIDE

Kaum zu glauben manchmal, wieviele »Whiskyexperten« es heutzutage gibt. Kein Zweifel aber, dass die, die es zum Titel Master Blender gebracht haben, wirklich welche sind. Und für die galt und gilt der *Cragganmore* als einer der größten Whiskies überhaupt. Obwohl sein Platz unter den sechs »Classic Malts« von Diageo also wirklich verdient ist, scheint er immer noch der große Unbekannte zu sein – mit Betonung auf beiden Worten. Wobei man, wie oft beim Malt, gar nicht genau weiß, woher seine besondere Qualität eigentlich rührt. Vielleicht daher, dass bei ihm alles zusammenkommt, was ein Malt braucht, die richtige Lage, das richtige Wasser, seine Geschichte, vielleicht auch seine besondere Technik. Gegründet wurde die Brennerei nahe der Stelle, wo Spey und Avon sich treffen, von keinem Geringeren als John Smith. Er hatte in Macallan gearbeitet, die neue Glenlivet-Anlage gebaut und Glenfarclas gemietet, ehe er nicht weit vom Fluss und (was ihm wichtiger war) direkt an der Eisenbahn diese Brennerei baute. Es war (und ist) eine kleine Destillerie, auch wenn sie seit 1964 vier *stills* hat, und sie benutzt noch immer die eigenartigen, T-förmigen *lyne arms* am Kopf der Brennblasen. Auch die Nachfolger Smiths – White Horse Distillers seit 1923, später die DCL, danach UD und jetzt eben Diageo – haben sie nicht verändert. Das Kühlwasser kommt aus dem Spey, das *process water* aus dem Craggan Burn.

In der »Classic Malts«-Serie vertritt der *Cragganmore* mit 12 Jahren die Speyside und das macht er ganz hervorragend. Wie von seinen »Stallgenossen« gibt es auch von ihm immer wieder »Distiller's Editions«, Malts, die ihr *finishing* im Portweinfass erhalten. Diageo bedient auch hin und wieder die »Friends of the Classic Malts«, etwa mit einem 14jährigen in zwei unterschiedlich starken Versionen. Und mit schöner Regelmäßigkeit ist er auch bei den »Special Releases« des Hauses vertreten, so mit einem 21 und einem 29 Jahre alten.

Die Eisenbahn ist längst wieder abgebaut und zu einem wunderbaren, auch fahrradtüchtigen Wanderweg, dem *Speyside Way* geworden – eine schöne Art, sich den Brennereien zu nähern. Cragganmore hat kein *Visitor Centre*, dafür aber einen *Clubroom*, diesen aber nur für die Teilnehmer der Premium-Tour.

CRAIGELLACHIE

[kreg-e-láchie]

Berg mit den Felsen, felsiger Berg

In Betrieb

Besitzer John Dewar & Sons (Bacardi Limited, Bermuda)

Adresse Banffshire · Craigellachie, AB38 9ST, OS 28 29 / 44

Telefon 01 340 872 970

SPEYSIDE

Der Ort Craigellachie liegt am Schnittpunkt von drei (Whisky-)Straßen und wenn man von der Suche nach den fünf Destillerien in Rothes oder den mindestens acht in Dufftown oder den vier in Keith ermattet ist, findet man in Craigellachie an den Ufern des von einer schönen alten Brücke überspannten Spey ein wunderbares, etwas altmodisches nach dem Ort benanntes Hotel. Dort oder gegenüber im ebenso schönen »Highlander Inn«, kann man (bei einer Tasse Tee vielleicht, zur Abwechslung, aber es gibt in beiden auch hervorragend sortierte Bars) ausruhen – und Kraft

schöpfen für die Besichtigung zweier weiterer Brennereien: Macallan auf der linken Seite des Flusses und Craigellachie auf der rechten. Letztere ist sehr unbekannt, ging doch fast die gesamte Produktion in Blends, vor allem in den *White Horse*, dessen Schöpfer, der genialisch-besessene Peter Mackie, 1891 zum Gründerkonsortium gehörte. Ab 1916 war er Alleinbesitzer und mit seiner Erbschaft kam sie zur DCL. Heute ziert der Name White Horse nicht mehr unübersehbar die weißen Mauern (was die FAZ zu dem hübschen Fehlschluss brachte, der Blend würde hier, wirklich, destilliert), denn jetzt gehören die Brennerei den exilierten Rum-Königen, die sie zusammen mit der Marke *Dewar's White Label* und drei weiteren Brennereien vom DCL-Nachfolger Guinness / Diageo erwarben. Bei der

Renovierung 1964 / 65 wurde sie auf vier *stills* erweitert. Das Wasser kommt nicht mehr vom Hill of Little Conval, sondern vom Blue Hill.

Der »Herzmalt« des *White Horse* war immer nur von den Unabhängigen zu bekommen, ehe es von den Vorbesitzern eine »Flora & Fauna«-Abfüllung mit 14 Jahren und einen »Rare Malt« gab (1973, 22 Jahre alt). Aber Bacardi hat kein Herz für Malt-Genießer, sie sind am Maltwhisky nur interessiert, weil sie ihn für ihren Blend brauchen. Ein 10jähriger, nur für Mitarbeiter abgefüllt, der seinen Weg auch in ein paar Whiskyshops gefunden hatte, wird auch nicht mehr weitergeführt. Aber von Unabhängigen gibt es ihn zuweilen noch. Und natürlich in den beiden Bars in Craigellachie.

Besichtigen muß man leider wörtlich nehmen: Man kann nur von außen darauf schauen. Aber im Ort gibt es ja auch die Speyside Cooperage und die ist wirklich ein absolutes *must* für jeden, der sich auch nur ein bisschen für Whisky interessiert.

DAILUAINE
[dal-jú-nie oder dal-únie]

Grünes Tal / lange grüne Wiese

In Betrieb

Besitzer Diageo plc, England

Adresse Banffshire · Carron bei Aberlour, AB38 7RE, OS 28 23 / 41

SPEYSIDE

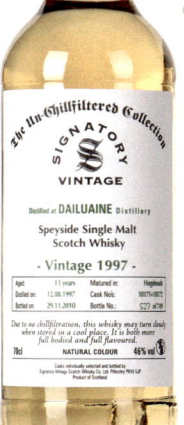

Eine echte Herausforderung, auch für Linguisten: Schon für die Bedeutung des Namens gibt es (mindestens) zwei Versionen. Auf der Flasche steht »green valley«, aber des Gälischen mächtige Schotten versichern, es heiße »lange grüne Wiese«. Die Aussprache differiert von *dah-lien* bis *da-lú-hain*, die der Einheimischen kommt dem ersten oben wiedergegeben Versuch am nächsten, *gaelic speaker* schlagen die zweite vor. Und beim Destilleriewasser aus dem Bailliemullich Burn lässt man besser gleich die Hoffnung fahren, es richtig auszusprechen. Dabei muss man sich Dailuaine jetzt schon merken, nachdem der Whisky nicht mehr nur in Blends geht. Den Löwenanteil bekam immer John Walker, zu dem die 1852 eröffnete Brennerei ein besonderes Verhältnis hat, seitdem sie zusammen mit Talisker in einer Gesellschaft war und die Nachbarin Imperial gründeten. Schon 1916 war Dailuaine Teil der DCL, die 1960 von vier auf sechs *stills* erweiterte. Erst 1950 bekam die Brennerei elektrischen Strom, dafür hatte sie aber schon früh Eisenbahnanschluss. Heute werden Abfälle in einem *dark grain plant* zur Tierfutter verarbeitet und in einer vorbildlichen *green waste*-Anlage wird für mehrere Brennereien der Abfall recycelt.

Diageo hatte und hat ihn in der schönen »Flora & Fauna«-Serie (16 Jahre, 43 %). Aber sonst tut sich wenig, sieht man einmal von zwei »Rare Malts« ab, die es kaum mehr gibt, und von dem Einzelfass, das im Rahmen der »Managers' Choice«-Kollektion abgefüllt wurde und das es immer noch gibt, weil es exorbitant teuer war. Auch bei den Unabhängigen macht er sich rar.

Obwohl es kein *Visitor Centre* gibt, kann man ruhig vorbeischauen, vielleicht als Wanderer oder per Fahrrad – nicht die schlechteste Art, Destillerien zu besuchen, besonders wenn sie so dicht gesät sind wie am Spey! Man findet Dailuaine direkt an der alten Eisenbahnlinie, die längst aufgelassen und zum schönen *Speyside Way* rückgebaut wurde. Autofahrer müssen sich ein wenig konzentrieren, um den schmalen Weg nicht zu verpassen, der von der A 95 zum Fluss hinunterführt.

DALLAS DHU
[dallas dú]

Schwarze Weide oder Feld mit dem schwarzen Wasser

Nicht in Betrieb, aber als Museum offen

Besitzer Diageo (in Verwaltung von Historic Scotland)

Adresse Morayshire · Forres, IV36 2RR, OS 27 03 / 56

Telefon 01 309 676 548

SPEYSIDE

Der Name klinge, merkt die »Scotch Malt Whisky Society« an, eher nach Texas als nach Schottland, aber das sei nur ein Beweis für die Effizienz der Schotten als Kolonialisten. Im schottischen Dallas sieht es fast immer noch aus wie zur Zeit der Gründung durch Alexander Edward 1899. Insofern eignete sich die Brennerei bestens für das, was sie heute ist, ein Museum. 1988 gaben UD, die Vorgänger von Diageo, die schon vorher häufig geschlossene (1930 – 1936, dann, nach einem Feuer, 1939 – 1947, dann wieder 1983) und von der SMD übernommene Destillerie in die liebevolle

Obhut von »Historic Scotland«. Deshalb kann man jetzt – mit viel Gewinn, aber noch mehr Wehmut – in Ruhe studieren, wie Malt gemacht wird. Ein Blick in die alten *warehouses* zeigt lange Reihen von Fässern, aber die sind zum größten Teil leer. Es sollte zugreifen, wer eine Flasche aus Dallas Dhu sieht. Auch wenn die Illusion aufrechterhalten wird, die Produktion könne jederzeit angefahren werden, ist die Umwandlung irreversibel – die beiden *stills* werden nie mehr produzieren und der *Altyre Burn*, von dem einst sein Wasser entnommen wurde, wird dieses nie mehr wundersam in Whisky verwandelt sehen.

Gordon & MacPhail füllen ihn mit dem Einverständnis des Besitzers ab, lange z. B. als 10 und 12jährigen mit 40 %. Die Bestände schienen schon geräumt zu sein, da kam 2010 doch noch ein 1982er heraus und auch den von 1975 findet man noch. Diageo hatte sechs Versionen bei den »Rare Malts«. Großzügigerweise haben sie auch erlaubt, dass Historic Scotland seinen Mitgliedern drei Einzelfässer offerierte, alle drei von 1983: Eines war das letzte Fass, bevor die Brennerei geschlossen wurde, die beiden anderen sollten an ihren 100. Geburtstag erinnern. Einen 25jährigen gab es zum Millenium.

Dallas Dhu liegt südlich von Forres. Das Museum ist von Ostern bis September täglich von 9.30 bis 18.30, im Herbst und Winter nicht jeden Tag und nur kürzer geöffnet. Im Laden gibt es natürlich den einst dort gebrannten Whisky und auch den Blend *Roderick Dhu*, dessen Herz der *Dallas Dhu* war und vielleicht sogar noch ist.

DALMORE
[dal-mór]

Großes Feld oder Wiese oder Tal

In Betrieb www.thedalmore.com

Besitzer Whyte & Mackay (UB Group, Indien)

Adresse Ross-shire · Alness, IV17 0UT, OS 21 66 / 68

Telefon 01 349 882 362

HIGHLANDS

Die wunderschöne Lage am Cromarty Firth mit dem Blick auf Black Isle brachte nicht nur Vorteile: Im ersten Weltkrieg nutzten die US-Marine und die Royal Navy die Brennerei als Stützpunkt – und zerstörten sie durch einen Brand fast vollständig. Aber die Familie Mackenzie, die bereits 1878 die 1839 erbaute Destillerie übernommen hatte, konnte sie 1922 wiedereröffnen. Anfang der sechziger Jahre tat sie sich mit Whyte & Mackay zusammen, zu denen schon lange Verbindungen bestanden. Es gibt Brennereien, die mehr Besitzerwechsel hatten. In den letzten zwanzig Jahren kam es aber umso heftiger: Zuerst die Amerikaner mit Jim Beam, dann ein Management Buy-out, dann der etwas schillernde Geschäftsmann Vivian Immerman, der an den nicht weniger schillernden Inder Vijay Mallya und seine United Breweries of India verkaufte. Nur einer stand in all den Jahren wie ein Fels in der Brandung, wohl weil er einfach nicht zu ersetzen war: Richard Paterson,

Master Blender in der dritten Generation, eine der feinsten Nasen Schottlands und ein begnadeter Whiskyschöpfer, der sich in den letzten Jahren von einem der besten jungen Whiskymacher unterstützen lässt, von David Robertson, der vorher bei Macallan war. Und noch etwas blieb natürlich erfreulich beständig: Die Brennerei, die zwar nicht mehr selber mälzt, aber immer noch wunderschönes altes Equipment benutzt, darunter zwei *stills* von 1874 und das Unikum eines hölzernen *wash charger*. In den Lagerhäusern lagern einige der ältesten Fässer des Landes.

Kaum hatte Dr. Mallya das Zepter übernommen, wurde der *Dalmore*, den es schon lange als Single Malt gab, einem radikalen *relaunch* unterzogen, der vor allem den Hirsch, das Wappen der Mackenzies, herausstellte und den Eindruck eines Luxusgetränkes hinterlassen sollte – was auch durch viele Sonderabfüllungen von alten und ältesten Malts unterstrichen wurde. Immer wieder wurde versucht, Rekorde zu brechen, beim Alter und beim Preis, wie beim 64 Jahre alten, von dem es zwei Flaschen gab – für 100.000 englische Pfund! Dalmore hat unglaubliche Bestände, nicht zuletzt dank der langjährigen Arbeit Patersons. Zur Standardreihe gehören ein 12, ein 15, ein 18 Jahre alter, der *Gran Reserva* und *King Alexander III*. Jahrgangswhiskies, oft auch als *finishings*, kommen dazu und eine Reihe, die nach schottischen Lachsflüssen benannt ist. Und natürlich die Luxusserie mit so schönen Namen wie *Eos, Aurora, Selene* und *Candela*.

Dalmore ist endlich auch zu besichtigen. Das lohnt sich, wegen der malerischen Lage am Firth mit Blick auf die fruchtbare Black Isle und vor allem wegen der schönen alten Geräte.

DALWHINNIE
[dal-whínnie]

Treffpunkt oder Feld, Ebene des Champions

In Betrieb www.discovering-distilleries.com
Besitzer Diageo plc, England
Adresse Inverness-shire · Dalwhinnie, PH19 1AB, OS 42 63 / 85
Telefon 01 540 672 219
HIGHLANDS

Dalwhinnie wurde 1897 als »Strathspey« gegründet – was zeigt, dass man sich schon damals mit der regionalen Zuordnung schwertat. Denn obwohl von dort oben der River Truim zum Spey hinabfließt, liegt dieses liebevoll herausgeputzte architektonische Kleinod keineswegs in der Speyside, sondern so richtig im Herzen der schottischen Highlands. Deswegen verstand niemand, der auch nur einen Blick auf die Landkarte warf, die Klassifikation als »Northern Highlands«, die Diageos Vorgänger UD der Brennerei verpassten, als sie die »Classic Malts«-Serie einführten. Deren sechs Malts sollen jeweils einen Landschaftstypus repräsentieren. Der Fehler ist korrigiert, jetzt steht – und sehr würdig – der *Dalwhinnie* einfach für die Highlands. Der Name, eine weitere Konfusion, wird normalerweise mit Treffpunkt übersetzt, obwohl die zweite

Übersetzung philologisch mehr Wahrscheinlichkeit besitzt. Andererseits beschreibt »Treffpunkt« exakt, welche Rolle der Ort über Generationen für Viehtreiber (und ganz sicher auch für Schmuggler) spielte. Dalwhinnie hat zwei *stills*, bezieht das Wasser mittlerweile aus der Allt an T'Sluic-Spring. Sie war übrigens die erste Brennerei, die, vorübergehend, in amerikanischem Besitz war, und kam dann zu den heutigen Besitzern über die DCL-Tochter James Buchanan & Co. Seit langer Zeit gehört es zu den Pflichten des Managers, die Daten der meteorologischen Mess-Station abzulesen. Dalwhinnie, 330 m hoch gelegen und im Winter entsprechend schneereich, beansprucht zudem, »Scotland's highest distillery« zu sein.

Der »Classic Malt« ist 15 Jahre alt. Wie immer bei den »Klassikern« gibt es auch eine in kleiner Auflage abgefüllte »Distiller's Edition«, die beim *Dalwhinnie* im Oloroso-Fass nachreift. Die »Friends of the Classic Malts« (die Mitgliedschaft ist kostenlos) bekommen hin und wieder Sondereditionen angeboten, die es im freien Handel nicht zu kaufen gibt.

Früher war Dalwhinnie wohl wirklich sehr einsam und abgelegen. Heute führt in geringer Entfernung die Rennstrecke A 9 vorbei, die vom Süden nach Inverness führt, und auch die Straße von und nach Fort William ist nicht weit. Den kleinen Abstecher sollte man sich auf jeden Fall gönnen. Auf dem Programm der immer makellos herausgeputzten Brennerei stehen Führungen in unterschiedlichem Umfang, was vor allem die Zahl der zum Verkosten angebotenen Proben betrifft.

DEANSTON

[dienst'n]

Fort am Hügel (?)

In Betrieb www.burnstewartdistillers.com

Besitzer Burn Stewart Distillers (CL World Brands, Trinidad & Tobago)

Adresse Perthshire · Doune, FK16 6AG, OS 57 71 / 01

Telefon 01 786 841 422

HIGHLANDS

Gerade noch nördlich der imaginären, aber so entscheidenden, die Lowlands vom Rest Schottlands trennenden Linie liegt Deanston, die sich demnach mit dem Prädikat »Highlands« schmücken darf. Sieht man die alten grauen Steingebäude, mag man gar nicht glauben, dass diese Brennerei erst 1965 / 66 eröffnet worden sein soll. Tatsächlich ist die Anlage viel älter, nur wurde in den schon 1784 errichteten Gemäuern nicht Whisky erzeugt, sondern Baumwolle. Die alten Gewölbe eigneten sich freilich bestens für die Lagerung von Whisky. Der River Teith brachte das Wasser (ob nur für das Kühlen oder doch auch fürs Destillieren, ist unklar; sicherheitshalber verweist man auf die nahen Trossachs mit ihren Bergquellen). 1972 kauften sich Invergordon Distillers ein, aber schon Mitte der achtziger Jahre wurden die vier *stills* wieder stillgelegt. Schließlich kaufte 1990 die Blender-Firma Burn Stewart die Brennerei – und seitdem wird der *make* nicht mehr komplett für den in Schottland gut verkauften Blend *Scottish Leader*, den *Burberry* und vermutlich auch den *Black Bottle* verwendet, sondern auch als Single Malt in Eigentümer-Abfüllung angeboten. Die schottische Firma gehört jetzt einem Unternehmen in Südamerika, dessen Mutter CL Financial heißt und das sich mit erfolgverheißenden Kapitalanlagen befasst.

Unter den neuen Eigentümern wurden die beiden Versionen eines 17- und eines 25jährigen nicht mehr fortgeführt und der 12 Jahre alte ist jetzt, ein Fortschritt, nicht mehr kühlgefiltert und hat 46.3 %. Der *Virgin Oak* hat keine Altersgabe, dürfte also ziemlich jung sein, was durch die zweite Reifung in einem ungebrauchten Fass aus amerikanischer Eiche noch betont wird.

Bis 2010 konnte, wer enttäuscht vor verschlossenen Türen stand, sich nur mit den Ruinen von Doune Castle, wo »Monty Python and the Holy Grail« gedreht wurde, oder dem wunderschönen Oldtimer-Museum auf der Nordseite des Flusses und am anderen Ortsausgang trösten. Jetzt verkündet zumindest die Homepage, dass nach telefonischer Anmeldung auch Führungen möglich sind.

DUFFTOWN
[dáfft'n]

Duffs Stadt

In Betrieb www.malts.com

Besitzer Diageo plc, England

Adresse Banffshire · Dufftown, AB55 4BR, OS 28 32 / 39

SPEYSIDE

Rome was built on seven hills – Dufftown stands on seven stills heißt der stolze Spruch – der nicht mehr stimmt, seit als Ableger von Dufftown Distillery 1974 / 75

Pittyvaich dazukam. Deren »Mutter« trägt den Namen des von Brennereien geradezu berstenden Ortes. Witzigerweise liegt sie gar nicht im Ort selbst, sondern ziemlich außerhalb im Dullan Glen. Entstanden ist die Destillerie 1896 durch die Umwandlung einer Getreidemühle. Die dazu notwendige Firma war von P. Mackenzie initiiert; ihr gehörte auch Blair Athol. Beide zusammen wurden 1933 von Arthur Bell & Sons aus Perth übernommen und demzufolge später von Guinness, die heute wiederum eine Tochter von Diageo sind. Der Dullan hat lange für die Energie gesorgt, für das Brauwasser gibt es unterschiedliche Angaben: Es soll von Jock's Well in den Conval Hills kommen, andrerseits aber das gleiche wie für Pittyvaich sein. Nach zwei Erweiterungen werden heute sechs *stills* verwendet.

Ein Hochamt für Marketing Manager: Eine smarte Verpackung, ein Name, der einst bei Auchroisk durchaus aussagekräftig war, aber vollkommen sinnlos ist, wenn man eine Maltabfüllung zur ständigen Einrichtung macht und davon auch noch mehrere Varianten herausbringt – bedeutet »Singleton« doch nach der Definition von Whiskyveteran Charles Craig, also einem, der es wirklich wissen muss, »a single or odd (also überzähliges) cask of a make«. Wie auch immer, der *Singleton of Dufftown* verkauft sich prächtig, so prächtig, dass der 12jährige mit dem 15 und 18 Jahre alten noch Ableger bekommen hat. Vollkommen ausgewogen soll er sein. »Persönlich«, schreibt ein anderer großer Whiskykenner, Richard Joynson von Loch Fyne Whiskies, »hatte ich Schwierigkeiten, auch nur irgendein Aroma aufzupicken«, aber ein idealer Einsteigerwhisky ist er.

Dufftown kann man nicht besichtigen. Der Weg dorthin lohnt dennoch. Vom Parkplatz an der berühmten Kirche von Mortlach kann man, nachdem man vielleicht auch noch das Grab von William Grant besucht hat, zur Brennerei wandern und dann auf der anderen Seite des Dullan wieder zurück.

EDRADOUR
[edra-dauer]

Zwischen zwei Wassern

In Betrieb www.edradour.com

Besitzer Andrew Symington (The Signatory Vintage Scotch Whisky Co Ltd)

Adresse Perthshire · Moulin by Pitlochry, PH16 5JP, OS 52 95 / 58

Telefon 01 796 472 095

HIGHLANDS

Ein kleines Juwel – und eine Wohltat für Romantiker: Endlich eine Destillerie, die nicht aussieht wie eine Fabrik, sondern von ihrem Besitzer penibel so erhalten wird, wie die alten *farmhouse*-Brennerein wohl gewesen sind: Frisch geweißte Häuser, leuchtendrot gestrichene Türen und viele alte Gerätschaften, die noch benutzt werden. Eine Wohltat für die Augen, wirklich! Dazu eine liebliche Landschaft, außerhalb der quirligen Touristenstadt, in ländlicher Stille. Alles ist winzig. Drei Mann genügen für die Produktion der zwei *stills*, die etwa 15 Fässer pro Woche ergibt, eine verschwindend kleine Jahresproduktion von 90.000 Flaschen – was eine ausgewachsene Brennerei leicht im Monat machen kann. Edradour, früher auch Glenforres genannt, soll schon 1825 von einer Art Cooperative gegründet worden sein und gehörte von 1933 an William Whitely. 1982 übernahmen sie Campbell Distillers, eine Tochter des französischen Getränkemultis Pernod Ricard. Sie verkauften an Andrew Symington, der sich durch seine unabhängigen Signatory-Abfüllungen seit 1988 einen guten Namen geschaffen hatte. Er begann sofort mit der Produktion eines zweiten, sehr rauchigen Whiskies, den er nach einer alten Perthshire-Brennerei *Ballechin* nannte. Besonders stolz ist er, dass auch Mafia-Boß Frank Costello durch Whitely in Kontakt mit Edradour kam und die Brennerei offensichtlich sogar kurz besessen hat.

Klein ist die Jahresproduktion, was Andrew nicht daran hindert, seinen Malt nicht nur in der Standard-Version als 10jährigen anzubieten, sondern in vielen Sondereditionen, die sehr oft in ganz speziellen Weinfässern ein *finishing* erlebten. Sänger Dougie MacLean, im benachbarten Dunkeld lebend, durfte den *Caledonia* aussuchen. Vom *Ballechin* kommen einstweilen in jedem Jahr im Rahmen der »Discovery Series« jeweils 6.000 Flaschen, die ebenfalls, aber ihr ganzes Leben lang, in besonderen Fässern wie Madeira oder Masala verbrachten.

Mittlerweile ist der Parkplatz, neben dem auch die Anlage für die Signatory-Abfüllungen steht, fast schon größer als die Brennerei selbst. Obwohl nicht leicht zu finden (von Pitlochry zunächst die A 924 Richtung Braemar, nach der Durchfahrt durch Moulin scharf rechts), wird Edradour von Besuchern geradezu überschwemmt, die oft in ganzen Busladungen kommen. Jeder bekommt immer noch ein *dram* – Andrew muss langsam aufpassen, dass überhaupt noch etwas für die Flaschen übrigbleibt.

FETTERCAIRN

[fetter-cärn]

Fuß des Steinmonuments

In Betrieb

Besitzer Whyte & Mackay (UB Group, Indien)

Adresse Kincardineshire · Fettercairn by Laurencekirk,
AB30 1YE, OS 45 64 / 73

Telefon 01 561 340 205

HIGHLANDS

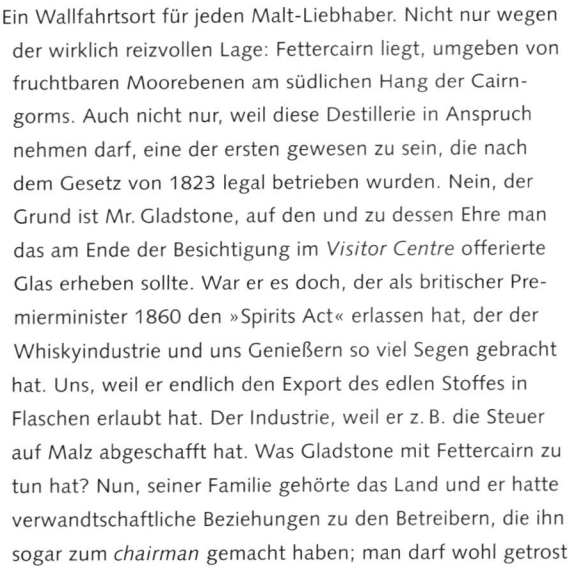

Ein Wallfahrtsort für jeden Malt-Liebhaber. Nicht nur wegen der wirklich reizvollen Lage: Fettercairn liegt, umgeben von fruchtbaren Moorebenen am südlichen Hang der Cairngorms. Auch nicht nur, weil diese Destillerie in Anspruch nehmen darf, eine der ersten gewesen zu sein, die nach dem Gesetz von 1823 legal betrieben wurden. Nein, der Grund ist Mr. Gladstone, auf den und zu dessen Ehre man das am Ende der Besichtigung im *Visitor Centre* offerierte Glas erheben sollte. War er es doch, der als britischer Premierminister 1860 den »Spirits Act« erlassen hat, der der Whiskyindustrie und uns Genießern so viel Segen gebracht hat. Uns, weil er endlich den Export des edlen Stoffes in Flaschen erlaubt hat. Der Industrie, weil er z. B. die Steuer auf Malz abgeschafft hat. Was Gladstone mit Fettercairn zu tun hat? Nun, seiner Familie gehörte das Land und er hatte verwandtschaftliche Beziehungen zu den Betreibern, die ihn sogar zum *chairman* gemacht haben; man darf wohl getrost

vermuten, dass ihm so das Verständnis für die Sorgen und Nöte der Brenner sehr erleichtert wurde. Das alles ist lange her; heute gehört die Destillerie, die 1966 auf vier *stills* erweitert und technisch erheblich modernisiert wurde, Whyte & Mackay, aber die sind auch nicht mehr selbstständig, sondern wie Dalmore und Jura Teil des Imperiums des indischen Magnaten Mallya. Das Wasser kommt aus Quellen in den Cairncorm Mountains.

Früher hieß der Malt *Old Fettercairn*, obwohl es nie wirklich ältere Versionen gab. Aber Master Blender Richard Paterson ist auch hier fündig geworden und konnte einen 24-, einen 30- und sogar einen 40jährigen abfüllen. Dagegen hat der *Fior*, was rein oder ehrlich heißen soll, mit seinen 42 % gar keine Altersangabe.

Fettercairn hat ein *Visitor Centre* und wer dort war, ist durchaus angetan. Die Eigentümer führen die Brennerei allerdings wie ein ungeliebtes Kind: Man tut nicht viel für sie, nicht einmal eine website hilft, Besucher anzulocken.

GLEN ALBYN
[glen albin]

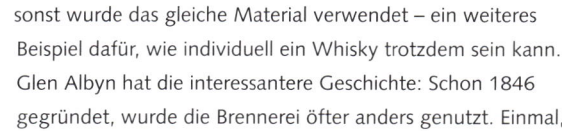

Tal von Schottland

Abgerissen

Besitzer Ehemals DCL

Adresse Inverness · OS 26 65 / 45

HIGHLANDS

Einstmals galt Inverness als ein Zentrum der Mälzerei und selbst Anfang der achtziger Jahre gab es noch drei Destillerien. Geblieben ist keine. Millburn ist heute ein Restaurant und wo einst Glen Albyn und ihre (jüngere) Schwester Glen Mhor produzierten, steht heute ein Einkaufszentrum. Beide lagen sich gegenüber an der Great North Road, da, wo sie den Caledonian Canal überquert, der die Nordsee, über Loch Ness führend, mit dem Atlantik verbindet. Aus Loch Ness kam das Wasser für beide. Auch

sonst wurde das gleiche Material verwendet – ein weiteres Beispiel dafür, wie individuell ein Whisky trotzdem sein kann. Glen Albyn hat die interessantere Geschichte: Schon 1846 gegründet, wurde die Brennerei öfter anders genutzt. Einmal, als sie wegen Schmuggels geschlossen worden war, als Mühle, dann, Ende des ersten Weltkriegs, als Stützpunkt der US-Marine. Das hat die Brennerei überlebt – jedesmal noch wurden die beiden *stills* wieder in Gang gesetzt –, anders als die Krise anfangs der achtziger Jahre. Als damals das »Whisky Loch« immer größer wurde, weil der Absatz dessen, was für die schottische Whiskyindustrie eben das Wichtigste ist, der Blends, stark einbrach, wurden sehr viele Brennereien geschlossen. 1983 legte die DCL sie still und 1988 wurde sie dem Erdboden gleichgemacht.

Glen Albyn gab es tatsächlich, für Italien und in verschwindend kleinen Mengen, von der DCL. Diageo, die das, was zur ehemals größten schottischen Whiskyfirma gehörte, übernahmen, hatten einen »Rare Malt«. Sonst war und ist man immer auf die Unabhängigen angewiesen. Signatory hat ihn zuweilen und eine zuverlässige Quelle ist auch immer noch Gordon & MacPhail mit der »Connoisseurs Choice«.

Caledonia ist der lateinische Name für Schottland, Alba [*alaba*] der gälische. Die Verbindung von der Nordsee in den Atlantik, die aus natürlichen wie Loch Ness und künstlich angelegten Gewässern besteht, wird gerne als Caledonian Canal bezeichnet, Glen Albyn ist dafür ein sehr verballhorntes Gälisch. Mehr als eine stille Minute zum Gedenken an eine weitere verlorene Destillerie an seinen Ufern ist nicht mehr möglich.

GLEN ELGIN
[glen elgin]

Tal von Elgin (kleines, grünes Irland?)

In Betrieb

Besitzer Diageo plc, England

Adresse Morayshire · Longmorn, by Elgin, IV30 3SL, OS 28 23 / 57

SPEYSIDE

Glen Elgin entstand als eine der letzten Brennereien in den Zeiten des Whisky-Booms kurz vor der Wende zum 20. Jahrhundert. Sein abruptes Ende führte dazu, dass sie ein halbes Jahr nach der Inbetriebnahme 1900 gleich wieder verkauft wurde. Es ist, als ob man ihrer kompakten Bauweise den drohenden Finanzmangel ansieht. Seit den dreißiger Jahren war sie bei SMD, unter der Lizenz von White Horse. 1964 wurde beim Umbau die Zahl der *stills* auf vier verdoppelt; mittlerweile sind es sechs. Das Wasser kommt von den Quellen am Millbuies Loch – und nicht aus dem River Elgin, den es, genauso wie ein »Glen« gar nicht gibt. Sie liegt südlich von Elgin und ihr Name zollt einer Stadt Tribut, in deren Einzugsbereich immerhin acht, rechnet man Coleburn dazu, sogar neun Destillerien liegen. Elgin ist, neben Dufftown, die zweite Kapitale des Malt – vor allem auch,

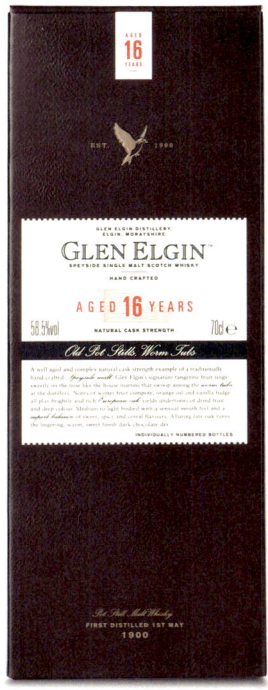

weil sie die Heimat von Gordon & MacPhail ist, dem wahrscheinlich größten Whiskyhändler der Welt, sicherlich aber einem der größten (und ältesten) unabhängigen Abfüller, der im Städtchen übrigens einen wunderschönen und selbstverständlich bestens sortierten Laden sein eigen nennt.

Glen Elgin gibt es schon lange als Herstellerabfüllung und sowohl das Etikett wie die Verpackung bildeten früher das weiße Pferd ab. Der unerforschliche Ratschluss der Herrschaften von der Marketingabteilung führte dann dazu, dass er nur für Japan vorgesehen war. Als er dann aber doch auch anderswo erhältlich sein sollte, wurde er, logisch, wenn man seine Sache selbst versteckt, ein »Hidden Malt«. Heute gehört er zu den »Classic Malts« und ist als 12jähriger in Normal- und mit 16 Jahren in Fassstärke erhältlich. Die »Special Releases« hatten einen 32 Jahre alten von 1971. Von jenen Unabhängigen ist er nur selten zu bekommen. Seine Hauptbestimmung bleibt es eben, einen Beitrag zu vielen Blends zu leisten.

Das scheint er in ganz besonderer Weise zu leisten. Von vielen Master Blendern ist jedenfalls immer wieder zu hören, dass sie ohne ihn nicht auskommen. Deshalb ist es aus Sicht der Firma auch nicht notwendig, etwa ein *Visitor Centre* als Marketinginstrument einzusetzen.

GLEN GARIOCH

[glen gíerie]

Tal des Garioch (des Flusses im rauhen Grund?)

In Betrieb **www.glengarioch.com**

Besitzer Morrison Bowmore Distillers (Suntory Ltd, Japan)

Adresse Aberdeenshire · Oldmeldrum, AB 51 0ES,
OS 38 80 / 27

Telefon 01 651 873 450

HIGHLANDS

Die nach ihrer Lage im fruchtbaren Tal des Garioch benannte Destillerie war die zweite nach Bowmore, die Stanley Morrison kaufte. Das war 1970 und danach rundete er seinen Besitz von einer Islay- und einer Highland-Brennerei noch mit der zu den Lowlands zählenden Auchentoshan Distillery ab. Im Juli 1994 sah sich die Familienfirma, angeblich zur Sicherung der Zukunft ihrer Brennereien, gezwungen, an den japanischen Giganten Suntory zu verkaufen. Als Morrison sie erwarb, war die schon 1797 gegründete Anlage nach vielen Eigentümerwechseln (u. a. William

Sanderson, Booth's Distillers, SMD) gerade zwei Jahre vorher stillgelegt worden, weil das Wasser aus den Percock Hills versiegt war. Morrison bohrte einen Tiefbrunnen und praktizierte seine berühmte Mischung von Tradition und Innovation: Er behielt die *floor maltings* (die dann 1993 geschlossen wurden), vergrößerte nur behutsam von zwei auf vier *stills* – und nutzte die Abwässer zur Beheizung von Tomaten- und Blumentreibhäusern (die 1997 stillgelegt wurden). 1995 wurde die Brennerei geschlossen und zum Verkauf ausgeschrieben, fand freilich keinen Käufer, worauf sich die Besitzer glücklicherweise entschlossen, selbst zu investieren und sie wieder zu eröffnen.

Man hat ein bißchen aufgeräumt, denn es war wie auch bei den »Geschwistern« *Auchentoshan* und *Bowmore* oft schwer, noch die Übersicht zu behalten, so viele Altersstufen und Jahrgangsabfüllungen gab es. Übrig geblieben

sind der *1979 Founders Reserve* (keine Altersangabe) und ein 12jähriger, dazu als Highlight ein 46 Jahre alter *Glen Garioch* von 1958. Auch der eine oder andere *vintage* kommt manchmal noch dazu. Zum 200. Geburtstag gab es eine »Limited Edition« mit 43 %.

Obwohl man sich dazu durchgerungen hat, das Hin und Her zu beenden und an Werktagen (zu denen in Schottland auch der Samstag gehört) tatsächlich Führungen anzubieten, scheint eine telefonische Anfrage dennoch sinnvoll. Wer sich entschließt, als Flugreisender nicht Glasgow oder Edinburgh anzufliegen, sondern die Highlands ganz direkt, kann von Aberdeen aus den Whiskyurlaub also auch hier beginnen – und gleich auch Schottland als Land voller Gerstenfelder erleben.

GLEN GRANT

[glen grant]

Grant's Tal

In Betrieb **www.glengrant.com**

Besitzer Grupo Campari, Italien

Adresse Morayshire · Rothes, AB38 7BS, OS 28 27 / 49

Telefon 01 542 783 318

SPEYSIDE

Einer der Giganten, in jeder Hinsicht: Respekt vor altem Whiskyadel und ehrwürdigster Tradition verbindet sich mit Lobliedern auf die Qualität und mit Bewunderung für das wirtschaftliche Selbstbewusstsein. Glen Grant wurde 1840 von den beiden bereits vorher als Brenner ausgewiesenen Brüdern James und John Grant gegründet und von James' Sohn, genannt der Major, James weitergeführt, einem weitgereisten Mann, wie man noch heute sehen kann. Schon Anfang des letzten Jahrhunderts brachte die Firma ihren Malt auf dem Markt. Sie war damit eine der ersten überhaupt (Jahrzehnte lang, bevor die anderen Grants, die von Glenfiddich, ihre Offensive starteten, die dadurch freilich kein bisschen an Bedeutung verliert). Heute ist der *Glen Grant* weltweit ganz vorne mit dabei. Der 5jährige bringt es in Italien auf 70 % Marktanteil bei Malts und ist der meistverkaufte Einzelwhisky überhaupt und so war es konsequent, dass Campari, Hersteller eines anderen Erfolgsgetränkes, die Gelegenheit beim Schopf ergriff, als Marke und Brennerei zu haben waren. Alles ist sehr gediegen in Rothes, wie bei den Trägern eines so berühmten Namens nicht anders zu erwarten, der auch nach der Vereinigung mit Glenlivet (1953), Longmorn (1970) und dem Ankauf durch Seagram (1977) seine Identität nicht verloren hatte. Das Wasser kommt von Caperdonich Well (oder doch vom Glen Grant Burn?). Die Gebäude – einige stammen noch aus den Gründerjahren – gruppieren sich wunderschön um einen Hof. Hinter der Brennerei liegt der wunderbare Garten, den der indien- und afrikakundige Major nach seinen Reisen anlegen ließ. Eine kuriose Besonderheit im mittlerweile liebevoll restaurierten Garten ist der *dram safe*, in dem für Ehrengäste immer ein Fläschchen *Glen Grant* samt Glas bereitsteht.

Es gibt wohl keinen anderen Malt, der in so vielen Abfüllungen erhältlich ist. Zu verdanken ist das allerdings weder den ehemaligen noch den heutigen Besitzern, sondern, wieder einmal, dem unabhängigen Abfüller Gordon & MacPhail aus dem nahe gelegenen Elgin. Sie bieten (mindestens) zwei Dutzend an, früher sogar mit dem gleichen Label wie die Eigentümer. Sie haben Fässer, aus fast allen Jahrgängen, bis zurück in die fünfziger und sogar vierziger Jahre und das bei verschiedenen Alkoholgraden. Hier ist richtig, wer jemandem einen Whisky aus seinem Geburtsjahr schenken möchte. Daneben verblasst eine Version, die schon Seagram herausbrachte und die Campari neben Italiens Nr. 1 weiter abfüllt (die übrigens vor 46 Jahren der erste Malt war, den der Autor genießen konnte, in Rom). Dabei darf man das Verblassen ganz wörtlich nehmen:

Es ist ein *no age*, wahrscheinlich nicht viel älter als das gesetzliche vorgeschriebene Mindestalter von 3 Jahren. Es ist natürlich Unsinn, wenn erklärt wird, dass die helle Farbe den besonders ausgestatteten Brennblasen zuzuschreiben sei. Er ist jetzt ein bisschen dunkler, nicht weil er älter wäre, sondern weil er etwas mehr Farbstoff abgekriegt hat. Er verkauft sich prächtig und wird uns deshalb leider erhalten bleiben. Immerhin gibt es auch einen weiteren, anständigen, *no age*, die *Major's Reserve*, einen 10jährigen und einen 16 Jahre alten, die ebenso wie die *Cellar Reserve* von 1992 und eine Abfüllung zum 170. Geburtstag zeigen, warum *Glen Grant* ein großer Malt ist und welches Potential er hat.

Glen Grant gehört zum Malt Whisky Trail und ist die einzige von den fünf Brennereien in Rothes, die man anschauen kann. Wer sie besucht, sollte auf jeden Fall genügend Zeit mitbringen, um den Garten zu genießen (auch wenn der *dram safe* wohl
nicht geöffnet sein wird). In die anderen Brennereien in Rothes darf man nicht, aber
ein Blick von außen etwa auf Glenrothes oder, noch mehr zu empfehlen, auf Fortsyth,
den Kupferschmied und *pot still maker*, lohnt auf jeden Fall.

GLEN KEITH
[glen kieß]

Tal des / von Keith (Quelle, Wald?)

Geschlossen – Wiedereröffnung 2013?

Besitzer Chivas Brothers (Groupe Pernod-Ricard, Frankreich)

Adresse Banffshire · Keith, AB55 3BS, OS 28 42 / 51

SPEYSIDE

Von Keith (und einem *headquarter* in Paisley) aus ließ schon der
kanadische Multi Seagram seine schottischen Interessen dirigie-
ren, zu denen die in der Chivas & Glenlivet Group zusammen-
gefassten Malt-Destillerien Benriach (mittlerweile verkauft),
Caperdonich (mittlerweile geschlossen), Glen Grant (mittlerweile verkauft), Glen Keith, Glenlivet, Longmorn und Strathisla
samt den beiden supermodernen Brennereien Allt à Bhaine und
Braes of Glenlivet gehören, vor allem aber ihre Weltmarken wie
Queen Anne, 100 Pipers und besonders *Chivas Regal*. Dessen
Name geht auf die Anfänge des James Chivas mit einem
kleinen Laden in Aberdeen zurück. Um den gewaltigen Nach-
schubbedarf für die Markenblends zu befriedigen, wandelten
Chivas Bros. 1957 eine Getreidemühle in eine Brennerei um –
die erste, die seit den Zeiten Queen Victorias neu geschaffen
wurde. Das Wasser nahmen sie von Quellen in den Balloch
Hills, die sechs *stills* wurden bis 1970 zur Dreifachdestillation
benutzt und waren die ersten, die in Schottland mit Gas befeuert wurden, und hier
ließ man zum erstenmal den Produktionsprozess von Computern kontrollieren. Aber
die Modernität hat nichts genutzt: Im Februar 1999 befanden ihre Besitzer, dass Glen
Keith nicht mehr gebraucht würde, und schlossen sie. Auch Pernod-Ricard hat daran
nichts geändert.

Fast die gesamte Produktion ging in die firmeneigenen Blends, von denen einige in der Nähe von Keith in riesigen *bottling plants* abgefüllt werden. *Glen Keith* gibt es ziemlich regelmäßig von Gordon & MacPhail in der »Connoisseurs Choice«-Serie. Auch die im September 1994 noch von Seagram in der »Heritage Selection« mit 10 Jahren herausgebrachte Destillerie-Abfüllung gibt es noch. Seagram gab in Keith auch seltsame Experimente in Auftrag, um rauchigen Whisky zu machen. Dazu wurde aus Stornaway konzentriertes, torfiges Wasser geholt. In Glen Keith wurde damit ein *Glenisla* hergestellt, von dem, natürlich, Andrew Symington von Signatory zwei Fässer in die Hände bekam und abfüllte. Ob auch der *Craigduff*, den er ebenfalls zweimal anbot, in Glen Keith gemacht wurde oder in Strathisla ist bis heute nicht zweifelsfrei geklärt.

Glen Keith, am rechten Ufer des River Isla gelegen, kann nicht besichtigt werden – die ältere Schwester Strathisla im gleichen Ort ist eben das Flaggschiff des Konzerns.

GLEN MHOR
[glen wor]

Das große Tal

Abgerissen

Besitzer ehemals DCL

Adresse Inverness · OS 26 65 / 45

HIGHLANDS

Glen Mhor, das ist gälisch für Great Glen und meint den gewöhnlich als Caledonian Canal bezeichneten Graben, der sich von Inverness durch Loch Ness, Loch Lochy und Loch Linnhe zum Atlantik zieht. Gesprochen wird es *glen wor*. Aber das ist nur noch für Philologen und Historiker wichtig, leider aber nicht mehr für Whiskytrinker. Denn Glen Mhor gibt es nicht mehr. Wie ihre auf der gegenüberliegenden Seite der Great North Road gelegene Schwester Glen Albyn wurde sie 1983 wegen des durch Umsatzeinbrüche der Blends entstandenen »Whisky Lochs« und der daraus resultierenden Panik der Whiskyindustrie geschlossen. 1988 wurde sie ganz abgerissen. Die einstmals bedeutende Whiskystadt Inverness hat seitdem keine einzige Destillerie mehr, denn auch Millburn ist zerstört. 1892 von John Mackinlay und John Birnie gegründet, hatte Glen Mhor die ersten mechanischen *maltings*; Neil Gunn, der Autor von »Whisky and Scotland« war dort lange Zeit *excise man*. Die Brennerei war ein halbes Jahrhundert jünger als Glen Albyn, aber sonst hatten sie vieles gemeinsam: Die Zahl von zwei *stills*, das Wasser aus dem Loch Ness, die Lage am Caledonian Canal und die Besitzer. Seit 1972 war das DCL, das Konglomerat, das sie schließlich »opferte«.

Glen Mhor gab es kaum als Destillerie-Abfüllung und wenn, dann nur für Italien – eine in einer Flasche, die so aussieht wie heute die von *Jura*. Die DCL-Nachfolger Diageo erbten die noch vorhandenen Bestände und füllten drei »Rare Malts« ab. Ansonsten gibt es ihn immer noch, aber immer seltener, immer älter und immer teurer, von den Unabhängigen, vor allem von den beiden *usual suspects* Gordon & MacPhail und Signatory.

Die Gebäude von Glen Mhor sind abgerissen und haben einem Einkaufszentrum Platz machen müssen – nicht gerade ein einladender Platz, um stillzuhalten und darüber zu meditieren, was der Motor der schottischen Whiskyindustrie ist und warum es im Interesse der Maltliebhaber liegen muss, dass es den Blends gut geht.

GLEN MORAY

[gen móräi]

Tal der Siedlung am See

In Betrieb **www.glenmoray.com**

Besitzer La Martiniquaise, Frankreich

Adresse Morayshire · Elgin, IV30 1YE, OS 28 20 / 62

Telefon 01 343 550 900

SPEYSIDE

Glen Moray stand lange und das völlig zu Unrecht, im Schatten der »Schwester«-Destillerie Glenmorangie, mit der sie sich nicht nur einen, zumindest oberflächlich, ähnlichen Namen und die Besitzer-Familie teilte, sondern auch die Tatsache, dass beide früher Brauereien waren. Glen Moray wurde 1897 Brennerei. 1910 wurde sie geschlossen, 1923 kam die Übernahme durch Macdonald & Muir, die sich nach dem Zukauf von James Martin & Co. umbenannten und schließlich den Namen ihres

bekanntesten Produkt, Glenmorangie, annahmen. Sie wurde aber immer noch von der Familie Macdonald kontrolliert, die sie dann an den französischen Luxuskonzern Louis Vuitton Moët Hennessy verkaufte. LVMH baute die übernommene Firma, Stichwort Luxus, radikal um und trennte sich selbst von sehr bekannten Blends wie *Highland Queen* und der ungeliebten Speyside-Tochter. Glen Moray wurde 1979 umgebaut und von zwei auf vier *stills* erweitert. Sie liegt am westlichen Rand von Elgin und ist die einzige Brennerei am Westufer des Lossie, aus dem angeblich auch das Wasser kommt.

So wenig die MacDonalds *Glen Moray* lange Jahre kaum als Single Malt verfügbar machten, so sehr drehten sie kurz vor dem Verkauf auf. Von den hübschen Blechbüchsen, in denen der 12jährige seit 1988 mit vier verschiedenen Motiven von Highland-Traditions-Regimentern kam, blieb zwar keine übrig, dafür gab es ihn in vielen Altersstufen und *vintages* und auch in *finishings*. Die neuen Eigentümer haben nur noch die eine oder andere »Distillery Managers' Choice«, den Classic ohne Altersangabe und einen 12- und 16jährigen.

Lange musste man warten, ehe auch Glen Moray für Besucher zugänglich wurde. Die Öffnungszeiten sind je nach Jahreszeit sehr unterschiedlich, ein Anruf ist also zu empfehlen. Neben der Normal- wird eine teure »Fifth Chapter Tour« angeboten. Gut, dass der schöne Feinkost- und Whisky-Laden von Gordon & MacPhail nicht mehr die einzige Attraktion ist, die den Whiskyliebhabern in der Stadt geboten wird.

GLEN ORD

[glen ord]

Tal des runden Hügels

In Betrieb

Besitzer Diageo plc, England

Adresse Ross-shire · Muir of Ord, IV6 7UJ, OS 26 51 / 50

Telefon 01 463 872 004

HIGHLANDS

Wer von der schottischen Westküste, etwa von den traumhaften Inverewe Gardens, kommt oder gar von den puritanisch-trockenen *Outer Hebrides* und schon unter Entzugserscheinungen leidet, wird über das Auftauchen der ersten Destillerie auf dem Weg ins gepriesene Speytal glücklich sein. Kurz vor Inverness stößt er, nach einer Fahrt durch das reizvolle Tal des Oran, auf Muir of Ord, eine Gemeinde, die einstmals auf neun (legale!) Brennereien stolz sein konnte und deren gesamte Gersten-Ernte in die Destillation ging. Geblieben ist nur die 1838 gegründete Ord Distillery. Zu ihr gehören die großen *maltings*, die auch andere Brennereien im Umkreis versorgen. Seit 1966 hat sie sechs *stills*; das Wasser bezieht sie aus den Lochs nan Euan und nam Bonnach. Sie ist nicht

nur deshalb so unbekannt, weil ihr Whisky selten zu bekommen war, sondern weil es fast der Fähigkeiten eines Historikers bedarf, sie zu identifizieren. Muir of Ord, Ord, Glen Ord, Glenordie – das alles muteten John Dewar & Sons bzw. deren Mutter DCL den Liebhabern dieses Whiskys zu. 1991 haben sich United Distillers, die Vorgänger der heutigen Besitzer, für Glen Ord entschieden. Hoffen wir, dass es dabei bleibt!

Den Dewar-*Glenordie* (12 Jahre / 40 %) wird man kaum mehr finden. Anfang der neunziger Jahre ist der *Glen Ord* manchmal regelrecht verramscht worden, etwa als Zugabe beim Kauf eines »Classic Malts«. Heute gehört er selbst zu dieser Reihe und man bekommt ihn als 12jährigen in einem schönen Decanter, während man ihn als »Singleton of Glen Ord« nur in Asien oder im Visitor Centre bekommt. Es gab auch mehrere Versionen bei den »Rare Malts« und, ebenfalls in kostbaren Karaffen, 25-, 28- und 30jährige »Special Releases«.

Sehr hübsch anzusehen und ganz leicht zu finden: Sie ist gleich an der A 832 gelegen. Besuchern werden drei verschiedene Möglichkeiten angeboten, alle nur gegen Gebühr: Vom Besuch der sehenswerten Ausstellung über die »Flavours«-Tour bis zum »Tasting Experience«. Leider schließt keine eine Besichtigung der Mälzerei von innen ein.

GLEN SCOTIA
[glen scoscha]

Tal von Schottland, der / s Schotten

Zeitweilig in Betrieb www.glenscotia-distillery.co.uk
und www.lochlomonddistillery.com
Besitzer Loch Lomond Distillery (A. Bulloch Agencies Ltd, Schottland)
Adresse Argyll & Bute · Campbeltown, PA28 6DS, OS 68 72 / 21
Telefon 01 586 552 288
CAMPBELTOWN

Fünf lange Jahre musste man fürchten, dass auch die vorletzte Campbeltown-Destillerie dahingegangen sei, denn seit 1984 war Glen Scotia geschlossen. Aber 1990 wurde sie wieder eröffnet – durch eine Gesellschaft, die aus einem *management buy out* entstanden war und Glen Scotia zusammen mit Littlemill übernahm. Leider ging die Gesellschaft bankrott. 1994 kaufte Glen Catrine die, wieder stillgelegte, Brennerei. Glen Scotia und Springbank (wo mittlerweile drei verschiedene Malts destilliert werden) sind die letzten Exemplare einer einstmals großen Zahl von Brennstätten, die Campbeltown zu einer wahren Whisky-Metropole machten. Allein in der Stadt sollen es etwa zwanzig gewesen sein und von manchen sieht man noch die Gebäude. Die Rezession in Großbritannien und nicht zuletzt die Prohibition in den USA in den zwanziger Jahren brachten Absatzschwierigkeiten, die die meisten Destillerien nicht überlebten. Auch Glen Scotia war von 1918 bis 1933 dicht. Entstanden ist sie 1832 und zeitweilig gehörte sie mit Scapa zusammen, auch im Besitz Hiram Walkers war sie einmal. Sie hat zwei (klassisch geformte) *stills* und holt ihr Wasser aus einem Brunnen auf ihrem Gelände und aus dem Crosshill Loch. 1999 begann man wieder mit einer kleinen Produktion, immerhin, denn der Whisky hat, verdientermaßen, seine Liebhaber.

Früher 8jährig, dann 14 Jahre alt, ist er jetzt seit mehreren Jahren in der Version eines 12jährigen zu bekommen, die in der Aufmachung seinen »Geschwistern« *Littlemill* und *Inchmurrin* gleicht. 1999 wurde ein *vintage* von 1973 abgefüllt. Es waren mehrere Fässer und es gibt einige der Decanter. Dass manchmal auch *peated malt* gemacht wurde, kann man allerdings nur erleben, wenn man eine unabhängige Abfüllung kauft.

Wenn man will, kann man noch an vielen Gebäuden in Campbeltown verblassende Spuren davon entdecken, dass sie einmal zu einer Brennerei gehörten. Auch der Eingang zu Glen Scotia ist so unscheinbar, dass man ihn leicht übersehen kann, zumal sie bis vor kurzem so verwahrlost aussah, dass es fast schon wieder schön war. Jetzt hat sie, außen und innen, neue Farbe bekommen und ist sogar zu besichtigen. Zur Sicherheit sollte man sich dennoch vorher erkundigen, ob sie offen ist.

GLEN SPEY

[glen spej]

Tal des Spey (Weißdorn?-Flusses)

In Betrieb

Besitzer Diageo plc, England

Adresse Morayshire · Rothes, AB38 7AU, OS 28 27 / 49

SPEYSIDE

Wenn Destillerien Menschen wären, würde man sagen: Sie ist eine der stillsten im Lande. Vielleicht ist deshalb ihre Geschichte geradezu ein Paradebeispiel dafür, wie aus einer kleinen lokalen Produktion ein globalisiertes Geschäft geworden ist. Ihr Erbauer war James Stewart, der auch einmal Besitzer von Macallan war. Schon wenige Jahre nach der Gründung übernahm die schon damals bedeutende, vor allem für ihren Gin bekannte Firma W. & A. Gilbey das Kommando. Sie wurde von International Distillers & Vintners (IDV) aufgekauft, der Tochter des damals besonders im Hotelgeschäft engagierten Konzerns Grand Metropolitan. Grandmet war einer der Giganten, die sich mit Guinness, UD, Seagram, Allied und Pernod- Ricard den Weltspirituosenmarkt nahezu allein aufteilten (was friedlicher klingt als es ist), und baute seine Position durch die Fusion mit Guinness noch weiter aus. Schon die neu gebildete UDV war bei weitem der größte Spirituosenhersteller der Welt und er hat, nach weiteren Übernahmen und der Umbenennung in Diageo seine Position noch weiter ausgebaut. IDV ließen ihre schottischen Maltinteressen von einer der ältesten Getränkehandlungen, Justerini & Brooks, wahrnehmen. Sie sahen nach außen aus wie ein alterwürdiges Weingeschäft mit zwei Filialen in London und Edinburgh, vertraten aber tatsächlich nicht nur eine Weltmarke, den *J & B Rare*, sondern betreuten auch die vier Brennereien Knockando, Auchroisk, Strathmill und eben Glen Spey. Diese wurde 1970 umfassend restauriert und hat seitdem vier *stills*. Das Wasser kommt von Doonie's Spring. Heute ist sie ein kleines Rädchen im mächtigen Getriebe von Diageo und hat nach wie vor die Aufgabe, für den *J & B* zu produzieren.

Entsprechend selten war und ist er als Single Malt zu bekommen. Grand Metropolitans IDV hat ihn als 8jährigen in ihrer Getränkekette Peter Dominic (die es auch nicht mehr gibt) verkauft. Er war in der »Flora & Fauna« vertreten und mit einem 21 Jahre alten auch bei den »Special Releases«. Beide sind noch zu haben – eben ein Stiller im Lande.

Glen Spey gehört zum Strauß der fünf Destillerien in dem kleinen Ort Rothes und liegt nahe bei den Ruinen des gleichnamigen Schlosses und vor allem direkt an der Hauptstraße. Das Tor ist fast immer geschlossen (und bleibt es auch für Besucher). Wenn man nicht genau hinschaut, vermutet man keine Destillerie dahinter.

GLENALLACHIE
[glen-al-láchie]

Tal der Felsen, des steinigen Platzes

In Betrieb

Besitzer Chivas Brothers (Groupe Pernod-Ricard, Frankreich)

Adresse Banffshire · Aberlour, AB38 9LR, OS 28 26 / 41

SPEYSIDE

Erst 1967 gebaut, wurde der moderne Zweckbau schon zwanzig Jahre später wieder geschlossen – und hatte trotz dieser kurzen Zeit mehrere Besitzer. W. Delmé-Evans, der auch Isle of Jura und Tullibardine entworfen hat, erhielt von Mackinlay / McPherson, die damals im Besitz der Scottish & Newcastle Breweries waren, den Auftrag zum Bau. Es gab noch mindestens eine weitere Eintragung ins Handelsregister, ehe Glenallachie mit Mackinlay und all seinen Blends zu Invergordon kam – die sie ganz schnell dichtmachten. Dann arbeitete sie wieder, unter einem sehr schottisch klingenden Besitzernamen, hinter dem aber französisches Kapital steht: Campbell Distillers waren und sind eine Tochter der Groupe Pernod-Ricard, der auch die nicht weit entfernte und in der Ortsmitte gelegene Aberlour Distillery gehört (und praktisch die gesamte irische Whiskyproduktion außer Cooley und mittlerweile auch Bushmills). Glenallachie hat vier *stills*, das Wasser kommt vom »Hausberg«, vom Ben Rinnes.

Es gab ihn mit 12 Jahren. Schon Campbell Distillers teilten auf die Frage nach der Verfügbarkeit lakonisch mit: nicht mehr. Das ist bis heute so geblieben. Die Brennerei wird auf der Whiskywebsite www.maltwhiskydistilleries.com nicht einmal erwähnt. Zum Glück gibt es die Unabhängigen, die ihn zwar auch nicht oft, aber doch hin und wieder haben, vor allem Signatory und Gordon&MacPhail.

Besucher werden leider nicht empfangen. Glenallachie fristet in jeder Hinsicht ein Schattendasein. Umso wichtiger ist ihre Existenz für die zahlreichen Blends des Hauses.

GLENBURGIE
[glen börgi]

Tal des Burgie, Tal der Burg

In Betrieb www.maltwhiskydistilleries.com
Besitzer Chivas Brothers (Groupe Pernod-Ricard)
Adresse Inverness-shire · Alves by Forres, IV36 2QY, OS 27 09 / 60
Telefon 01 343 850 258
SPEYSIDE

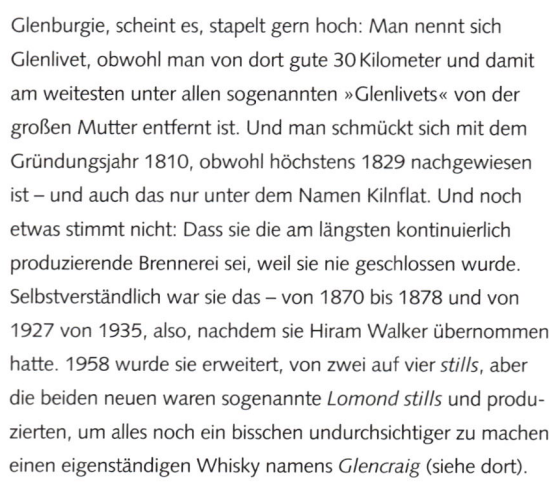

Glenburgie, scheint es, stapelt gern hoch: Man nennt sich Glenlivet, obwohl man von dort gute 30 Kilometer und damit am weitesten unter allen sogenannten »Glenlivets« von der großen Mutter entfernt ist. Und man schmückt sich mit dem Gründungsjahr 1810, obwohl höchstens 1829 nachgewiesen ist – und auch das nur unter dem Namen Kilnflat. Und noch etwas stimmt nicht: Dass sie die am längsten kontinuierlich produzierende Brennerei sei, weil sie nie geschlossen wurde. Selbstverständlich war sie das – von 1870 bis 1878 und von 1927 von 1935, also, nachdem sie Hiram Walker übernommen hatte. 1958 wurde sie erweitert, von zwei auf vier *stills*, aber die beiden neuen waren sogenannte *Lomond stills* und produzierten, um alles noch ein bisschen undurchsichtiger zu machen, einen eigenständigen Whisky namens *Glencraig* (siehe dort).

Die neuen *stills* wurden schon 1981 wieder abgebaut. Heute gehört die Brennerei zum Imperium von Chivas, also Pernod-Ricard, und es arbeiten vier herkömmliche Brennblasen. Woher das Wasser kommt, wird, ganz unüblich, nicht verraten, es sind wohl Quellen am Burghie Hill.

Glenburgie gab es hin und wieder (nicht in England) als 5jährige Herstellerabfüllung, deren Flaschenform man ansah, dass der Großteil des Whisky in den großen Blend Ballantine's geht. Auch unter den neuen Besitzern hat Gordon & MacPhail das alte Recht behalten, eine Lizenzabfüllung zu liefern, die aktuelle ist 10 Jahre alt. Auch vintages wie den 1963 und 1964 kommen von G&M. Die Eigentümer haben immerhin einen Cask Strenth in Halbliterflaschen, der aber nur in der Brennerei oder online zu erwerben ist.

Es gibt ein *Visitor Centre*, aber zumindest 2011 wurden keine Führungen mehr angeboten, auch nicht, wie früher, nach Vereinbarung.

GLENCADAM
[glen cádam]

Tal der wilden Gans

In Betrieb www.glencadamdistillery.co.uk
Besitzer Angus Dundee Distillers plc, England
Adresse Angus · Brechin, DD9 7PA,
OS 45 60 / 60
Telefon 01 356 622 217

HIGHLANDS

Glencadam zählt zu den »Eastern Highlands« und ist die zweite Destillerie in dem
alten Marktflecken Brechin, liegt aber nicht
wie North Port innerhalb des Städtchens,
sondern, nicht leicht zu finden, in östlicher
Richtung eher am Stadtrand in der Nähe des
River Esk. Sie ist nur einige Jahre jünger als
die andere und hatte nach ihrer Gründung
eine ganze Schar wechselnder Besitzer:
1954 kam sie zu Hiram Walker, der sie fünf
Jahre später gründlich modernisierte, aber
nicht vergrößerte. Sie hat immer noch zwei

stills, deren Produktion vor allem in den *Cream of the Barley* genannten Blend ihres jetzigen Lizenzinhabers Stewart & Sons of Dundee geht. Im September 2000 ereilte auch Glencadam das traurige Schicksal vieler anderer Brennereien von Allied und sie wurde geschlossen. Diesen traurigen Zustand beendetet die vor allem durch ihren Gin bekannte Familie Hill, die Glencadam im Mai 2003 für ihr Unternehmen Angus Dundee kaufte. Schon drei Jahre vorher war sie mit dem Erwerb von Tomintoul in die Whiskyproduktion eingestiegen, um bei der Herstellung ihrer Brands weniger auf die anderen Firmen angewiesen zu sein.

Wieder einmal hat sich erwiesen, dass Familienunternehmen viel eher bereit sind, Whisky aus ihren Brennereien als Single Malt verfügbar zu machen, als große internationale Konzerne, die eher an ihren Blends interessiert sind. Seit die Hills das Sagen haben, gibt es den Glancadam in mehreren Altersstufen, mit 10, 15, 21 Jahren, und als 12jährigen, der im Port-, und als 14jährigen, der im Oloroso-Fass nachreifte. Auch ein 32 Jahre alter von 1978 ist im Angebot.

Wie bei der ersten Brennerei, die sie kauften, Tomintoul, bieten Angus Dungee auch in Glencadam kein *Visitor Center*. Man kann aber anrufen und versuchen, einen Besichtigungstermin zu vereinbaren: Wenn jemand Zeit hat, gibt es dann eine Führung. Wer den Whisky vor Ort kaufen möchte (was sich wegen der britischen Steuern selten lohnt), wird an einen Laden im Städtchen verwiesen.

GLENCRAIG
[glen cräig]

Tal des / r Felsen, Steinhaufens

Abgebaut

Besitzer Chivas Brothers (Groupe Pernod-Ricard)

Adresse Inverness-shire · Alves by Forres, IV36 2QY, OS 27 09 / 60

HIGHLANDS

Eine Brennerei mit dem Namen Glencraig wird man auf der Malt-Landkarte vergeblich suchen. Während der *Octomore* oder der *Longrow* zwar eigenständige Single Malts sind, aber aus der Produktion von Bruichladdich bzw. Springbank stammen und in deren Brennblasen destilliert sind, hatte der *Glencraig* Malt welche, die nur für ihn benutzt wurden, und qualifiziert sich deshalb für eine eigene Seite in diesem Buch. Alles andere teilt er sich mit dem *Glenburgie*. Als Hiram Walker diese Destillerie 1958 erweiterte, wurden die beiden neuen *stills* als sogenannter *Lomond*-Typ ausgeführt. Die neue Erfindung sollte der Brennerei ermöglichen, zwei verschiedene Whiskies zu produzieren. Erwartet wurde, dass der neue schwerer, körperreicher und öliger werden sollte. Er wurde es nicht, unterschied sich aber dennoch so eindeutig von dem Malt, den die beiden alten *stills* lieferten,

dass man sich konsequenterweise dazu entschloss, dafür einen neuen, eigenen Namen zu wählen, und taufte ihn nach dem Produktionsleiter von Hiram Walker, Willie Craig, einfach Glencraig. Er wurde nie als Destillerieabfüllung abgegeben, aber von den Unabhängigen bekam man ihn schon. Niemand weiß, wie groß deren Vorräte sind, sicher ist nur: Die *Lomond stills* wurden bereits 1981 wieder entfernt.

Es sind also mittlerweile 30 Jahre vergangen und lange wird er nicht mehr zu bekommen sein. Wer ihn probieren oder in seiner Sammlung haben will, sollte nicht mehr lange warten. In der »Connoisseurs Choice«-Reihe von Gordon & MacPhail ist er vertreten, sowie bei Signatory oder bei Duncan Taylor, der bekannt dafür ist, viele ältere Fässer abzufüllen.

Die ehemalige »Heimat« von Glencraig, Glenburgie Distillery, liegt auf halbem Weg zwischen Elgin und Forres. Auch sie kann nicht mehr besichtigt werden.

GLENDRONACH

[glen drónach]

Tal des Dronach, der Brombeeren

In Betrieb www.glendronachdistillery.com

Besitzer The BenRiach Distillery Company Ltd

Adresse Aberdeenshire · Forgue by Huntly, AB5 4DB, OS 29 42 / 43

Telefon 01 466 730 202

HIGHLANDS

Eine der ältesten – und immer noch sehr traditionell ausgerichteten – Destillerien. Gegründet wurde sie 1826 von James Allerdice, der mit dem Duke von Gordon befreundet war, dem Mann, der Wesentliches zum Legalisierungsgesetz von 1823 beigetragen hatte. Trotz Modernisierung (und Erweiterung von zwei auf vier *stills*) durch Teacher's, die sie den Grants von Glenfiddich abgekauft hatten, sieht sie immer noch sehr gediegen altmodisch aus – obwohl längst der eigene Mälzboden, für den die Gerste von firmeneigenen Farmen kam, nicht mehr benutzt wird und auch die *stills* nicht mehr mit Kohle (aber immerhin noch mit einer offenen Gasflamme) beheizt werden. Schon Teacher & Sons, bekannt für den hohen Anteil von Malt in ihren Blends, vermarkteten *Glendronach* sehr konsequent. Das taten dann auch Teachers' neue Besitzer, Allied Distillers – was sie nicht hinderte, die schöne Brennerei 1996 zu schließen. Trotz ihrer Liebe zum Althergebrachten wird leider nicht mehr das alte Etikett verwendet, das den Whisky als »most suitable for medicinal purposes« anpries. Vor allem aber wurde mit der Tradition gebrochen, nur Oloroso-Fässer zu verwenden, zuletzt wurde sogar ein *Double Wood* angeboten. Allied aber verkaufte sich bekanntlich selbst und so konnte mittlerweile Billy Walker seine zweite Brennerei erwerben. Er änderte die Schreibweise und kehrte sofort zur alten Sherry-Tradition zurück. Die berühmten Raben von GlenDronach können also bleiben.

Wie beim *BenRiach* bringt Walker, wahrscheinlich kann er nur so überleben, ganz viele Varianten heraus. Den Anfang machten ein 12jähriger *Original*, ein 15 Jahre alter *Revival* und ein nach dem Gründer *Alardice* genannter mit 18 Jahren. Der 21jährige *Parliament* kam mittlerweile ebenso dazu wie der *Grandeur* mit 31 und der *Portfolio* mit 33 Jahren. Es gibt *finishings* und in regelmäßigem Abstand ein *batch* von Einzelfassfüllungen. Vollständig sind sie auf der website aufgelistet.

Glendronach ist, inmitten von Farmland, auch landschaftlich schön gelegen, am Dronach Burn im Valley of Forgue nordöstlich von Huntley. Schon deshalb sollte man sich auf den Weg machen. Wochentags finden regelmäßig Führungen statt, normale und, für £20 das »Connoisseur's Experiment«.

GLENDULLAN
[glen dullen]

Tal des Dullan, des Felsens (?)

In Betrieb **www.malts.com** (USA-Version)

Besitzer Diageo plc, England

Adresse Banffshire · Dufftown, AB55 4DJ, OS 28 32 / 40

SPEYSIDE

Sieben Destillerien wurden in dem kleinen Dufftown noch vor der Jahrhundertwende gebaut – Glenndullan war die letzte (1897). Erst in den 1970er Jahren kam die achte, Pittyvaich, dazu – wenn man davon absieht, dass in Glendullan bereits vorher eine neue Brennerei errichtet worden war. Sie wurde als Glendullan B zwischen die alten

Gebäude und die Wohnhäuser der Beschäftigten gesetzt und hat sechs *stills*. Sie liegt nicht am Dullan, sondern am Fiddich, der heute das Kühlwasser liefert, während das »Whiskywasser« aus den benachbarten Conval-Bergen kommt. Obwohl die neuen Gebäude nicht besonders attraktiv sind, ist Glendullan einen Abstecher wert, nicht nur, weil ihr Whisky laut »Scotch Malt Whisky Society« bei weitem nicht so *dull*, so fade, ist, wie der Name suggeriert, sondern weil die gesamte Anlage mitten im Grünen und am Fluss mit der hübschen Pagode einen angenehmen Anblick bietet. Die alte Glendullan Distillery (A genannt) dient heute als Reparaturwerkstatt für die anderen Diageo-Brennereien im Ort und der Umgebung.

Der meiste *make* ging immer in den *Old Parr* des langjährigen Lizenzinhabers Macdonald Greenless, der ihn aber auch als 12jährigen Single Malt mit 43 % verkaufte. Von Diageo gibt es ihn in der »Flora & Fauna«-Palette und als sechs »Rare Malts« und natürlich ein Fass in der »Managers' Choice«-Reihe. Warum man den *Singleton of Glendullan* anders als den von Dufftown nur in den USA kaufen kann, mag verstehen wer will.

Besuche sind nicht möglich. Trotzdem kann man ja mal hin: Man fährt von Glenfiddich über die aufgelassene Bahnstrecke und dann, sich nach rechts wendend, weiter am Fiddich entlang. Die Brennereien liegen jenseits des Flusses, aber von der großen Straße diesseits hat man einen guten Blick auf das *stillhouse*.

GLENESK

[glen esk]

Tal des Esk (des Wassers)

Geschlossen

Besitzer ehemals UDV

Adresse Angus · Hillside by Montrose, OS 45 71 / 61

HIGHLANDS

Die besonders wilde Geschichte dieser Brennerei spiegelt sich schon in der besonders großen Zahl von Namen, die sie getragen hat. Bevor sie 1897 als »Highland Esk« eine Maltdestillerie wurde, war sie eine Flachsmühle. Im ersten Weltkrieg diente sie als Kaserne. Nach einem Brand wurde sie 1938 wiedereröffnet und hieß Montrose Distillery, dazu wurde sie zur Herstellung von Grain Whisky umgerüstet. 1954 übernahm DCL das Kommando, brannte nur noch mit Unterbrechungen und gab sie in die Verwaltung ihrer Tochter SMD, die wieder zum Malt zurückkehrte, diesmal unter dem Namen »Hillside«. 1980 entschloss man sich zu »Glenesk« – und stellte fünf Jahre später den Betrieb ganz ein. Bis dahin waren vier *stills* in Benutzung, das Was-

ser kam aus dem River North Esk. Die riesigen *maltings*, die alle UDV- (also heute Diageo-) Brennereien im Westen Schottlands versorgen und wie ein Kraftwerk inmitten der Gerstenfelder liegen, sind noch in Betrieb.

William Sanderson war Lizenzträger und nutzte den Malt natürlich für seinen berühmten Blend *Vat 69*. Den gibt es noch, anders als den 5- und den 12jährigen Single Malt, den sie hatten. UDV / Diageo zogen für ihre »Rare Malts« den anderen Namen, also *Hillside*, vor. Ansonsten sind, wiederum als *Glenesk* nur noch einige Abfüllungen in der »Connoisseurs Choice« von Gordon & MacPhail zu bekommen.

Brennerei und *maltings* liegen zwei Meilen nördlich der Hafenstadt Montrose und nicht weit von der Mündung des North Esk ins Meer. Besuchen kann man weder die eine noch die anderen.

GLENFARCLAS
[glen fárcles]

Tal der grünen Wiese / n

In Betrieb www.glenfarclas.co.uk

Besitzer J. & G. Grant, Schottland

Adresse Banffshire · Marypark by Ballindalloch, AB37 9BD, OS 28 21 / 38

Telefon 01 807 500 257

SPEYSIDE

Es sind nur sehr wenige Destillerien übriggeblieben, die sich mit Recht »unabhängig«
nennen dürfen. Glenfarclas gehört dazu. Sie ist seit fünf Generationen im Besitz der
(mit anderen Trägern des Namens, z. B. denen von Glenfiddich, nicht verwandten)
Familie Grant, wenn auch nicht seit der Gründung 1836. Die vollzog ein Robert Hay –
auf dem Gelände der Rechlerich-Farm, im *Valley of the green grass* zu Füßen des Ben
Rinnes, von dessen Quellen auch das Wasser kommt. 1865 übernahm der erste Grant
den Betrieb, verpachtete ihn aber auf fünf Jahre an John Smith. Seitdem mussten die
Grants, deren erster Sohn immer abwechselnd John oder George getauft wird, nur
noch einmal für kurze Zeit (1895 – 1900) das Heft aus der Hand geben – auch sie

waren Opfer des spektakulären
Zusammenbruch der Pattisons.
Mit viel Liebe und Sorgfalt (und
auch Geschäftstüchtigkeit) haben
sie seither ihren Whisky zu einem
der ganz großen Malts gemacht.
Um alles kümmert man sich
selbst; etwa alle zwanzig Jahre
werden die gasbeheizten
stills erneuert, von denen
es sechs – die größten in
der Speyside – gibt. Zur
Lagerung werden vor allem
Sherryfässer verwendet.
Die Abfüllung allerdings
wird mittlerweile nicht
mehr vor Ort in einem
eigenen *bottling plant* selbst
vorgenommen, sondern in
Broxburn nahe dem Edin-

burgher Flughafen, wo den Grants zusammen mit einer anderen Familienfirma, Peter J. Russel, die Broxburn Bottlers gehören. In den Glenfarclas-Lagerhäusern liegen Fässer bis zurück in die fünfziger Jahre. Dieser unschätzbare Reichtum hat zu einer der großartigsten Serien geführt, den *Family Casks*, die mit einem 1952er beginnen und aus jedem einzelnen Jahr bis 1994 jeweils ein Fass präsentieren, inzwischen zum Teil schon zum fünften Mal. Die erste Serie kam in schweren Holzkisten und mit einem kleinen Ringbuch, in dem George Grant (der sich darauf vorbereitet, eines Tages seinen Vater John zu beerben) detaillierte Tastingsnotes bietet. Spätestens diese Großtat müßte eigentlich jedem die Augen öffnen für den Unterschied zwischen einer Firma, die in Vierteljahresberichten für die Börse denkt, und einer, die für die nächste Generation arbeitet.

Glenfarclas gibt es in mittlerweile so vielen Abfüllungen, dass manche Händler für die Aufzählung mehrere Seiten brauchen. Einfach ist es noch bei den »regulären« Abfüllungen: *Hermitage* ohne Altersangabe, 10 Jahre, 12, 15, 17, 21, 25, sogar 30 und ein unglaublich preisgünstiger 40 alter Jahre alter (verschiedene Alkoholvolumina). Eine Besonderheit ist der *Glenfarclas 105* (Proof, also 60 %), von dem es ebenfalls eine 40jährige Version gibt. Natürlich lässt man sich Jubiläen nicht entgehen wie jüngst den 175. Geburtstag. Dazu kommen in regelmäßigen Abständen Sonderabfüllungen wie die *Christmas Edition*, die aus frischen Oloroso-Fässern stammt (während man normalerweise *second fills* bevorzugt), die so heißt, weil sie an Weihnachten destilliert ist. *Vintages* kommen heute in kaum mehr überschaubarer Anzahl meist in *cask strength* und oft nummeriert.

Besonders rührig bei Spezialabfüllungen ist der deutsche Importeur, die Hanseatische Weinhandelsgesellschaft in Bremen, die eine Serie nach der anderen herausbringt (wie etwa die Reihe »Berühmte Schotten«, die bisher etwa Bonnie Prince Charlie, Robert Burns, James Watt, Mary Queen of Scots oder Robert Louis Stevenson ehrte). Immer wieder kommen neue *Family Reserves* oder *Quarter Casks*. Natürlich ließ man auch das Millenium nicht ungenutzt und brachte den *Glenfarclas 2000* und den 22 Jahre alten *Spirit of the Millenium* heraus und ließ sogar von schottischen Künstlern verschiedene Labels entwerfen. Bei allen neuen Abfüllungen verzichtet man übrigens auf künstliche Färbung. Daneben verkauft die Destillerie unter anderem Namen ihren Malt auch billiger, etwa den *Eagle of Spey*, der eindeutig ein *Glenfarclas* ist, aber im Eichenfass gelagert wurde, den *Meadhan* oder den *Highland Cattle*. Unabhängigen allerdings untersagen die Grants ganz strikt die Verwendung ihres Namens; nur mit Cadenhead scheint es Sonderabmachungen zu geben, die anderen, wenn sie denn ein Fass *Glenfarclas* ergattert haben, müssen zu Phantasienamen wie *Ballindalloch* greifen.

Glenfarclas gehörte zu den ersten, die sich für Whisky-Touristen öffneten. Das *Visitor Centre*, in dem sie empfangen werden, ist elegant und mit viel Liebe zum Detail eingerichtet – etwa mit der Vertäfelung eines Salons von einem bekannten deutschen Schiff. Neben »normalen« Führungen wird im Sommer freitags um 14 Uhr eine »Connoisseurs Tour« angeboten.

GLENFIDDICH
[glen fíddich]

Tal des Fiddich (Hirschtal)

In Betrieb **www.glenfiddich.de / www.glenfiddich.com**

Besitzer William Grant & Sons Ltd, Schottland

Adresse Banffshire · Dufftown, AB55 4DH, OS 28 32 / 41

Telefon 01 340 820 373

SPEYSIDE

Lob und Preis sei ihm gesungen! Denn es ist nicht hoch genug zu schätzen, was *Glenfiddich* für die (Wieder-)Entdeckung des Malt getan hat. Mit Spott und Häme reagierten die anderen Brenner, als William Grant & Sons 1963 beschlossen, ihren Whisky als Single Malt zu verkaufen, und zwar international und begleitet von einem sorgfältigen Marketing: In einer dreieckigen, dunkelgrünen Flasche mit einem einpräg-

HÄDECKE

Bücher für Genießer!

☐ Bitte nehmen Sie mich in Ihren Newsletter-
Verteiler auf! (Versand per E-Mail)

☐ Bitte informieren Sie mich über folgende
Verlagsthemen:

☐ Essen & Trinken   ☐ Gesundheit

Name

Straße

PLZ, Ort

E-Mail (für Newsletter)

Diese Karte entnahm ich dem Buch

HÄDECKE

Walter Hädecke Verlag

Tel: +49 (0)70 33 – 1 38 08-0
Fax: +49 (0)70 33 – 1 38 08-13
info@haedecke-verlag.de
www.haedecke-verlag.de

Antwort

An den
Walter Hädecke Verlag
Postfach 1203
71256 Weil der Stadt
Deutschland

Bitte
freimachen

samen Etikett, auf dem – angeregt durch den Heimatort, dem *valley of the deer* – ein Hirsch prangte. Belohnt wurde man damit, dass Glenfiddich heute absolut die Nr. 1 ist – und für viele immer noch der erste Malt, den sie in den Mund bekommen. Der Erfolg brachte natürlich Ausbau und Vergrößerung mit sich. Heute ist Glenfiddich eine der größten Brennereien Schottlands – und immer noch sehr traditionell, was sich an Details zeigt wie darin, dass man immer noch mit offenem Feuer unter den Brennblasen heizt. Man ist mit Recht stolz auf die ehrwürdige Tradition, ist man doch eine der ganz wenigen Firmen, die sich noch in Familienbesitz befinden, heute in der fünften Generation. Dr. Janet Roberts, eine Enkelin des Firmengründers William Grant, verstarb im April 2012 im biblischen Alter von 110 Jahren als älteste Bürgerin Schottlands. »Major« Grant gründete die Brennerei, nachdem er zwanzig Jahre lang bei Mortlach im gleichen Ort Erfahrungen gesammelt hatte. Er kaufte ein Grundstück mit der Quelle Robbie Dubh und übernahm die alten *stills* von Cardhu. An Weihnachten 1887 floss der erste Whisky. Heute hat man 28 *stills* und ist der einzige Betrieb in den Highlands, der einen Großteil der Produktion am Herstellungsort selbst abfüllt – mit dem Wasser von Robbie Dubh. Die Tradition einer Familienfirma zeigt sich auch darin, dass viele Jobs vom Vater auf den Sohn weitergegeben werden und dass viele Mitarbeiter über Jahrzehnte bleiben. Zur Firma gehört die nur einen Steinwurf entfernte Balvenie Distillery. Um sich ganz unabhängig von anderen Zulieferern zu machen und den Nachschub für den eigenen Blend zu sichern, brennt man auch den Grain Whisky selbst (in Girvan, siehe auch Ladyburn). Und 1990 eröffnete man, auch dies eine Pioniertat, mit Kininvie die erste Destillerie seit langer Zeit, unmittelbar neben Glenfiddich und Balvenie.

Der Standardwhisky war und ist der lange Zeit als *Special Reserve* bezeichnete 12 Jahre alte. Er hat, wie seine älteren Versionen in den letzten Jahren so manchen *relaunch erlebt*, mit leicht veränderten Flaschenformen, anderen Namen und Etiketten – wobei natürlich die Ikonen der dreieckigen Flasche und des Hirsches nie angetastet wurden. Aktuell besteht die *range* aus zwei 15jährigen, dem grandiosen *Solera* und der *Distiller's Edition*, dem 18 und dem 21 Jahre alten, der in Rumfässern nachgereift ist. Der 30 Jahre alte gehört schon zum Trio der Großen Alten, zusammen mit dem 40jährigen

und dem 50 Jahre alten, der sich unglaublich frisch und fast jugendlich präsentiert. Er ist aber nicht der Älteste, denn das ist ein 1937er, in dessen Fass sich gerade noch 61 Flaschen befanden. Der 12jährige *Caoran* wurde bedauerlicherweise eingestellt.

Glenfiddich war immer für Pioniertaten gut und viele sind dem langjährigen Masterblender und Malt Master David Stewart zu verdanken, für viele der beste seiner Zunft. Nach mehr als 45 Jahren hat er im letzten Jahr das Zepter an Brian Kinsman übergeben, der mit dem 14 Jahre alten *Rich Oak* sofort bewiesen hat, dass er zur Recht als Nachfolger gekürt wurde. Ob der 19 Jahre alte *Age of Discovery* aus dem Madeira-Fass der Beginn einer neuen Reihe ist, wird sich zeigen. In jedem Jahr kommt eine *Vintage Reserve* heraus wie der aktuelle 1977er, den mitauszusuchen der Autor die Ehre hatte. In der Brennerei gibt es die *Malt Master's Edition* und einen, den man sich selbst abfüllen kann.

Noch ein »First«: Glenfiddich eröffnete schon 1969 das erste *Visitor Centre*, in einer Zeit, in der die anderen Destillerien Besucher als Störung empfanden und nicht als Kunden. Heute ist man die bei weitem am meisten besuchte Brennerei, es gibt einen sehr guten Shop, ein nettes Café und Führungen in mehreren Sprachen, auch in Deutsch oder Japanisch, und sie sind immer noch kostenlos. Die Spezialtour ist teuer, aber lohnend für den, der einmal genauer hingucken und schmecken will.

GLENFLAGLER
[glen flágler]

Tal des Flagler

Geschlossen

Besitzer ehemals Inver House, Schottland

Adresse Lanarkshire · Airdrie, OS 64 79 / 64–65

LOWLANDS

Es gehört keine prophetische Gabe dazu vorherzusagen, dass diese Brennerei zum letzten Mal in unserem Guide vertreten ist. Denn sie ist schon lange geschlossen und zerstört. Nur ein kurzes Leben war ihr beschieden: 1964 kaufte Inver House die Moffat Paper Mills am Rande des östlich von Glasgow gelegenen Industrieorts Airdrie, um dort nicht nur eine riesige Grain-Brennerei zu errichten, sondern auch *maltings* (die damals größten in Europa), 32 *warehouses* und eine Blend- und Abfüllanlage. Aber auch Malt sollte produziert werden, sogar mehrere. Während der eine, Glenflagler, durchaus als Single Malt verkauft wurde, waren die anderen ausschließlich zum Blenden bestimmt. Mit einem, Killyloch ge-nannt, verbindet sich eine Kuriosi-tät: Das Wasser für alle Brennereien kam nämlich aus dem See Lillyloch. Irgendjemand machte einen Fehler und lieferte eine Schablone (für die Fassbeschriftung) mit dem falschen Namen, den man dann einfach be-hielt. Die schottische Sparsamkeit sollte sich nicht auszahlen: Die *stills* von Killyloch und Islebrae wurden schon in den 1970er Jahren ab-

gebaut, Glenflagler 1985 geschlossen. Inver House Distillers, die ihre Firmenzentrale immer noch in Airdrie haben, gehören heute Balblair, Balmenach, Knockdhu, Pulteney und Speyburn, und sie wiederum gehören dem Konzern Thai Beverage.

Es war Signatory, die das Unwahrscheinliche möglich machte und 1994 nicht nur einen *Glenflagler* in 350 Flaschen abfüllte (1970, 50.1 %), sondern, eine wahre Sensation, sogar einen *Killyloch* (230 Flaschen, 1972, 52.6 %), der vorher noch nie in eine Flasche gekommen war. Auch die Eigentümer fanden tatsächlich noch Fässer von den beiden. Die 371 Flaschen des *Killyloch* von 1967 scheinen verkauft zu sein, vom *Glenflagler* von 1973 findet man da und dort noch eine Flasche.

An die einst mächtige Anlage erinnert heute nur noch der Lagerhaus-Komplex. Alles andere ist abgerissen.

GLENGLASSAUGH
[glen glássoh]

Tal des Glassaugh, der Aue

In Betrieb www.glenglassaugh.co.uk

Besitzer Scaent Group, Niederlande

Adresse Banffshire · Portsoy, AB45 2SQ, OS 29 56 / 65

Telefon 01 261 842 367

HIGHLANDS

Fast die Hälfte ihres Daseins war die 1875 gegründete Destillerie geschlossen: 1907–1931, 1936–1959 und zeitweilig auch in den achtziger Jahren des letzten Jahrhunderts. Entsprechend selten war der Whisky zu bekommen, in Deutschland sogar noch besser als in Großbritannien, wo es ihn fast gar nicht gab. Die Produktion der nur zwei *stills* war immer relativ gering. Benannt ist die Destillerie nach dem Tal des Glassaugh, aus dem auch das Wasser bezogen wird; lokale Quellen liefern das Wasser zum Maischen. Die Brennerei liegt, weswegen ihr Malt ein *seaside* genannt wird, nahe am Meer und zwischen dem Spey und dem Deveron in der Nähe von Portsoy – inmitten einer Gegend, die schon lange für ihren Getreideanbau bekannt ist. Schon seit 1890 waren Highland Distillers die Eigentümer, die sie 1959 grundlegend überholten und denen sie immer noch gehörte, als sie 1986 geschlossen wurde. Highland Distillers selbst sind 1999 in der »The 1887 Company« genannten Firma

aufgegangen, die von der Edrington Group und William Grant & Sons gebildet wurde. Man dachte schon, auch Glenglassaugh sei endgültig Opfer der Schließungswelle der 1980er Jahre, aber dann wurde sie ganz überraschend 2008 von der Scaent Group gekauft, einer Investmentfirma, die sich vor allem im Energiesektor betätigt und ihren Schwerpunkt in Rußland und den Niederlanden hat.

Es gab ihn mit 12 Jahren und als »Family Silver« und kurz vor dem Weiterverkauf mit zwei weiteren Abfüllungen. Die neuen Besitzer haben offensichtlich gute Bestände geerbt, zögerten aber auch nicht lange, ihren *new make* zu vermarkten, mittlerweile in 200 ml-Flaschen und als *Clearic*, als *Blushes* (aus dem Rotweinfass), *Fledging XB* und *Peated*. Vier Abfüllungen umfasste die Serie, mit der frühere Manager geehrt wurden: Jim Croyle, Dod Cameron, Bert Forsyth und Walter Grant. Ältere Jahrgänge erscheinen in den »Aged over 30« und »Aged over 40 Rare Cask Series«, Einzelfass-*bottlings* in naturgemäß limitierter Stückzahl. Vom neuen Eigentümer kam im März 2012 der erste »Volljährige« – mit dem gesetzlich vorgeschriebenen Alter von drei Jahren. Man kann auch kleine Octove- oder größere Fässer subskribieren.

Die nördlich der A 98 gelegene Destillerie hat (noch) kein *Visitor Centre*, bietet aber schon drei verschiedene Führungen mit unterschiedlichen Preisen an, die im Zwiebelprinzip strukturiert sind. Die teuerste ist mit £ 40 die »Ultimate Tour«; sein Eintrittsgeld bekommt aber zurück, wer einen 40jährigen Glenglassaugh kauft.

GLENGOYNE
[glen goin]

Tal des Pfeils, der Wunde(?), der Wildgans(?)

In Betrieb **www.glengoyne.com**

Besitzer Ian MacLeod Distillers Ltd (Peter J. Russell & Co Ltd, Schottland)

Adresse Stirlingshire · Dumgoyne by Killearn, G63 9LB, OS 57 52 / 82

Telefon 01 360 550 254

HIGHLANDS

Hätte der Verfasser sich nicht nach langem Abwägen für Strathisla als Lieblingsdestillerie entschieden, dann wäre es Glengoyne: Weil sie ebenso liebevoll gepflegt wird. Weil sie auch nach der Modernisierung von 1966, bei der sie auf drei *stills* erweitert wurde, noch viel von ihrem traditionellen Aussehen erhalten hat. Weil sie sehr gastfreundlich ist. Und vor allem, weil man fast den Atem anhält, wenn man durch den Hof nach hinten gegangen ist und plötzlich vor dem Wasserfall steht, der 50 Meter durch das Grün herabstürzt und in einen kleinen Teich mündet. Dieser Wasserfall liefert auch das Arbeitswasser. Das *process water* dagegen kommt aus einer Quelle, die schlicht *The Distillery Burn* genannt wird. Das Ganze spielt sich vor der großartigen Kulisse der Campsie Fells ab. Wer so liegt, braucht eigentlich gar nicht mehr mit dem Alter zu renommieren: Aber Glengoyne, die früher auch Glen Guin und Burn Foot genannt wurde, existiert vielleicht schon seit 1833, gesichert ist jedenfalls 1837. Schon seit 1897 gehört Glengoyne, die gerade noch zu den Highlands zählt, den Lang Brothers, die über Robertson & Baxter zur Edrington Group zählen. Die verkauften ihr Schmuckstück – an die bis dato nur als unabhängigen Abfüller tätige Firma Ian MacLeod (Isle of Skye, Chieftain's), bei der sie in den besten Händen zu sein scheint.

Glengoyne war früh als Malt Whisky zu erhalten. Es gab eine Standardreihe und immer auch Sonderabfüllungen, die oft durch ihre originelle Verpackung als Stand-uhr oder *spirit safe* auffielen. Aber erst die MacLeods trumpfen so richtig auf, mit Einzelfassabfüllungen, die oft von herausragenden Persönlichkeiten ausgewählt werden, und mit *finishings*. Auch die Standards gibt es: 10, 12 (auch als *cask strength*), 17 und 21 Jahre alt. Der 16jährige *Scottish Oak* hat einen deutschen Bruder im 14 Jahre alten *German Oak*. Highlight ist der 40 Jahre alte. Als *Burnfoot* auch im »Travel Retail«. Auch Fässer kann man subskribieren.

Glengoyne macht das Beste aus seiner Nähe zu Glasgow und seiner phantasti-schen Lage. Es gibt einen gutsortierten Shop und ein *Visitor Centre*, das einen wunderbaren Ausblick auf den Wasserfall bietet. Geboten werden neben ganz be-scheidenen auch die teuersten Touren des Landes: die »Masterclass« kostet £ 100, die »A Century of Whisky« sogar £ 150. Am originellsten ist die »Master Blender's Session«, bei der man seinen eigenen Blend kreieren darf. Gruppen können auch ein Dinner buchen.

GLENGYLE
[glen geil]

Tal der Gabel, gabelförmiges Tal

In Betrieb **www.kilkerran.com**

Besitzer Mitchell's Glengyle Distillery Ltd (J. & A. Mitchell & Co Ltd, Schottland)

Adresse Argyll & Bute · Campbeltown, PA28 6EX, OS 68 71 / 20

Telefon 01 586 552 009

CAMPBELTOWN

Campbeltown durfte sich einst die Stadt mit den meisten Brennereien der Welt nennen, mehr als dreißig sollen es gewesen sein. Wenn man sie heute besucht, kann man noch vielen Gebäuden ihre frühere Verwendung ansehen oder sogar noch entsprechende Aufschriften lesen, die auf die Vergangenheit hinweisen – und man hat das Gefühl, dass die Stadt eigentlich fast keine anderen Gebäude gehabt haben kann als Destillerien. Eine von ihnen, von deren Resten man noch besonders viel sehen konnte, ist Glengyle, 1872 von einem William Mitchell gegründet, also von jemandem, der einen in der Whiskywelt hochangesehenen Namen trägt. Tatsächlich war er der Groß-Groß-Onkel von Hedley Wright, dem heutigen Besitzer von Springbank, mit der Glengyle sozusagen Rücken an Rücken liegt. Wrights Firma heißt J. & A. Mitchell und er hat schon dadurch, dass er zwei seiner Malts, *Longrow* und *Hazelburn* (siehe *Springbank*), nach alten Campbeltown-Brennereien benannte, sein Herz für die Bewahrung des Erbes bewiesen. Zusammen mit seinem Produktionsdirektor Frank McHardy machte er sich an die Restauration. Die Brennblasen holte man aus Ben Wyvis, wo McHardy einst gearbeitet hatte. Am 25. 3. 2004 konnte dann der erste *new make* »geerntet« werden. Produziert wird nur wenige Monate im Jahr, gerade so viel, wie gebraucht wird.

Als Whisky darf er nicht als *Glengyle* verkauft werden. Die Rechte am Brennereinamen gehören natürlich zu den Gebäuden, aber als Markenname waren sie leider
an einen Blend verkauft und dessen Abfüller waren und sind nicht bereit, ihn an
Hedley Wrigth abzutreten. Er nennt den Whisky *Kilkerran* – nach einem Heiligen,
der im 6. Jahrhundert Campbeltown gegründet haben soll und nach dem noch heute
ein Friedhof heißt. Er wird in kleinen Mengen jährlich als »work in progress«, sozusagen als Heranwachsender, angeboten.

Das neue kleine Schmuckstück der sonst etwas unter Auszehrung leidenden Stadt
kann besichtigt werden – von Springbank aus, wo man sich auch nach den Zeiten für
die Führungen erkundigen und anmelden kann.

GLENKINCHIE
[glen kindschie]

Tal der Quinceys

In Betrieb **www.discovering-distilleries.com**

Besitzer Diageo plc, England

Adresse East Lothian · Pencaitland, EH34 5ET, OS 66 44 / 66

Telefon 01 875 342 004

LOWLANDS

Ein guter Einstieg für Whiskyneulinge – und für Touristen, die vom Süden an der
Westküste entlang kommend, auf ihrem Weg nach Edinburgh Glenkinchie als erste
Destillerie besuchen können. Inmitten von weiten Getreidefeldern, nahe an den Lam-
mermuir Hills gelegen, hatte sie schon immer eine starke Affinität zur Landwirtschaft.
Zeitweise war sie für die dort gezüchteten Tiere berühmter als für ihren Whisky.
Vielleicht haben die intensiven Kenntnisse über Düngemittel und ihre Folgen für das
Wasser zur Entscheidung geführt, sich nicht mehr aus dem nahen Kinchie Burn zu
bedienen. Alles ist sehr proper in dem 1835 gegründeten Unternehmen (das vielleicht
identisch ist mit der vorher gebauten Milton Distillery). Zeitweise war Glenkinchie
eine Sägemühle. Sie war eine der wenigen Brennereien, die im zweiten Weltkrieg
nicht geschlossen waren. 1968 wurden die *floor maltings* aufgegeben. Der Raum
wird jetzt für ein Museum genutzt, in dem man sich interaktiv über Malt kundig
machen kann und wo es schöne, alte Objekte zu bewundern gibt.

Seit »Erfindung« der »Classic Malts« war ein *Glenkinchie* dabei und vertrat dort die Lowlands, viele Jahre als 10 Jahre alter, jetzt als 12jähriger. Mit diesem Alter wurde er auch für die »Friends of the Classic Malts« angeboten. Und wie alle anderen »Klassiker« gibt es auch ihn als »Distiller's Edition«, die ihre zweite Reifung in Amontillado-Sherry-Fässern erlebt. Zweimal war ein 20jähriger bei den »Special Releases« und auch in der »Managers' Choice«-Serie gibt es ihn. Eine Kuriosität war der fast weiße *Jackson's Row*. Bei den Unabhängigen ist er, der Herzmalt des *Dimple*, selten zu finden.

Shop und Museum (mit dem eindrucksvollen, funktionierenden Modell einer Destillerie) sind, mittlerweile auch gut ausgeschildert, über die A 68 / A 6093 zwischen Dalkeith und Haddington zu erreichen. Das Angebot der Führungen ist je nach Umfang unterschiedlich teuer und reicht vom einfachen Besuch der Ausstellung bis zu ausgiebigen Verkostungen. Die Benutzung des firmeneigenen Bowling-Green gehört leider zu keiner Führung.

THE GLENLIVET
[glen lívet]

Tal des Livet

In Betrieb **www.maltwhiskydistilleries.com / www.theglenlivet.com**

Besitzer Chivas Brothers (Groupe Pernod-Ricard, Frankreich)

Adresse Banffshire · Minmore by Ballindalloch, AB 37 9BD, OS 36 19 / 29

Telefon 01 340 821 720

SPEYSIDE

Glenlivet it has castles three
Drumin, Blairfindy and Deskie
And also one distillery
More famous than the castles three.

So ist es! Glenlivet ist so berühmt, dass selbst weit vom Tal des Livet entfernte Konkurrenten ihrem Namen gerne einen Bindestrich und dahinter das »Glenlivet« anfügen. Das Original wehrte sich dagegen schon 1880 mit einem Prozess und erstritt sich das distinguierte »The« auf dem Etikett. »Der Glenlivet« verdient das Prädikat aber auch, weil er schon im 19. Jahrhundert einen Ruf wie Donnerhall hatte: *The king o' drinks, as I conceive it, Talisker, Islay or Glenlivet!* sang kein Geringerer als Robert Louis Stevenson. Auch dass sein Schöpfer George Smith 1824 als erster eine Lizenz nach dem neuen Whisky-Gesetz erwarb, trug zum Ruhm bei. Er konnte offensichtlich besser rechnen als die Nachbarn und erkannte, dass es profitabler war, sicher unter dem Schutz des Gesetzes zu produzieren als die Risiken des Schwarzbrennens und vor allem des Schmuggels einzugehen. Besonders stolz ist man darauf, dass schon Smith's Vater, seit 1747, destillierte – und dass King George IV. 1822 bei einem Besuch in den Highlands nur (noch illegalen!) *Glenlivet* trinken wollte. Am jetzigen Platz ist die Anlage seit 1858; sie gehörte, nach dem Zusammenschluss mit den Verwandten von Glen Grant, ab 1977 zum Seagram-Konzern, der 2001 von den heutigen Besitzern übernommen wurde. Man darf wohl vermuten, weil der Malt damals schon in den USA die Nr. 1 war. Darauf bauten sie so erfolgreich auf, dass sie 2010 den bisherigen acht *stills* sechs neue zufügten (und eine *mush tun* und acht *washbacks*), wodurch die Kapazität um 75 % ausgeweitet wurde. Das Wasser kommt wie eh und je von dem aus unterirdischen Wasserläufen gespeisten Josie's Well.

Abgesehen von einem gelegentlichen 21jährigen oder *Archive* ruhte sich Seagram weitgehend auf den Lorbeeren ihres 12 Jahre alten Bestellers aus. Erst die Franzosen erkannten, dass man heutzutage nur punkten kann, wenn man viele *expressions* zu bieten hat. Und sie punkten: Mit einem 18, einem 21 und einem 25 alten, mit einem 15jährigen, der aus gewöhnlichen amerikanischen oder aus ungewöhnlichen, aber angesichts der Besitzer logischen, französischen Eichenfässern kommt – und vor allem mit dem herausragenden *Nàdurra* (was natürlich bedeutet), der 16 Jahre alt ist und in *batches* mit verschiedenen Stärken ins Angebot kommt. Immer wieder gibt es Abfüllungen in der »Cellar Collection« und in der »Cask Strength Edition«, die man nur in der Brennerei oder online kaufen kann. *George & J. G. Smith's Glenlivet* heißt der Speysider bei Gordon & MacPhail, die ihn in vielen Ausfertigungen mit einem wunderschönen alten Label abfüllen, mit vielen sehr alten *vintages*, zu denen selbst der rare Jahrgang 1943 gehört. Der Methusalem ist von 1940, also über 70 Jahre alt. Es gibt ihn als Normalflasche und als Miniatur. Außerdem hat man für ihn eine kostbare Flasche in Form einer (Freuden-)träne geschaffen.

Dass es in Glenlivet ein bestens ausgestattetes *Visitor Centre* gibt, ist fast eine Selbstverständlichkeit. Es bietet eine Ausstellung, einen Shop und sogar ein Café. Wer will, darf Glenlivet immer noch kostenlos besuchen – oder am Freitag für £ 25 die »Ambassador's Tour« buchen. Glenlivet erreicht man über die B 9008, die von Aberlour über Tomnavoulin nach Tomintoul führt, oder über die B 9009 von Dufftown. Sie gehört, natürlich, zum Whisky Trail und ist gut ausgeschildert.

GLENLOCHY

[glen lochy]

Tal des Lochy, der dunklen Göttin?

Abgerissen

Besitzer ehemals DCL

Adresse Inverness-shire · Fort William, PH33 6TQ,
OS 41 11 / 74

HIGHLANDS

Der Caledonian Canal, die aus natürlichen Lochs
und künstlichen Stücken bestehende Wasserstraße,
verbindet die Nordsee mit dem Atlantik und trennt
landschaftlich die Northern von den Western Highlands – eine Trennungslinie, die man gern auch zur
Zuordnung von Whiskies hernimmt. Whiskyliebhaber
assoziieren mit dem Canal dennoch keine angenehmen
Gedanken. Denn an ihm herrscht das Destilleriester-
ben: Die drei von Inverness sind nicht mehr, im Süden,
bei Fort William, haben die Japaner wenigstens Ben
Nevis gerettet, aber die zweite Brennerei, südlich von
Ben Nevis und nördlich des Ortes ist, wie leider oft in ihrer Geschichte, zu – 1983
geschlossen von der hilflos im »Whiskyloch« rudernden DCL. Nicht nur das, sie ist,
wie das genannt wird, *dismantled*, und seit mit der Umwandlung in Appartements
begonnen wurde, ist es äußerst unwahrscheinlich, dass jemals wieder Wasser aus
dem River Nevis genommen wird, um die beiden *stills* zu beschicken. Nur die Farm,
die ein Manager während des Krieges aufbaute, floriert. Der Whisky, der aus der am
Fuß des Ben Nevis, Schottlands höchstem Berg, liegenden Brennerei kam, wird wohl
bald erschöpft sein.

Bei Redaktionsschluss dieser Ausgabe hatte Loch Fyne Whiskies, der größte und beste
Whiskyladen Schottlands, gerade noch einen von Signatory abgefüllten 31jährigen
von 1980. Es geht zu Ende …

Die Anlage ist schick herausgeputzt, was Maltliebhaber nicht froher stimmen wird.
Für sie ist das eine traurige An- und Aussicht, und auch der majestätische Berg (wenn
er sich denn sehen lässt) ist kaum ein Trost. Ihn können auch die genießen, die es
dennoch reizt, ein paar Ferientage in einer alten Destillerie zu verbringen und unter
dem Dach einer Pagode zu wohnen.

GLENLOSSIE
[glen lóssie]

Tal des Lossie, des Pflanzenflusses?

In Betrieb

Besitzer Diageo plc, England

Adresse Morayshire · Birnie by Elgin, IV30 3SS, OS 28 21 / 57

SPEYSIDE

Kaum zwei Kilometer westlich von den Zwillingen Benriach / Longmorn liegt, ein Stück näher am Lossie, ein zweites Pärchen: Glenlossie und Mannochmore. Letztere wurde erst 1971 gebaut, während jene schon 1876 von John Duff errichtet wurde. Zwanzig Jahre später umgebaut, kam Glenlossie schon 1916 unter den Einfluss der mächtigen SMD, die sie 1962 auf sechs *stills* erweiterte. Genauso viele hat Mannochmore, die auch das gleiche Wasser aus dem Bardon Burn in den Mannoch Hills benutzt. Auch die Lizenz beider gehörte einer Firma, John Haig in Markinch. Beide waren selten (der *Mannochmore* praktisch nie) zu bekommen, aber dann wurde wie sein Zwilling auch *Glenlossie* in die »Flora & Fauna«-Serie aufgenommen. Auf dem

Gelände der Brennerei ist eine große »Dark Grain«-Anlage, die fast 3000 Tonnen *draff* (Treber) und das *pot ale* von, wie es heißt, 21 Destillerien im Umkreis verarbeiten und daraus 1000 Tonnen Tierfutter herstellen kann.

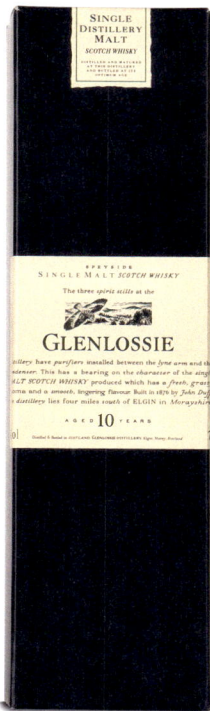

Die Serie heißt heute aus unerfindlichen Gründen »Fauna & Flora«, aber den *Glenlossie* gibt es immer noch. Natürlich war er auch in der Serie »Managers' Choice« vertreten, mit einem 9 Jahre alten Malt von 1999 in gerade mal 204 Flaschen. Da das erst die zweite Originalabfüllung überhaupt war, hätte man erwarten können, dass sie reißenden Absatz findet. Glenlossie, hört man hinter vorgehaltener Hand, gehört zu den 12 bei den Master Blendern begehrtesten Whiskies. Das erklärt, warum es Diageo nicht nötig hat, ihn zu vermarkten, warum er aber auch von fast allen Unabhängigen in relativ vielen Abfüllungen zu haben ist.

Es gibt weder ein *Visitor Centre* noch Führungen. Wer Glenlossie wenigstens von außen ansehen möchte, fährt am besten von Elgin auf der A 941 nach Süden und biegt dann kurz hinter Longmorn nach rechts ab in die schmale Straße, die zu ihr führt.

GLENMORANGIE
[glem mó-randschie]

Tal der tiefen Ruhe?, der großen Wiesen

In Betrieb www.glenmorangie.com
Besitzer The Glenmorangie Co (Louis Vuitton Moët Hennessy, Frankreich)
Adresse Ross-shire · Tain, IV19 1PZ, OS 21 76 / 83
Telefon 01 862 892 477

HIGHLANDS

Glenmorangie, 1843 in einer umgebauten Brauerei entstanden und 1887 neugebaut, gehörte ab 1918 mehr als 80 Jahre lang der Edinburgher Familienfirma Macdonald & Muir, die auch Glen Moray besaß, sich 1997 Ardbeg sicherte und sich dann entschloss, ihre Firma nach ihrem bekanntesten Produkt zu benennen. Aus heiterem Himmel bot die Familie 2004 ihr Unternehmen zum Verkauf an – mit der Auflage, dass kein Mitarbeiter entlassen werden durfte. Den Zuschlag bekam der französische Luxuskonzern LVMH. *Glenmorangie* war lange der in Schottland am meisten verkaufte Malt (im Moment hat wieder der *Glenfiddich* die Nase vorn). Die Entscheidung, ihn als Single zu verkaufen, fiel schon 1920. Glenmorangie hat angeblich nie ihren Whisky an Blender weiterverkauft, er wurde nur für eigene Blends verwendet und auch das ist vorbei, seit die Franzosen konsequent auf Premiumprodukte setzen und ihre Markenwhiskies verkauft haben. Es hat auch niemals eine »unabhängige«

Abfüllung gegeben – sieht man von der »Scotch Malt Whisky Society« ab, aber die gehört zum Unternehmen. Glenmorangie war auch die erste, die einen *cask strength* unter dem etwas seltsamen Namen *The Native Rossshire Glenmorangie* groß herausbrachte. Fast zeitgleich mit Balvenie kamen die ersten *finishings* heraus, ein im Port-, ein im Sherry- und ein im Madeira-Fass gereifter. Das war

der Beginn von etwas, das man mit »Holz-Philosophie« beschreiben kann, was sich nicht nur auf den sorgsamen Umgang mit den Fässern bezieht, sondern auch auf ausgedehnte Forschungen über ihren Einfluss auf den Whisky. Treibende Kraft dabei ist Dr. Bill Lumsden, studierter Bierbrauer und Wissenschaftler, der als »Head of Production and Maturation« die Zusammenhänge erforscht und uns durch viele Abfüllungen an seinen Erkenntnissen teilhaben lässt. Die Firma besitzt sogar eigene Wälder in Missouri. All das ist Teil einer handwerklichen Tradition, die sorgsam gepflegt wird – von den berühmten *Sixteen Men of Tain* bis zu den ungewöhnlichen *stills*. Mittlerweile sind es zwölf und sie sind die höchsten in Schottland. Eine Besonderheit ist das besonders harte, mineralreiche Wasser, dessen Quellen im firmeneigenen Tarlogie Hill Forest unweit der Brennerei liegen. All das und das kaum getorfte Malz verleiht dem *Glenmorangie* seine vielgerühmte fruchtige Leichtigkeit.

In den 1990er Jahren begann die Firma mit zahlreichen Sonderabfüllungen und ließ sich, von eigenen Jubiläen angefangen, kaum eine Gelegenheit entgehen, sie mit einem *Glenmorangie* zu begleiten. Einige sind zu Legenden geworden wie die »Culloden«-Abfüllung oder die begehrten *Managers' Choice*-Ausgaben. Die Franzosen, immer an Veredelung interessiert, sorgten für eine Neuausrichtung der *finishings*. Der 10jährige Klassiker, ganz in Bourbon-Fässer gelagert, heißt *Original*, *Lasanta* der im Sherry- und *Quinta Ruban* der im Portweinfass-nachgereifte. Neu ist der *Nectar d'Or*, der seine »Politur« in Sauternes-Fässern bekam, mit denen der Doktor besonders gute Erfahrungen gemacht hat. Erfreulich ist, dass nur der *Original* gefärbt ist und 40 % hat, die anderen sind nicht kühlgefiltert und haben 46 %. In schöner Regelmäßigkeit kommen neue Varianten, alle in exquisiten Verpackungen und Flaschen, die ohne weiteres für Parfüm benutzt werden könnten: Der *Astar*, der *Sonalta PX* aus dem Pedro Ximenez-Fass, der geheimnisumwobene *Signet* und der sanft getorfte *Finealta*, der die Replik eines Whiskys sein soll, den man 1903 für das Savoy Hotel in London machte. Schön anzuschauen sind auch der 18jährige *Extremely Rare*, der 25 Jahre alte *Quarter Century* und die älteste Variante des Hauses, der nach 18 Jahren in Bourbon-Holz in Sauternes-Fässern vom Chateau d'Yquem nachgereift ist, und zwar für unglaubliche 10 Jahre, und der wohl zurecht seinen Namen *Pride* trägt.

Kaum glaublich, dass man lange den Touristen keine Möglichkeiten gegeben hat, sich dort umzusehen, wo dieser populäre Whisky herkommt. Immer noch behandelt man sie etwas stiefmütterlich: Es gibt nur ganz normale Führungen, obschon das Visitor Center 2011 aufwendig restauriert wurde und sogar Tagungs- und Tastingräume vorhanden wären. Dafür besitzt die Firma mit dem »Glenmorangie House« ein paar Kilometer südlich eine Luxusherberge erster Klasse.

GLENROTHES
[glen róßes]

Tal der (Earls of) Rothes, der ringförmigen Burg?

In Betrieb **www.theglenrotheswhisky.com / www.glenrothes-info.de**

Besitzer Edrington Group Ltd, Schottland, Berry Bros. & Rudd Ltd., England

Adresse Morayshire · Rothes, AB38 7AA, OS 28 27 / 49

SPEYSIDE

Eine Seltenheit: Die Brennerei gehört der einen, ihr Single Malt einer anderen Firma. Aber von Anfang an: Glenrothes wurde 1878 von William Grant & Co. (nicht zu verwechseln mit den Glenfiddich-Grants) gegründet. Sie ist eine große Destillerie und wie fast alle anderen hatte sie nur einen Zweck: Möglichst guten Malt zu machen, der dann mit vielen anderen Malts und dem einen oder anderen Grain verschnitten (oder freundlicher: vermischt) zu einem guten Blend wurde. Im Falle des *Glenrothes* waren das vor allem *The Famous Grouse* und *Cutty Sark*. Während ersterer der Gruppe gehört, in deren Besitz die Brennerei seit 1890 ist, wurde der *Cutty Sark* 1923 von der altehrwürdigen Londoner Weinhandlung Berry Bros. geschaffen, ein nicht nur erfolgreicher, sondern auch auffallender Blend mit seinem gelben Label und dem distinguierten »Scots« (das jüngst dem Allerwelts-»Scotch« weichen musste) darauf. Die Berrys besitzen einen Laden in London, der seit 1690 am gleichen Ort ist. Sie fingen auch an, den einen oder anderen *Glenrothes* als Single Malt herauszubringen. Im April 2010 kam es dann zu einer Art Bereinigung, die durchaus ihre Logik hat. Die Londoner Firma, im eher gehobenen Bereich tätig, verkaufte ihren Blend an die auf große Marken fixierte Edrington, die ihr dafür die Rechte am edleren Malt überließ. Die Brennerei selbst bleibt Eigentum der Schotten. Sie wurde in den letzten Jahren in mehreren Stufen auf heute zehn *stills* vergrößert und holt sich ihr Wasser von den Hügeln über ihr.

Lange nur von unabhängigen Abfüllern und von ihnen gerne auch in zwei Worten Glen Rothes geschrieben. Gordon & MacPhail hatten ihn auch in Lizenzabfüllung, ehe dann schließlich Berry Bros. zuerst einen 8- und dann einen 12jährigen herausbrachten. Dann kam die Änderung und sie kam mit einer sehr eigenständigen Flasche, die eher an einen bestimmten Zweck in einem Krankenhaus erinnert als an einen Whisky. Unter dem Motto »maturity – not age« entschloss man sich, ganz konsequent nur *vintages* und zwar viele von ihnen in jeweils überschaubarer Stückzahl abzufüllen. Mittlerweile weicht man davon hin und wieder ab, mit einem *Select* ohne Altersangabe, einem 30 Jahre alten oder dem *Robur* bzw. *Alba*, womit die zwei Eichenarten gemeint sind, die am häufigsten verwendet werden.

Glenrothes empfängt keine Touristen. Immer wieder wurde für das »Home of Cutty Sark« ein *Visitor Centre* angekündigt. Vielleicht kommt es jetzt endlich – schließlich sind die Verhältnisse nun geordnet und vor allem hat die Edrington Group mit ihrem zweiten Blend in Glenturret entsprechende Erfahrungen.

GLENTAUCHERS

[glen tóchers]

Tal des Windes?

In Betrieb

Besitzer Chivas Brothers (Groupe Pernod-Ricard, Frankreich)

Adresse Banffshire · Mulben by Keith, AB55 6YL, OS 28 37 / 49

SPEYSIDE

Zuerst waren es ja ganz gute Nachrichten, die uns aus Mulben erreichten: Man freute sich, dass Glentauchers, seit 1983 geschlossen, von Allied sechs Jahre später nicht nur gekauft, sondern mit seinen sechs *stills* tatsächlich auch wieder in Betrieb genommen wurde. Dann überraschten Gordon & MacPhail zuerst mit einem 1979er in neuer Aufmachung. Er wurde noch in der Zeit destilliert, als Glentauchers der SMD gehörte; davon gibt es naturgemäß kaum noch etwas. Der neue *make* ist längst auch seit vielen Jahren ausgereift, aber es tut sich nichts in Mulben, keine Jubiläumsabfüllung wie bei anderen zum 100. Geburtstag, einfach nichts. Aber immerhin blieb ihr das

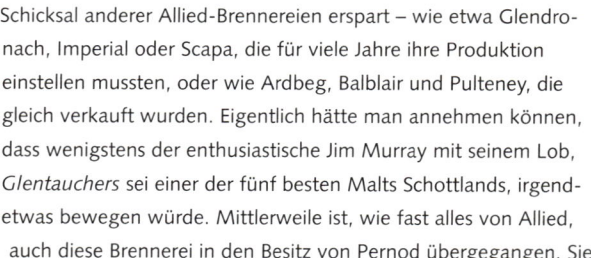

Schicksal anderer Allied-Brennereien erspart – wie etwa Glendronach, Imperial oder Scapa, die für viele Jahre ihre Produktion einstellen mussten, oder wie Ardbeg, Balblair und Pulteney, die gleich verkauft wurden. Eigentlich hätte man annehmen können, dass wenigstens der enthusiastische Jim Murray mit seinem Lob, *Glentauchers* sei einer der fünf besten Malts Schottlands, irgendetwas bewegen würde. Mittlerweile ist, wie fast alles von Allied, auch diese Brennerei in den Besitz von Pernod übergegangen. Sie liegt auf halbem Weg zwischen Mulben und Keith, zwischen Spey und Isla, und wurde 1898 von einem der »Big Five«, von James Buchanan, gegründet. Der wurde später für seine Verdienste um seinen *Black and White*, für den auch Glentauchers lange produzierte, zum Lord Woolavington gemacht.

Früher gab es *Glentauchers* 5- und 12jährig. Allied hatten einen 15jährigen in der Sechser-Serie, die in dünne Glasflaschen gefüllt und eigentlich nur für Brennerei-Mitarbeiter gemacht wurde. Bei den Unabhängigen taucht er zuweilen, aber auch nicht oft auf. Gordon & MacPhail darf wie bei vielen ehemaligen Allied-Destillerien, eine Art Lizenzabfüllung machen. Von ihnen gibt es im Moment einen 1991er.

Eine schöne Destillerie. Umso bedauerlicher, dass man sie nicht besuchen kann, nicht einmal nach Vereinbarung. Dennoch kann man den Versuch machen und einmal höflich anklopfen.

GLENTURRET
[glen túrret oder tarret]

Tal des Turret, des kleinen, trockenen Flusses

In Betrieb **www.thefamousgrouse.com**

Besitzer Edrington Group Ltd, Schottland

Adresse Perthshire · The Hosh, by Crieff, PH7 4HA, OS 52 85 / 23

Telefon 01 764 656 565

HIGHLANDS

Nachdrücklich pocht man darauf, »Scotland's oldest distillery« zu sein – was keineswegs unmöglich ist, wenn auch mit gleichem Recht von Littlemill, Strathisla, Bowmore und seit neuestem auch von Glen Garioch beansprucht werden kann. Unstrittig dagegen ist, dass Glenturret eine der kleinsten Brennereien ist, mit nur zwei *stills*. Und unstrittig ist auch, dass es tatsächlich schon 1775 auf dem Gelände eine Brennerei gab, die zeitweilig auch Hosh hieß (während eine andere sich Glenturret nannte). Der heutige Name wurde 1875 übernommen und überlebte auch die Schließung in den zwanziger Jahren. Einem Whisky-Enthusiasten, James Fairlie, ist die Wiedereröffnung zu verdanken. Glenturret liegt malerisch außerhalb von Crieff am River Turret (das Wasser kommt aber vom gleichnamigen Loch). Der Bekanntheitsgrad von Glenturret und die wirtschaftliche Blüte gehen auf Fairlie und seinen Sohn Peter zurück, sind aber auch der offensiven Öffentlichkeitsarbeit (und dem Zusammengehen mit Cointreau von 1981 bis 1990) zuzuschreiben – und der geradezu vorbildlichen Liebe, mit der man sich schon damals der Besucher annahm. Sie werden von einem Denkmal begrüßt, das die berühmteste aller Destillerie-Katzen feiert: Towser, *mouser* von Glenturret, ging ihrem Beruf so vorbildlich fleißig nach, dass sie mit genau 28 899 erlegten Mäusen ins »Guinness Buch der Rekorde« aufgenommen wurde. Peter Fairlie übrigens, nach dem man kurz zuvor noch einen Likör benannt hatte, wurde

zuerst zum Chef von Macallan befördert, dann aber entlassen. »Überhaupt«, hieß es in der Auflage von 2000, »hat man den Eindruck, dass Glenturret mittlerweile ein ungeliebtes Kind ist. Vielleicht wird man bald von einem Besitzerwechsel lesen.« Der fand zwar nicht statt, ob aber besser ist, was stattdessen gekommen ist, darüber kann man streiten. Natürlich ist die Brennerei noch da, aber sie ist nur noch Kulisse, für die phänomenale »Famous Grouse Experience«. Vielleicht ist sie aber nur das augenfälligste Beispiel für das, was Maltbrennereien für die schottische Whiskyindustrie waren und sind: Steigbügelhalter für ihre Blends.

Unter den Fairlies und auch noch ein paar Jahre nach dem Verkauf an Highlands Distillers (heute Edrington) gab es eine Fülle von Abfüllungen. Heute ist davon ein 8 und 10 Jahre alter übriggeblieben und eine gelegentliche Jahrgangsabfüllung. Wie die Proportionen wirklich sind, zeigt sich ja schon darin, dass Glenturret nicht einmal eine eigene Website besitzt. Und im online-Shop von »Famousgrouse.com« werden erst einmal mehr als ein Dutzend Varianten des Blends angeboten, ehe dann doch noch ein paar Glenturrets kommen. Naschkatzen werden bedauern, dass auch der durch die Zusammenarbeit mit Cointreau entstandene »Malt Liqueur« *Fairlie's* eingestellt wurde.

Ein preisgekröntes Unternehmen: Die »Famous Grouse Experience« bietet einen Shop, Bar, Restaurant und eine interaktive Zone und eine Show. Die Zahl der Gäste ist rekordverdächtig; man kann es mit Attraktionen wie Edinburgh oder Stirling Castle aufnehmen. Neben einer normalen Tour gibt es, für derzeit £ 40, die »Malt Experience Warehouse No. 9«. Außerdem können Essen, Feste und Partys für 30 – 275 Teilnehmer gebucht werden.

GLENUGIE
[glen júgie]

Talsenke, geschütztes Tal

Teilweise abgerissen www.glenugie.nl

Besitzer ehemals Long John

Adresse Aberdeenshire · By Peterhead, AB42 0XY, OS 30 12 / 44

HIGHLANDS

Diesen Whisky gab es nie »offiziell«, nur von den Unabhängigen, den »Händlern«. Die Frage ist nur, wie lange noch. Denn Glenugie ist seit 1982 geschlossen, die Inneneinrichtung und alle Geräte sind ausgebaut, von der Mühle über den *spirit safe* (der heute in Fettercairn ist) bis zu den *stills*. Die restlichen Gebäude wurden größtenteils (bis auf ein Lagerhaus) abgerissen und das Gelände an ein Unternehmen verkauft, das mit Whisky oder wenigstens der Getränkeindustrie nichts zu tun hat. Glenugie war einmal die östlichste Brennerei Schottlands, die Gebäude lagen südlich von Peterhead an der A 92 nach Aberdeen, nahe am Meer und stammten von 1875, aber Brennereiaktivitäten sind an diesem Ort älter. Eine Vorgängerin wurde in eine Brauerei umgewandelt – eine Besonderheit, denn sonst war es meist umgekehrt. Brauereien waren auch später das Schicksal von Glenugie: 1937 wurde sie von Seager Evans übernommen, die später über mehrere Zwischenstationen (u. a. Long John International) bei Whitbread landeten. Glenugie hatte zwei *stills* und entnahm ihr Wasser dem Wellington Spring.

Noch gibt es ihn. Eine verlässliche Quelle sind wie immer Gordon & MacPhail, aber auch Signatory hat sich überraschend viele Fässer sichern können, wie auch die »Scotch Malt Whisky Society«. Einen ziemlich lückenlosen Überblick bietet die oben

genannte website eines holländischen Glenugie-Fans, der auch darauf hinweist, dass bei so raren Whiskies die Gefahr von Fälschungen besteht. Eine Riesenüberraschung war und sind die zwei Abfüllungen, die Pernod, die ja nie mit der Brennerei zu tun hatten, unter dem Label »Deoch an Doras« (one for the road) anbieten, einen 1997er und einen 1980er, beide 2010 abgefüllt (siehe auch Inverleven).

Glenugie entstand auf dem Gelände einer Windmühle, von der fast mehr geblieben ist als von der Brennerei. Peterhead, der ziemlich trostlose, ehemals bedeutsame Fischereihafen an der Nordsee, könnte eine Attraktion dringend gebrauchen. Aber mehr als das Gefängnis ist da nicht …

GLENURY ROYAL
[glen jurie]

Tal der Eiben(?), des Bezirks Ury

Abgerissen

Besitzer Ehemals UDV

Adresse Kincardineshire · Stonehaven OS 45 87 / 86

HIGHLANDS

In den Steuerlisten tauchte Glenury zum ersten Mal 1833 auf; sie ist aber älter. Sie wurde von einem Mann initiiert, den die »Scotch Malt Whisky Society« vornehm einen »colourful character« nennt, Capt. Robert Barclay, Laird of Ury. Er war ein fortschrittlicher Farmer und seine Brennerei sollte die Absatzchancen seiner Pächter verbessern. Er erwarb sich auch Verdienste, weil er eine neue Schafrasse einführte. Und er war ein großer Sportler, ein gewaltiger Läufer vor dem Herrn, der 1808 als erster 1000 Meilen in 1000 Stunden lief; kein Wunder also, dass seine Brennerei bei Guinness im ihrem »Book of Records« landete! Auch Parlamentsmitglied war er – mit einem wichtigen Freund bei Hofe, den er »Mr. Windsor« nannte und der ihm die Erlaubnis König Wilhelm IV. vermittelte, seinen Whisky mit dem werbeträchtigen *Royal* zu schmücken. Leider hatte Barclay keine Erben – das weitere Schicksal Glenury's war dann auch weniger farbig und sah rabenschwarz aus, als die Guiness / UDV-Vorgänger die Brennerei schlossen: Seit 1985 stehen die vier *stills* still. Das endgültige Todesurteil kam 1993: Am 23.9. wurde es verkündet, als die Erlaubnis zum Abriss und zur Errichtung einer Wohnanlage erteilt wurde.

»Den Whisky bekommt man noch leicht« schrieb Jackson in seinem großen Whiskybuch. Das war einmal. Den von John Gillon abgefüllten 12jährigen bekommt man nur durch Zufall oder viel Geld bei einer Auktion. Immerhin gab es aber mehrere Originalabfüllungen bei den »Rare Malts«. Diageo haben die Lizenz, die Rechte und eventuell noch vorhandene Fässer geerbt und daraus 2003 einen fulminaten 50 Jahre alten und 2003 und 2005 jeweils einen 36jährigen als »Special Release« herausgebracht; beide sind noch nicht verkauft

Die Destillerie lag am nördlichen Rand von Stonehaven, an der Eisenbahn und am linken Ufer von Cowie Water, aus dem früher das Wasser für sie wie für die örtliche Wasserleitung kam. Nichts erinnert mehr an sie – außer einer kleinen Tafel auf den Grundmauern des ehemaligen Schornsteins.

HIGHLAND PARK
[hailand paak]

Hochland Park

In Betrieb www.highlandpark.co.uk

Besitzer Edrington Group Ltd, Schottland

Adresse Orkney Mainland · Kirkwall, KW15 1SU, OS 6 45 / 09

Telefon 01 856 874 619

HIGHLANDS

Für Mitteleuropäer scheinen die Orkney Inseln sehr entfernt am Rande Europas zu liegen und sie können sich nur schwer vorstellen, dass sie gleich zweimal in ihrer Geschichte Zentren der Kultur waren. Die Inseln sind reich an Dokumenten davon, Steinkreise wie der Ring of Brodgar, Grabanlagen wie Maes Howe, ganze Dörfer wie Skara Brae zeugen davon. Erst jüngst hat man in Ness of Brodgar ganz in der Nähe des Steinkreises eine riesige Tempelanlage freigelegt, die älter ist als die Pyramiden und Stonehenge und vielleicht unser Bild des Neolithicums und seiner Machtzentren neu definieren wird. 5000 Jahre sind diese Steine alt und daneben nimmt sich, was aus der Wikingerzeit um 1000 n. Chr. übriggeblieben ist, sehr jung aus. Von der

reichen Vergangenheit in die lebendige Gegenwart führt die Highland Park Destillerie, über die man nicht sprechen kann, ohne Magnus Eunson zu erwähnen. Der war Prediger und benutzte seine Kanzel und sogar Särge gerne als Verstecke für seinen Schwarzgebrannten. Die heutigen Besitzer wählten 1998 als Datum für den 200. Geburtstag, aber schon 1795 baute ein gewisser David Robinson eine Brennerei. Genau 100 Jahre später wurde sie an James Grant verkauft, der sie von zwei auf vier *stills* vergrößerte. Immerhin schon seit 1935 sind Highland Distillers Besitzer, die heute unter dem Dach von Edrington zu finden sind. Wenn jemand zu Recht mit der »Achtung vor Tradition und dem Respekt vor dem Brauchtum« wirbt, dann sie mit ihrem Schmuckstück auf den Orkneys. Die Brennerei schaut wirklich aus wie vor 100 Jahren und es werden für etwa 20 % des benötigten Malzes sogar noch *floor maltings* verwendet (der Rest kommt von Simpson's). Der Torf »dort oben« hat einen ganz anderen Charakter als der von Islay und außer mit Torf wird die *kiln* auch mit Heidekraut befeuert. Das Wasser wird noch immer aus einem tiefer gelegenen Reservat in die hochgelegene Brennerei gepumpt.

Dass von der Destillerie nur ein 12jähriger kam, ist lange her. Mittlerweile wurde mehrmals die Verpackung, das Etikett und die Form der Flaschen geändert und es hat sich eine »Kernreihe« etabliert, nämlich mit dem 12, dem 15, 18, 25, 30 und 40 Jahre alten, zu denen noch ein 16jähriger kommt, der seltsamerweise nicht zum Kern gezählt wird, ebenso wenig, aber eher verständlich der 50 Jahre alte in schöner Aufmachung. In reizvollem Kontrast zu ihm kann man, aber nur online von der Brennerei, einen *new make* erwerben. Fortgesetzt werden auch die *vintages*, die es zuweilen auch als *Orcadian Vintage* gibt (bisher drei). Des

St. Magnus, des mittelalterlichen Heiligen, nicht des Schwarzbrenners, wird mit der gleichnamigen Serie gedacht und die alten Wikingerfürsten werden jüngst auch mit Sonderabfüllungen geehrt, deren Flaschen vom charakteristischen Orkney-Schmuck geprägt sind (etwa Leif Erikson, Earl Haakon). Auch der Firmenbotschafter darf mit dem *Ambassador's Cask* den Umsatz vergrößern und noch wartet ja die Steinzeit … Unabhängige Abfüllungen sind auch in großer Zahl zu finden, es gibt wohl keinen »Independent«, der noch keinen Highland Park gehabt hätte.

Highland Park ist die nördlichste Destillerie überhaupt, wenn auch nur knapp: Scapa liegt nur ein bisschen weiter »unten«. Die Brennerei liegt an einem Hügel mit Blick auf das berühmte Scapa Flow im Süden und die Insel-Hauptstadt Kirkwall. Seit 1987 gibt es dort ein Informationszentrum; ein *Tasting Room* und eine Bar kamen dazu. Führungen werden in dreifach gestaffelter Form angeboten, als Standard-, als »Best Spirit-« und als »Connoisseur's Tour«. Im Winter ist, im Prinzip, offen, aber schon die Anreise ist oft so ungewiss wie die Rückreise, ob mit der Fähre oder mit dem Flieger. Ein Anruf ist also ratsam.

IMPERIAL
[impíriel]

Die Kaiserliche

Geschlossen

Besitzer Chivas Brothers (Groupe Pernod-Ricard, Frankreich)

Adresse Morayshire · Carron by Aberlour, AB43 9QP, OS 28 22 / 41

SPEYSIDE

Eine weitere, in den 1980er Jahren stillgelegte Brennerei, die von Allied gekauft und wiedereröffnet wurde. Und wie bei Glentauchers ging damit auch das Angebot einer neuen Abfüllung durch Gordon & MacPhail einher. Bis dahin war *Imperial* einer der am schwersten zu bekommenden Malts – auch deshalb, weil die Destillerie im Verlauf ihrer etwas mehr als 100jährigen Geschichte fast häufiger geschlossen als offen war. Bereits ein Jahr nach der Gründung 1898 wurde sie, ein weiteres Opfer der durch die Pattison-Pleite verursachten Krise, für 20 Jahre wieder zugemacht. Vom Krieg, in dem sie als Truppenunterkunft diente, abgesehen, wurde sie seit 1925 nur noch zur Herstellung von Malz benutzt. Es gibt historische Beziehungen zu Dailuaine, die fast gegenüber am anderen Ufer des Spey liegt: Dailuaine-Talisker Distillers waren die Besitzer, ehe, ebenfalls 1925, DCL einstiegen. In Benutzung waren vier *stills*, das Wasser

kam aus Ballintomb Burn. Die
Brennerei wurde herausge-
stellt als die Mutterbrennerei
des Blends *Black Bottle*,
obwohl er im Gegensatz
etwa zum *Ballentine's*
wahrscheinlich gar
keinen *Imperial*, dafür
aber Malts von sieben
Islay-Destillerien ent-
hält. Das große Schild
am Eingang, das auf
die Islay-Ikone hin-
wies, wurde übermalt,
als Allied die Marke
verkauften – kurz be-
vor sie 1998 Imperial
wieder einmal schlos-
sen. Pernod kam zu

dieser Brennerei wie die Jungfrau zum Kind – sie gehörte einfach zum Paket, das die
Franzosen kaufen mussten. Auch sie scheinen sie nicht zu brauchen.

Die erste Lizenz-Abfüllung von Gordon & MacPhail ist längst verkauft, glücklicherweise kamen und kommen weitere. Er wurde dann tatsächlich auch von Allied abgefüllt: In dem merkwürdigen Six-Pack, zu dem etwa auch *Glentauchers* gehörte. Die
Flaschen der Sechs waren leicht und sehr dünnwandig (weil sie nicht weiterverkauft
werden sollten, sondern »eigentlich« nur für Firmen-Mitarbeiter bestimmt waren?)
und alle hatten, bis auf die Brennereinamen natürlich, das gleiche Etikett. Bei den
Unabhängigen ist er gut zu finden.

Imperial kann nicht besucht werden. Wer auf dem Speyside Way wandernd oder
Fahrrad fahrend auf sie stößt, sollte vor ihren Toren einen Schluck aus dem Flach-
mann nehmen, auf dass der Durst der Chinesen nach Scotch so groß werde, dass
auch Imperial wieder gebraucht wird.

INCHGOWER

[insch gáuer]

Insel der Ziegen

In Betrieb **www.malts.com**

Besitzer Diageo plc, England

Adresse Banffshire · Buckie, AB56 5AB, OS 28 42 / 64

SPEYSIDE

Seit auf Betreiben der Scotch Whisky Assocation die »Whisky Regulations« 2009 neu gefasst wurden, sind auch die sogenannten Whiskyregionen und welche Brennerei wohin gehört, festgeschrieben. Bei Inchgower gibt es nun keine Zweifel mehr: Sie zählt zur Speyside. Die Brennerei liegt mehrere Meilen östlich der Flussmündung. Dort hat sie ein Alexander Wilson 1871 errichtet; sie ersetzte seine ältere Anlage namens Tochineal. Kurioserweise gehörte Inchgower einmal der Stadt Buckie. Sie übernahm den Betrieb von seinen in Liquidation befindlichen Besitzern, verkaufte ihn aber nach zwei Jahren 1938 an Arthur Bell & Sons, die ein Schnäppchen machten, obwohl auch die Stadtväter immerhin das Dreifache des Einstandspreises von £ 1000 kassierten.

1966 wurde von zwei auf vier *stills* erweitert. Inchgower ist eine der Brennereien, die nie viel von sich reden machte, die immer nur zu den »working horses«, den Arbeitspferden der Industrie, gehörte und brav Malt lieferte, der von vielen Masterblendern geschätzt wurde.

Seit 1972, also schon zu Bell-Zeiten, gab es den *Inchgower*, dessen Wasser vom Letter Burn in den Menduff Hills kommt, als Single Malt. Einen 12jährigen gab es in zwei verschiedenen Aufmachungen. Dann wurde ein 14 Jahre alter Whisky in die »Flora & Fauna«-Kollektion aufgenommen, der noch lieferbar ist. Weitere Eigentümerabfüllung waren die beiden »Rare Malts« mit einem 1974 und einem 1976 destillierten, die mehr oder weniger ausgetrunken sein dürften. Wieder einmal ist man auf die Unabhängigen angewiesen.

Inchgower, zwischen Fochhabers und Buckie an der A 98 und damit etwas außerhalb der meisten Whisky- und Touristen-pfade gelegen, ist nicht zugänglich. Auch in dieser Hinsicht spielt sie eine Nebenrolle.

INVERLEVEN

[inver líeven]

Mündung des Leven

Geschlossen

Besitzer Ehemals Allied Distillers, Schottland

Adresse Dunbartonshire · Dumbarton, G82 1ND,
OS 63 39 / 75

LOWLANDS

Am Leven, genau auf der imaginären Lowlands-Highlands-
Linie, erhebt sich ein mächtiger Komplex, der die letzten
Träume von einer Brennerei als einem handwerklich-bäuer-
lichen Kleinbetrieb endgültig auszutreiben geeignet ist. Die
Fabrik von George Ballantine, 1938 von Hiram Walker & Sons
errichtet, ist ein Konglomerat aus Türmen und Schornsteinen
und ähnelt mehr einer Raffinerie als einer Destillerie. Tatsächlich wurde dort, und das in großem Maßstab, vor allem Grain
Whisky hergestellt. Aber schiere Größe muss handwerklicher
Sorgfalt und der Pflege von Tradition keineswegs im Weg
stehen. Man hatte dort auch drei *stills*, die zwei verschiedene
Malts produzierten. Der eine, *Inverleven* genannt, wurde, wie
sich das gehört, in zwei *pot stills* gebrannt, ging vor allem in
die Blends. Der andere, in der *wash still* des *Inverleven* und
in einer Blase im sogenannten *Lomond*-Stil destilliert, führte
firmenintern den Namen *Lomond* und wurde, soweit bekannt, erst einmal abgefüllt
(von der Scotch Malt Whisky Society). Mittlerweile ist die kleine Installation wie
auch die große Grain-Destillerie außer Dienst gestellt. Die Vorräte werden also bald
aufgebraucht sein.

Er galt als extrem schwer zu bekommen und war, wenn überhaupt, nur bei Cadenhead zu finden. 1995 haben aber Gordon & MacPhail die Lizenz erhalten, ihn in die
sogenannte »Allied«-Reihe aufzunehmen: Malts, die von der unabhängigen Firma
mit Erlaubnis des Brennereibesitzers abgefüllt werden wie etwa auch der *Glentauchers* und der *Imperial*, ebenfalls aus dem Hause Allied. Der erste Jahrgang war von
1979, aktuell ist ein 1991er, der 2010 abgefüllt wurde. Bekanntlich kauften im Jahr
2005 Pernod-Ricard alles, was Allied gehörte. Und sie überraschten die Whiskywelt
gehörig, als sie 2009 eine Reihe starteten mit dem Namen »Deoch An Doras«
(nicht »dor(i)us«, wie das korrekt in Gälisch geheißen hätte, was soviel bedeutet

wie »Trunk an der Tür«, also »One for the road«). Dabei vertreten, mit mittlerweile zwei Abfüllungen: Inverleven, die erste Eigentümer-Abfüllung überhaupt. Vielleicht kommt ja sogar noch ein *Lomond* …

Hier, in Dumbarton, hätte man über die Whiskyherstellung alles lernen können, wenn man denn hinein gelassen worden wäre. Denn hier wurden Malt und Grain produziert. Jetzt stellt sich die Frage nicht mehr. Das große, rotfarbene Gebäude steht zwar noch, wird aber einer anderen Verwendung zugeführt.

ISLE OF ARRAN
[eil of arran]

Insel der Schafe(?), des Ortes der spitzen Hügel(?)

In Betrieb **www.arranwhisky.com**

Besitzer Isle of Arran Distillers, Schottland

Adresse North Ayrshire · Lochranza, Isle of Arran, KA27 8HJ, OS 69 94 / 50

Telefon 01 770 830 264

HIGHLANDS

Isle of Arran war bis zur Neufassung die jüngste Destillerie in diesem Buch. Sie wurde erst 1995 eröffnet, ein Jahr später als geplant, weil ein Paar der majestätischen *Golden Eagles* sich ausgerechnet die Stelle zum Brüten erkoren hatte, die auch Harrold Currie als Platz für sein Projekt ausgespäht hatte. Er erfüllte sich, nach langen, erfolgreichen Jahren in der Industrie, wo er es bis zum Direktor von Chivas brachte, einen Traum, als er nach mehr als hundert Jahren Unterbrechung den Whisky auf die Insel zwischen dem Festland und Kintyre zurückbrachte. Das nötige Kapital brachte er durch den Verkauf von Anteilscheinen auf, die später gegen Whisky getauscht werden sollten. Auch sonst erwies er sich als exzellenter Marketing-Manager: Er gründete eine Society, um frühzeitig für sein Kind zu werben und auch Fässer konnte (und kann) man zur Zukunftssicherung (der Brennerei und der Käufer) erwerben. Vor allem errichtete er ein *Visitor Centre*, zu dessen Eröffnung sogar die *Queen* vorbeischaute. Und bei allem vergaß er nicht, auf die Qualität seines Malts zu achten, dem man schon früh ein großes Potential vorhersagte. Heute lässt sich sagen, dass sich die Wünsche, Träume, Erwartungen erfüllt haben. Arran ist so erfolgreich, dass die Kapazität erweitert werden muss.

Die langen, harten Jahre des Wartens sind vorbei. Der *Arran* (beim Whisky lässt man

das »Isle of« weg) hat längst die Barriere der gesetzlichen Minde-
streifezeit hinter sich gelassen, ebenso wie die Anstandsgrenze von
6 Jahren und selbst die 12 Jahre, die ein anständiger Malt braucht,
sind Vergangenheit. Hart waren die Jahre, aber Arran hat sie fabelhaft
gemeistert, mit *new spirit*-Miniaturen, mit *no age*-Abfüllungen, mit
vielen *finishings* aus sehr vielen verschiedenen Weinfässern, durch die
Zusammenarbeit mit der Robert Burns Federation. Die *finishings*
gibt es immer noch, dazu viele Sonderauflagen, die oft auch einen Bezug zur Insel haben wie der *Machrie Moor* oder der *Sleeping Warrior*. Oft muss man sehr genau aufs Etikett schauen, weil
es inzwischen auch *peated Arran* gibt. Drei Versionen kann man
als Standards bezeichnen, den 10 Jahre alten, den 100 Proof und
den 12jährigen in Fassstärke. Alle Whiskies bleiben ungefärbt.

Die Brennerei liegt wunderschön an der nordwestlichen Spitze
der Insel, unweit von der Ruine, der Walter Scott ein literarisches
Denkmal gesetzt hat. Die Insel, von Glasgow nicht viel mehr als
eine Stunde mit Auto und Fähre entfernt, lohnt einen Besuch
immer und die kompakte Brennerei ist zweifelsohne eine zusätz-
liche Attraktion. Zum *Visitor Centre* gehören ein Shop und ein
vorzügliches Restaurant. Wer es gerne etwas intensiver mag,
bucht die VIP-Tour.

Isle of Jura
[eil of dschura]

Insel des Rotwildes

In Betrieb www.isleofjura.com

Besitzer Whyte & Mackay (UB Group, Indien)

Adresse Argyll & Bute · Craighouse, Isle of Jura, PA60 7XU, OS 61 52 / 67

Telefon 01 496 820 385

HIGHLANDS

Es ist kaum zu entscheiden, wofür Jura berühmter ist: Für seine Paps (altschottisch-
derb für Brüste) genannten drei (!) Berge, für die einzige Destillerie, die es beherbergt,
für die 7.000 Stück Rotwild, die sich die Insel mit kaum 200 Menschen teilen – oder
dafür, dass Orwell hier »1984« schrieb. Überhaupt ist die kleine, zwischen Islay und

dem Festland gelegene, nur über die Fähre von Port Askaig zu erreichende Insel ein idealer Platz für Geschichten. Schon 1502 soll schwarz gebrannt worden sein. Und als die Pächter James Ferguson & Sons, welche die Destillerie von dem Landlord, einem Campbell, gepachtet und zum Blühen gebracht hatten, sich mit ihm nicht einigen konnten, baute er kurzerhand seine *stills* samt dem Dach darüber ab. Von 1904 bis in die fünfziger Jahre passierte nichts. Die neue Anlage in Craighouse, der einzigen größeren Ansiedlung der Insel, wurde von W. Delmé-Evans für Mackinlay / McPherson, also Scottish & Newcastle Brewery, konzipiert. Der erste Whisky floss 1963. 1985 begann eine stürmische Reihe von Besitzerwechseln, die von Invergordon über Whythe & MacKay, Jim Beam zu Kyndal und wieder zu Whyte & Mackay bei der Gruppe des indischen Magnaten Vidji Mayall ihren wahrscheinlich auch nur vorläufigen Abschluss gefunden hat. Nur der einmalige »Ball« hängt immer noch an der *still* und das Wasser fließt beruhigend konstant aus dem Market Loch, das sich auf gälisch viel schöner »a' Bhaile Mhargaidh« schreibt.

Jura wollte whiskymäßig nie viel mit den Nachbarn auf Islay zu tun haben, warb sogar mit dem Slogan »The Highland from the island«. Natürlich ist ihnen der Trend zu rauchigen Whiskies nicht entgangen, weshalb sie seit 1997 auch *peated malt* produzieren. Der erste, der einen kleinen, jungen Teil davon enthielt, war der *Superstition*, während der *Prophecy* »profoundly peated« ist. 10, 16 und 18 sind die Standardabfüllungen – im alten Stil. Sonderabfüllungen gibt es viel, wie die drei, die jeweils einen der Paps auf dem Label haben. Viele Versionen gibt es nur für die »Diurachs«, die Mitglieder des Freundeskreises.

Besucher sind in Craig-house willkommen, sollten sich aber auf jeden Fall vorher anmelden. Wer länger bleiben will, kann auch in einem der sehr fein ausge-statteten Zimmer im umgebauten Haus wohnen, dessen Benutzung sich früher der Direktor als Ferienwohnung vorbehalten hatte.

KILCHOMAN
[kil-chómen oder -hómen]

Kirche, Zelle des (Hl.) Com(m)an

In Betrieb www.kilchomandistillery.com	
Besitzer Kilchoman Distillery Co Ltd, Schottland	
Adresse Argyll & Bute · Bruichladdich, Isle of Islay, PA49 7UT, OS 60 22 / 64	
Telefon 01 496 850 011	
ISLAY	

Den Rekord, die westliche Destillerie Schottlands zu sein, hat Kilchoman schnell an Abhainn Dearg in Lewis verloren. Aber es bleiben noch genug Superlative und Rekorde und die wird ihr niemand streitig machen können. Kilchoman war nach 124 Jahren die erste neue Brennerei auf Islay – Bruichladdich und Bunnahabhian sind schon 1881 gegründet worden. Durch sie ist die Zahl der arbeitenden Brennereien auf der Insel auf acht erhöht worden. Sie war die einzige, die Flaschen mit dem Prädikat »100 % Islay« schmücken darf – und höchstwahrscheinlich die erste zumindest in Islay, bei der alles, von Anbau der Gerste über das Mälzen und Destillieren bis zur Abfüllung am gleichen Ort geschieht. Und genau das war die Idee ihres Gründers Anthony Wills: Whisky wieder heimzuholen und zu einem Produkt seines Entstehungsortes zu machen, eine Philosophie, die moderne Prinzipien wie Nachhaltigkeit und Regionalität in einer Brennerei verwirklicht, die so aussieht, wie in Schottland alle vor 200 Jahren ausgesehen haben. Dieser Ort ist die Rockside Farm, einen knappen Kilometer Luftlinie vom Atlantik nahe der dem Heiligen Coman geweihten (und leider dem Verfall preisgegebenen) Kirche. Alles sollte von dort kommen: die Gerste, das Malz, das Wasser. Ganz ist das Konzept nicht aufgegangen, weil ein Brand ein paar Monate nach der Eröffnung im Juni 2005 die *kiln* zerstörte und Wills vor die schwierige Frage stellte, entweder die Produktion vorübergehend ganz einzustellen (und damit noch länger warten zu müssen, bis er nicht nur Geld ausgeben, sondern auch einnehmen konnte). Man entschied sich fürs Weitermachen – mit Malz von den großen *maltings* in Port Ellen. Das ist der Grund, warum es künftig zwei grundverschiedene *Kilchomans* geben wird, einen, der mit 40 ppm ziemlich heftig getorft ist und dessen Gerste nicht von Islay kommt und einen zweiten mit 20 ppm mit heimischem Getreide. Vielleicht hat Kilchoman übrigens noch einen Rekord: Möglicherweise steht sie genau an dem Ort, wo der erste schottische Whisky überhaupt gemacht wurde. In der näheren Umgebung des Platzes hatten einst die Lord of the Isles eines ihrer Quartiere. Angus Og (1294 – 1329) heiratete eine irische Prinzessin und die brachte einen Leibarzt namens Beaton mit, der der Begründer einer berühmten Ärztedynastie werden sollte. Er hatte in seinem Gepäck eine Probe und sicherlich ein Rezept für das, was heute Whisky heißt, auf Gälisch *uisge beatha*. Beatha ist aber auch die gälische Version von Beaton – und Whisky vielleicht gar nicht Wasser des Lebens, sondern das Wasser der Beatons …

Wer eine Whiskybrennerei gründet, muß nicht nur das Geld für den Bau und die Einrichtung haben, sondern zumindest auch die ersten drei Jahre vorfinanzieren, bis er sein Produkt als Whisky verkaufen darf. Viel länger hat Anthony Wills auch nicht gewartet: am 9. September 2009 versammelten sich viele, die in der Industrie Rang und Namen haben, unter ihnen auch alle Kollegen von den anderen Brennereien. Dr. Swan, der führende Wissenschafter, der Kilchoman berät, stellte die erste Abfüllung vor und obwohl alle wußten, dass sie es mit einem sehr jungen Destillat zu tun hatten, bei dem das Fass noch nicht viel Einfluss nehmen konnte: es dürfte wohl selten die Premiere eines Malt auf so einhellige Begeisterung gestoßen sein. Seither gibt es in jeder Jahreszeit eine neue Abfüllung. Ein 5jähriger ist im Herbst 2011 dazu gekommen, einige Monate, nachdem bei einer zweiten Party der »Inaugural 100 % Islay« präsentiert wurde: ein Whisky für die Geschichtsbücher.

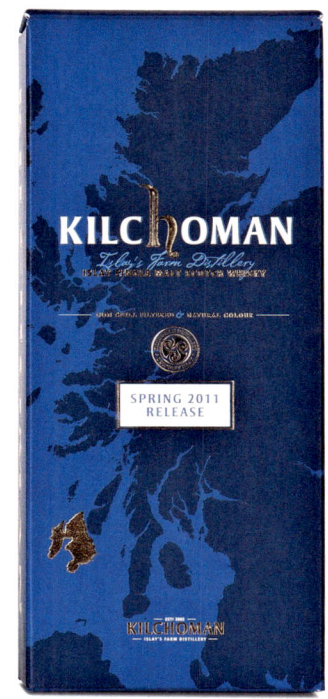

Schon lange vor dem Whisky wurde das *Visitor Centre* geöffnet; auch, um schon ein bißchen Geld zu verdienen. Es besteht aus einem großen Laden mit Merchandise und anderen schönen Sachen und aus einem Café, wo es einfache, aber sehr gut zubereitete Speisen gibt. Kein Besuch in Islay ist vollständig, ohne die Fischsuppe »Cullen Skink« oder eines der panini mit warmen geräuchertem Lachs probiert zu haben. Sie machen übrigens auch den besten Espresso der Insel. Noch ein Rekord …

KINCLAITH

[kin-kläiß]

Kopf des Clyde, Kopf + schütteln ehemals: Strathclyde

Abgerissen

Besitzer ehemals: Long John Distilleries Ltd, Schottland

Adresse Glasgow, G5 0QB · OS 64 59 / 64

LOWLANDS

Es gibt eine feste Regel für dieses Buch: Wenn eine Brennerei geschlossen oder gar abgerissen, ihr Whisky aber immer noch, und sei es auch schwer, zu bekommen ist, bleibt sie. Wenn nicht, muss sie leider gehen. Wenn die Eigentümer oder ehemaligen Eigentümer oder deren Rechtsnachfolger oft schon lange nichts mehr haben, können oft die beiden unabhängigen Abfüller Gordon & MacPhail und Signatory als einzige helfen, solche Malts doch noch einmal zu genießen. Schon vor zehn Jahren schrieben wir: »In den Preislisten von G & M ist der *Kinclaith* nicht mehr enthalten und auch sonst ist lange keine Abfüllung mehr aufgetaucht.« Glücklicherweise war es aber noch zu früh für die Trauerfeier. Dennoch bleibt es dabei: Vielleicht erscheint die Brennerei in dieser Ausgabe des »Malt Whisky Guide« zum letzten Mal. Sie existiert ja schon seit 1975 nicht mehr und ist damit nur knapp volljährig geworden. Denn sie wurde erst 1957 von Seager & Evans gegründet, die damals der amerikanischen Firma Schenley gehörten, Mitte der 1950er Jahre groß ins Malt-Distillery-Geschäft investierten (u. a. durch den Neubau von Tormore) und sie auf dem Gelände ihrer Grain-Brennerei Strathclyde in Glasgow errichteten. Seager & Evans wurden 1975 an Whitbread verkauft, die sofort eine Vergrößerung von Stathclyde in Angriff nahmen. Diese Pläne ließen keinen Platz für die kleine Malt-Produktion und Kinclaith musste weichen. Sie hatte nur zwei *stills* und bezog ihr Wasser aus Glasgows Wasserreservoir, dem am Fuße der Trossachs gelegenen romantischen Loch Katrine.

Kinclaith hat es immer nur von den Unabhängigen gegeben. Gordon & Macphail haben noch ein Fass von 1963 gefunden und aus ihm die sehr begrenzte Zahl von 64 Flaschen »geerntet«. Und Mr. Symington hat auch diesmal das schier Unmögliche bewerkstelligt und sogar zwei Fässer von 1969 aufgetan. Natürlich haben sie ihren Preis und sind vielleicht deshalb auch noch zu finden.

Kinclaith war die letzte Malt-Destillerie auf dem Boden Glasgows; geblieben ist von ihr nichts.

KININVIE
[kin-ínvie]

Kopf, Ende der Ebene

In Betrieb

Besitzer William Grant & Sons Ltd, Schottland

Adresse Banffshire · Dufftown, AB55 4DH, OS 28 32 / 41

SPEYSIDE

Wir Malt-Afficionados übersehen oft (und gern), dass der Kraftstoff, der den Motor der schottischen Whiskyindustrie am Laufen hält, nicht der geliebte Malt ist, sondern der Blended Scotch – mag er noch so sehr seine Qualität den enthaltenen Malts verdanken. Malt ist nur eine Zutat, von der allerdings umso mehr gebraucht wird, je erfolgreicher ein Blend ist. William Grant & Sons, die letzte im Besitz der Gründerfamilie verbliebene schottische Whiskyfirma, besitzt mit dem *Glenfiddich* nicht nur die absolute Nr. 1 unter den Malts, sondern mit ihrem *Grant's* auch einen Blend, der sich seit vielen Jahren immer unter den meistverkauften Fünf dieser Kategorie befindet. Nur für ihn wurde 1990 Kininvie gebaut, damals seit langem die erste neue Brennerei in Schottland (mittlerweile haben die Grants in Girvan noch eine neue Destillerie gebaut, Ailsa Bay). Kininvie befindet sich auf dem großen Gelände der Firma in Dufftown, zwischen Glenfiddich und Balvenie. Sie besteht nur aus einem *stillhouse*, in dem 3 *wash* und 6 *spirit stills* arbeiten, gemaischt und fermentiert wird gleich nebenan in Balvenie. Eingeweiht wurde das neue »Familienmitglied« von Dr. Janet Sheed Roberts, der Enkelin des Firmengründers William Grant, die wir schon bei Glenfiddich (s. d.) vorstellten.

Dr. Roberts konnte 2011 ihren 110. Geburtstag feiern, sie war die älteste Bürgerin Schottlands. Nur ihr ist es zu verdanken, dass doch noch ein *Kininvie* (der ja eigentlich schon zur Jahrtausendwende »reif« gewesen wäre, als Single Malt unser Leben zu bereichern) abgefüllt wurde, allerdings unter dem Namen *Hazelwood*. So heißt das Haus der großen alten Dame, die in der Familie (und auch sonst) für ihre scharfe Zunge und ihren noch schärferen Verstand bekannt und geliebt wurde und von dort oben ziemlich gut überwachen konnte, was »unten« passierte. 17 Jahre alt ist er und kam zu Dr. Roberts' 107. Geburtstag, wurde aber durchaus öffentlich verkauft. Auch in diesem Jahr wurde sie mit einem *Hazelburn* geehrt, aber das war ein Blend. Wir warten immer noch auf einen ganz normalen 12jährigen und begnügen uns vorläufig mit dem vorzüglichen Blended Malt *Monkey Shoulder*, in dem neben *Glenfiddich* und *Balvenie* eben auch *Kininvie* enthalten ist.

Glenfiddich war die erste Brennerei, die man besuchen durfte, Balvenie wurde nach langem Warten geöffnet und war die erste, die eine große, intensive Tour anbot. Wer sie macht, kommt am *stillhouse* des *Kininvie* vorbei, wird aber nicht darauf hingewiesen. Vielleicht …

KNOCKANDO
[nock-án-du]

Siehe unten

In Betrieb www.malts.com

Besitzer Diageo plc, England

Adresse Morayshire · Knockando by Aberlour, AB38 7RP, OS 28 19 / 41

SPEYSIDE

Über die Bedeutung des Namens streiten sich die Professoren des Gälischen. Justerini & Brooks, die auch unter der neuen »Mutter« die Lizenz für die 1898 gebaute Destillerie halten, übersetzen Knochandhu mit »schwarzes Hügelchen«, Kenner des Speyside-Dialekts allerdings beharren auf »Hügel mit den Vogelbeerbäumen«. Welcher Hügel auch immer, die Brennerei liegt in der Nähe von Cardhu und gleich neben Tamdhu am linken Ufer des Spey. Knockando hat vier *stills* und das Wasser kommt von Cardnach Spring. Justerini's, die durch ihre Verschmelzung mit Gilbey's an Knockando gekommen und heute samt dem noch verbliebenen schönen Laden in London (Edinburgh hat keinen mehr) eine Tochter von Diageo sind, wendeten bei diesem Whisky eine ziemlich einmalige Verkaufspolitik an: Auf dem ungewöhnlich gesprächigen Etikett wurde nie das Alter angegeben, sondern das Jahr der Herstellung und das der Abfüllung; das Alter variierte zwischen 11 und 16 Jahren. Dahinter stand natürlich der Anspruch, einen Malt nur dann abzufüllen, wenn er absolut reif ist und nicht – wie die Konkurrenz – automatisch mit einem bestimmten Alter.

Schade, dass auch diese sympathische Besonderheit im Zeitalter der Internationalisierung und Globalisierung ein Opfer der Gleichmacherei geworden ist. Auch der schön verpackte *Extra Old Reserve* im Decanter musste über die Klinge springen. Heute ist die »Normaledition« stinknormale 12 Jahre alt. Daneben gibt es den 15 Jahre alten *Richly Matured*, den 18jährigen *Slow Matured* und einen 21jährigen (zur Zeit von 1995). Eine »Special Release« bescherte 2011 einen 25 Jahre alten.

Knockando, so ideal direkt am Fluss und am Speyside Way gelegen, war leider nie so richtig zugänglich. Da und dort ist zu hören, dass es geht – aber Diageo sagt auf der oben genannten website eindeutig und kalt: Nein. Hier ist leider wirklich nur der Weg das Ziel.

KNOCKDHU

[knock-dúh]

Schwarzes Hügelchen

In Betrieb www.inverhouse.com

Besitzer Inver House Distillers (Thai Beverage plc, Thailand)

Adresse Aberdeenshire · The Knock by Huntley, AB54 5LJ, OS 29 54 / 52

HIGHLANDS

Der »normale« Malt aus dieser Brennerei trägt seit 1993 nicht mehr, wie es üblich ist, den Namen seiner Destillerie, sondern heißt *An Cnoc*. Auf Wunsch (oder Druck?) von Justerini & Brooks, die der Verwechslung mit ihrem *Knockando* vorbeugen wollten, wurde der Malt umgetauft – und ist immer noch ein fast unbekannter Whisky aus einer fast unbekannten Destillerie. Immerhin wusste man, dass ihre Produktion schon von jeher dazu bestimmt war, in die Blends von Haig zu gehen. Zu diesem Zweck wurde sie sogar gebaut. Sie war die erste Maltbrennerei, die die 1877 von sechs Lowlands-Grain-Brennern gebildete DCL (Distillers Company Limited) baute – ein Zusammenschluss, der in der Geschichte der Whiskyindustrie eine, vielleicht die entscheidende Rolle spielte und den man einmal in einer soziologisch-ökonomischen (und kulturgeschichtlichen) Monographie würdigen sollte; sie wäre gewiss so faszinierend wie erhellend und ernüchternd. 1924 wurde Knockdhu von einer DCL-Tochter übernommen, der Distillers Agency, die ursprünglich nur die Exportinteressen der Mutter wahrnehmen sollte. Als DCL 1930 ihre Maltdestillerien neu ordnete, kam auch Knockdhu unter das Dach der SMD (Scottish Malt Distillers). 1983 wurde sie geschlossen, dann aber von Inver House erworben und neu eröffnet. Ihr Wasser kommt von Knock Hill; es gibt zwei *stills*, wunderschöne »Wurm«-Kondensatoren und klassische alte *warehouses*.

Der jetzt *An Cnoc* genannte ehemalige *Knockdhu* wurde als Single Malt zum ersten Mal 1990 herausgebracht, mit 12 Jahren und 40 %. Eine 21 Jahre alte »Limited Edition« trug den »eigentlichen« Namen. An ihrer Stelle kommen hin und wieder *vintages*, mal in Fassstärke, mal mit 46 %, die den Verzicht auf Kühlfilterung signalisieren. Ein 16jähriger in dieser Stärke ist permanent verfügbar.

Die Brennerei liegt zwischen Spey, Isla und Deveron und ist in dem Dreieck zu finden, das die A 95 von Keith nach Banff und die Abzweigung von ihr nach Huntley bilden. Sie kann aber nicht besichtigt werden. Seit der Gründung hat sich dort wenig geändert, deswegen ist ein Abstecher trotzdem zu empfehlen.

LADYBURN
[läidi-börn]

Bach der Dame oder Abhang-Bach

Abgebaut

Besitzer William Grant & Sons Ltd, Schottland

Adresse Ayrshire · Girvan, KA269PT, OS 7620/99

LOWLANDS

Ein kurzes Leben nur war ihr beschieden: Zehn Jahre betrieben die Grants (von Glenfiddich und Balvenie aus Dufftown) die erst 1966 errichteten vier *stills*, ehe sie diese am 15.11.1975 wieder *silent* machten. Ladyburn war Teil des riesigen Komplexes in Girvan, den die Firma 1963 gebaut hatte, um ihre eigenen Grain Whiskies zu produzieren und sich so von fremden Zulieferungen für ihren Blend *Grant's Stand fast* (heute *Family Reserve*) völlig unabhängig zu machen. Für diesen gab es in Girvan auch eine Abfüllanlage, wo jährlich 20 Millionen Kisten versandfertig gemacht werden konnten. Heute haben die Grants die Abfüllung der Blends in Bellshill südlich von Glasgow konzentriert. In Girvan kann auch Gin und Wodka produziert werden. Ladyburn war als Malzbrennerei für den Eigenbedarf gedacht, also zum Blenden und nicht zum Verkauf als Single Malt. Zur Palette der Aktivitäten in Girvan gehört auch eine Tierfutteranlage und seit einigen Jahren eine neue Malt Distillery, Ailsa Bay. Das Ganze spielt sich nahe der Küste ab; wenn man einen klaren Tag erwischt, hat man Sicht bis Ailsa Craig und zur Insel Arran.

Bei *Ladyburn* muss man vorsichtig sein. Es gab einmal einen 12 Jahre alten, der vor allem für die Arbeiter in der Brennerei und den amerikanischen Markt bestimmt war, aber der 8jährige *Pure Malt* ist eben kein Single, sondern ein Blended Malt. Echter *Ladyburn* war gesucht, Cadenhead hatte einmal zwei Abfüllungen. Als die Rufe immer lauter wurden, brachten die Grants einen *Ladyburn* heraus, aus dem Jahrgang 1973 – und plötzlich war die Nachfrage gar nicht so groß. Die Unabhängigen dürfen, wenn sie an ein Fass kommen, den Malt nicht beim Namen nennen. Sie behelfen sich mit dem eindeutig zu identifizierenden *Ayrshire*. Gordon & MacPhail hatten und haben ihn, Signatory auch, ebenso wie Duncan Taylor und Wilson & Morgan.

Als Ladyburn noch arbeitete, interessierte sich niemand für sie. Der große Komplex in Girvan hatte einmal ein *Visitor Centre*, aber das wurde leider geschlossen. Gäste werden also nicht mehr empfangen. Hoffen wir auf den *Ailsa Bay* – 2020 vielleicht …

LAGAVULIN
[laga-vúlin]

Mühle in der Talsenke

In Betrieb www.discovering-distilleries.com

Besitzer Diageo plc, England

Adresse Argyll & Bute · Port Ellen, Isle of Islay, PA42 7DU, OS 60 40 / 45

Telefon 01 496 302 400

ISLAY

Lagavulin liegt an der Südküste der mit Destillerien reich gesegneten kleinen Insel Islay. Acht sind es heute, aber zehn sollen es einmal zu »illegalen« Zeiten allein in der kleinen Bucht gewesen sein. Zwei wurden schließlich legal gegründet: Eine 1816 von John Johnston, die andere 1817 von Archibald Campbell. Auch später gab es neben dem »Stammhaus« noch einmal eine zweite Brennerei, genannt Malt Mill, in dem Gebäude, in dem sich heute das *Visitor Centre* befindet. 1924 wurden aus der Besitzerfirma Mackie & Co. die White Horse Distillers, die noch vor wenigen Jahren die Lizenz hielten. Das alte Mühlrad mit dem stolzen weißen Pferd (das im Sommer 1999 verschwand) neben dem Eingang führte dazu, den ewigen Wettbewerb Lagavulins mit der Nachbarin Laphroaig mit dem der Bordeaux-Schlösser Ausone und Cheval Blanc zu vergleichen. Beide Malts sind schwer *peaty*, aber während der andere früher viel eckiger war, war Lagavulin immer rund und harmonisch – ein Fürst. Ob er diese

Position halten kann, ist fraglich, seit sein Hersteller 2009 anordnete, alle Fässer aufs Festland zu bringen und auch *Lagavulin* nicht mehr in Islay zu lagern – wohl wissend, dass auch sie immer darauf bestanden hatten, dass die Umwelt, in der ein Fass lagert, entscheidend zum Charakter des Whiskies beiträgt. Man wird sehen, ob sich der Ortswechsel bemerkbar macht, und darf sich fragen, ob die Herkunftsbezeichnung »Islay« auch für einen Whisky gilt, der nur hier destilliert ist. Weiß man doch, dass 70 % seines Charakters sich erst im und durch das Fass entwickeln. Gemacht wird er übrigens von einem Mitarbeiter pro Schicht, den Rest erledigt ein Computer. Seit 1962 gibt es ein neues Brennhaus, in dem vier *stills* stehen. Die Zeiten, in denen noch firmeneigene Schiffe an den Landungssteg kamen, sind längst vorbei und auch die *floor maltings* sind längst geschlossen. Aber die Ruinen von Dunyvaig Castle [*duneiwig* mit Betonung auf der zweiten Silbe] stehen noch, von Diageo dankenswerter Weise restauriert. Von ihm aus beherrschten früher die MacDonalds als »Lord of the Isles« den ganzen Westen Schottlands. Heute bewacht die Burg immer noch die *seaside*. Das Wasser, torfschwer, kommt aus den Solan Lochs.

Lagavulin gehörte zum ersten »line up« der sechs »Classic Malts« von UDV. Er war unter ihnen der älteste und niemand ahnte, dass er einmal zum Star der Truppe werden sollte und Spitzenreiter ist. Das schuf Probleme, weil er einige Jahre knapp war. Lagavulin wurde im Krisenjahr 1983 nicht geschlossen, musste aber die Produktion hart zurückfahren.

Mittlerweile ist der 16 Jahre alte Lagavulin wieder gut verfügbar. Auch von ihm wurde eine »Distillers Edition« aufgelegt, für die zum *finishing* Fässer benutzt werden, die vorher Pedro Ximenez-Sherry enthalten hatten. Zu den »Special Releases« der Firma gehörte bisher immer, und 2011 schon zum elften Mal, auch ein 12 Jahre alter

Lagavulin – ein Alter, das nicht nur von denen geschätzt wird, die sich noch an die Zeiten vor den »Klassikern« erinnern, in denen es schon einen 12jährigen *Lagavulin Single Malt* gegeben hat. Die Unabhängigen haben ihn schon lange nicht mehr. Hin und wieder gibt es Gerüchte, dass sich in Malts mit Phantasienamen wie »Ileach«, »Classic of Islay«oder »Finlaggan« ein *Lagavulin* verberge. Man darf skeptisch sein.

Eigentlich logisch, dass eine Brennerei dieses Renommees und dieser Popularität jedes Interesse haben sollte, besichtigt zu werden. Seltsamerweise hat die Firma lange gebraucht, dem Rechnung zu tragen. Aber jetzt werden regelmäßig Führungen angeboten, deren Anfangszeiten von der Jahreszeit abhängig sind; man sollte sich auf jeden Fall telefonisch anmelden. Ein Highlight sind die »warehouse demonstrations«, bei denen kein Geringerer als die Legende Iain »Pinkie« MacArthur die Besucher in »seine »Lagerhäuser« führt und ihnen seine Schätze stolz und mit beredten Worten präsentiert – um dann zu gestehen, dass er »teetotaler«, also überzeugter Antialkoholiker, sei und in seinem Leben noch nie einen Tropfen *Lagavulin* getrunken habe. Aber Whisky kann man eben auch mit der Nase genießen …

LAPHROAIG
[la-fróyg]

Senke an der weißen / großen Bucht

In Betrieb www.laphroaig.com

Besitzer D. Johnston & Company (Laphroaig) Ltd. (Beam Inc., USA)

Adresse Argyll & Bute · Port Ellen, Isle of Islay; PA42 7DU, OS 60 38 / 45

Telefon 01 496 302 418

ISLAY

»First among equals« nannten die vormaligen Besitzer ihren Whisky, und mit Recht. »To love or to hate« war ein anderer Slogan und er stimmt sogar noch mehr. Denn unter den acht Islays ist dieser etwas Besonderes; an ihm und seinem distinktiven Geschmack scheiden sich die Geister und während die einen über Jodgeschmack und Krankenhausgeruch schimpfen, schwärmen die anderen von ausgeprägtem Rauch, wunderbarem Torf und dem Duft vom Seetang und Meer. Besondere Rivalität verbindet die Brennerei mit ihrer Nachbarin Lagavulin, an die sie indes sogar eine Zeitlang vermietet war. Aber sonst war Laphroaig fast immer im Besitz der Gründerfamilie Johnston, deren Name noch heute auf dem Etikett steht. Dort ist auch 1815 als Gründungsjahr vermerkt, doch nachweisen lässt sich erst 1826. Natürlich darf man

nicht unerwähnt lassen, dass dieser »männliche« Whisky zu den raren Exemplaren gehört, die von einer Frau erzeugt wurden: Bessie Williamson erbte die Brennerei von Ian Hunter, der keine Kinder hatte und für den sie viele Jahre als Sekretärin gearbeitet hatte, und leitete sie, bis sie von Long John übernommen wurde, weil auch sie kinderlos war. Diese wurden dann ein Teil von Allied Domecq, die sich bekanntlich an ein Konsortium von Pernod und Jim Beam selbst verkauften. Jene, die sich noch an das Desaster erinnern konnten, das die Amerikaner mit Bruichladdich auf der Insel angerichtet hatten, fürchteten das Schlimmste, als Laphroaig an Jim Beam ging. Aber siehe da: Man hatte dazu gelernt, investierte und die Brennerei steht heute besser da denn je. Laphroaig bezieht das Wasser über den Kilbride Dam aus Loch na Beinne Brice, hat eigene Torfflächen und immer noch *floor maltings*. Der Torf wird in die *kiln* mit Hilfe einer Lokomotive transportiert – Laphroaig hat die kürzeste Eisenbahnstrecke der Welt. Destilliert wird in sieben *stills*, verwendet werden für den Bestseller ausschließlich Ex-Bourbon-Fässer von Maker's Mark, die geschickterweise auch zum Konzern gehören. Sie hat als erste Brennerei Schottlands ein Zertifikat für umweltgerechte Produktion erhalten. Die »Friends of Laphroaig« waren einer der ersten Freundeskreise einer schottischen Destillerie, wenn nicht der erste überhaupt. Eine geniale Marketingidee, die vorsieht, dass jeder Freund einen Quadratfuß Land im Moorland an der Brennerei über-»eignet« bekommt, mit Eintrag ins firmeneigene Grundbuch und dem Recht, sein Stück Land mit Gummistiefeln und einer Miniatur zu beziehen und die Fahne seiner Nation zu hissen. Am Neujahrstag 2012 gab es 487.411 Freunde, die eine Fläche von 45.282 m² ihr eigen nennen.

Der Klassiker ist der schon lange erhältliche 10 Jahre alte, der einer der bestverkauften Malts ist. Kenner und langjährige Trinker behaupten, er sei nicht mehr ganz so extrem wie früher – was auch immer die Werbung sagt. Dafür bietet der gleichaltrige *cask strength* das volle, ungebremste Aroma; über ihn gibt es widersprüchliche Gerüchte: In Deutschland hört man, er werde nicht mehr geliefert, es gibt ihn aber in der Brennerei und sonst nur noch, jedenfalls zur Zeit, in den USA.

Die Beams haben den uneinheitlichen 15 Jahre alten durch

den schönen 18jährigen ersetzt und präsentieren, erfolgreich und überzeugend, mit dem in kleinen Fässern nachgereiften *Quarter Cask* und *Triple Wood* (Ex-Bourbon, Quarter, Ex-Oloroso) zwei *finishings*. Zum Islay Festival und für Freunde gibt es den *Càirdeas* (»Freundschaft«). Obwohl die Eigentümer ihren Malt durch ein Markenzeichen, dessen ® man schon von weitem über das Meer am Lagerhaus sehen konnte, schützen ließen, ist er von fast allen Unabhängigen in vielen Varianten zu bekommen.

Der Name beschreibt die malerische Lage sehr treffend. Besucher sind schon lange willkommen. Sie treffen sich in einem einladenden Shop. Die Amerikaner haben endlich das lange angekündigte Museum realisiert und für die Freunde eine sehr angenehm ausgestattete Lounge eingerichtet, in der auch die neben der Routinetour (zur Zeit die beste auf der Insel) angebotenen »Specials« stattfinden. Angeboten werden Besonderheiten wie ein Gang zur Quelle oder unterschiedlich umfangreiche Tastings unter den Namen »Bessie's Flavour«, »Johnston's Choice« und »Hunter's Hike«. Ein kurzer Anruf empfiehlt sich, wie fast immer auf Islay, um die aktuellen Zeiten zu erfahren. Wie gesagt, Laphroaig steht besser da denn je.

LINKWOOD

[link wud]

Strebholz

In Betrieb www.malts.com

Besitzer Diageo plc, England

Adresse Morayshire · Elgin, IV30 3RD, OS 28 23 / 61

SPEYSIDE

Obwohl bis auf die alten Lagerhäuser seit dem letzten Umbau fast alles neu ist, gilt Linkwood als pittoresk. Wie der Name sagt, ist sie von Wald umgeben. Zum Anwesen gehört ein Wasserreservoir, auf dem Schwäne schwimmen. Vom Lossie ist es, am südöstlichen Stadtrand von Elgin, nur durch die Bahnschienen getrennt. Für den Ruf der Beständigkeit hat vor allem auch der legendäre Roderick Mackenzie gesorgt, der nach der kriegsbedingten Schließung lange Chef in Linkwood war und den Neubau leitete. Dabei wurden den beiden alten vier neue *stills* hinzugefügt und aus der einen

faktisch zwei Brennereien gemacht. Mackenzie hat, so die Fama, die natürlich auch wir tradieren müssen, als die Brennblasen erneuert werden mussten, nicht einmal Spinnweben entfernen lassen, so sehr glaubte er an ihren Einfluss auf den Whisky und die Macht der Beständigkeit. Linkwood wurde schon 1821 gegründet, wieder niedergerissen und 1872 vom Sohn des Gründers wieder aufgebaut. Von 1933 ab gehörte sie der SMD. Das Wasser kommt von Quellen nahe Loch Millbuies.

Linkwood war und ist relativ gut zu bekommen: Der Lizenzinhaber John McEwan verkaufte einen 12 Jahre alten in einer originellen sechseckigen Schachtel. Mit diesem Namen auf dem Etikett füllen auch G & M mehrere Altersstufen ab: 15, 21 und 25 Jahre alt. Das Label weist eine gewisse Verwandtschaft mit dem aus, das für die *Mortlachs* verwendet wird. Dazu kommen mehrere Jahrgangswhiskies, die bis in die 1950er Jahre zurückgehen. Es gibt praktisch keinen Unabhängigen, der nicht auch immer wieder *Linkwoods* führt – immer ein Zeichen dafür, dass ein Whisky vor allem für Blends (und dieser wird von den

Master Blendern unter die Top 12 gezählt) gemacht wird und deshalb auf dem freien Markt viele Fässer zirkulieren. Die Eigentümer selbst haben einen mit 12 Jahren in der »Flora & Fauna«-Serie und hatten mindestens 6 Versionen bei den »Rare Malts«. Für die »Special Releases« entschied man sich für ein Trio von Halbliterflaschen mit *finishings* (Port Wood, Rum Wood und Red Wine Wood) von 1981.

Es gibt kein *Visitor Centre*.

LITTLEMILL
[little mill]

Kleine Mühle ehemals: Dunbartonshire

Abgebrannt und abgerissen

Besitzer ehemals Loch Lomond Distillery (A. Bulloch Agencies Ltd, Schottland)

Adresse Bowling, G60 5BG · OS 6444 / 73

LOWLANDS

In der am besten recherchierten Genealogie der schottischen Brennereien, »The Making of Scotch Whisky« von Michael S. Moss, in diesem Standardwerk also hat Littlemill einen der längsten »Stammbäume«. Das liegt nicht nur an ihrem Alter – das offiziell genannte Jahr 1772 wird von einer anderen Autorität der Whiskyhistoriographie, Prof. McDowall, noch unterboten, der von 1750 spricht, was unterstreicht, dass Littlemill eine sehr alte, vielleicht die älteste Destillerie des Landes ist. Aber die vielen Zeilen bei Moss indizieren auch einen ungewöhnlich häufigen Wechsel von Besitzern, der in der jüngeren Vergangenheit keineswegs geringer war. Die amerikanische Firma Barton Brands wird genannt, ADP (Amalgamated Distillers Products), die Argyll Group, der einige Manager die 1985 geschlossene Brennerei abkauften. Sie haben auch Glen Scotia übernommen und dafür gesorgt, dass beide wieder produzierten, gingen aber in Konkurs.

1994 übernahmen sie A. Bulloch und die Loch Lomond Distillers, die sie im selben Jahr stilllegten und sie verkauft hätten, wäre da nicht der Denkmalschutz gewesen. Aber auch der konnte nichts ausrichten, als am 4. 9. 2005 ein Feuer »zuhilfe« kam und den Abriss sowie die ersehnte Umwandlung der Fläche ermöglichte. Littlemill hatte zwei *stills* (bis 1930 wurde noch das Dreifachverfahren angewendet), eine modifizierte Form von *Saladin maltings* und bezog ihr Wasser aus den Kilpatrick Hills, also aus den Highlands. Sie liegt aber eindeutig in den Lowlands, am Clyde, an der Straße von Glasgow nach Dumbarton.

Wunder gibt es immer wieder, gerade beim Whisky. Wie kann es einen 12jährigen Malt von einer Brennerei geben, die seit 1994 nicht mehr produzierte? Wir werden uns nicht mehr lange wundern können, denn er soll eingestellt werden, wie seine 5- und 8jährigen Vorgänger. Die Brennerei konnte zwei weitere Whiskies machen, den *Dumbuck* und den *Dunglass*. Letzter wurde auch als Single Malt abgefüllt. Immer noch im Handel ist der Signatory-Doppelpack von einem *Littemill* und ein *Dunglass* von 1967.

Schon die denkmalgeschützten Gebäude bildeten einen traurigen Anblick, aber er war angesichts des Alters der Gebäude erhebender als das, was jetzt zu sehen ist: Eine Allerweltsanlage, die vermutlich Wohnungen beherbergt.

LOCH LOMOND
[loch lómend]

Lomond (leuchtender?) See

In Betrieb **www.lochlomonddistillery.com**

Besitzer Loch Lomond Distillery (A. Bulloch Agencies Ltd, Schottland)

Adresse Dunbartonshire · Alexandria, G83 0 TL, OS 63 39 / 80

HIGHLANDS

Die erst 1976 gebaute Destillerie Loch Lomond stiftet viel Verwirrung. Man muss höllisch aufpassen, um sie nicht mit der Maltbrennerei innerhalb von Hiram Walkers / Ballantine's Grainkombinat in Dumbarton zu verwechseln, die einen *Inverleven*, aber eben auch einen *Lomond* machte. Um es noch komplizierter zu machen, gibt es auch in Loch Lomond *stills*, die jeweils verschiedene Malt-Whiskies erzeugen und mit verschiedenem Ausgangsmaterial, d. h. unterschiedlich getorftem Malz, und veränderten Köpfen der *stills* viele verschiedene Malts machen können. Von ihnen wurde früher nur der *Inchmurrin* und der *Old Rhosdhu* abgefüllt, aber jetzt kommen immer mehr – auch ein Malt, der so heißt wie die Brennerei. Man darf sich von den extrem hässlichen Gebäuden nicht täuschen lassen, im Inneren ist die Anlage *state of the art*. Loch Lomond liegt mitten im Industriegebiet von Alexandria und nur ein paar Fuß nördlich der imaginären Linie, durch die sie den Highlands zuzurechnen ist. Sie ist erst 1965 auf dem Gelände einer ehemaligen Druckerei entstanden. Heute gehört sie wie Littlemill und Glen Scotia A. Bulloch, der auch Glen Catrine Bonded Warehouse besitzt. Zum Komplex gehört auch eine Grain-Brennerei. In ihr wollte man auch einen Malt machen, was zu Auseinandersetzungen mit der SWA führte und letztlich durch die neuen Gesetze von 2009 unmöglich gemacht wurde. Die verschiedenen Malts

sind benannt nach Glens oder Inseln (*inch* bedeutet »Insel«), der *Rhosdhu* nach einer Sandbank im schottischen, durch den Song von Robert Burns unsterblich gemachten Nationalgewässer, das ihr auch das Wasser liefert. Vor einigen Jahren hat ein Brand viel Aufsehen erregt.

Vergessen wir, was früher war. Heute gibt es den *Loch Lomond* ohne Altersangabe, der vor allem in Deutschland viel gekauft wird, weswegen es auch eine 18-, eine 21jährige und sogar eine getorfte Version gibt. Der *Inchmurrin* präsentiert sich mit 12 Jahren in der gleichen Aufmachung wie seine »Schwestern« *Glen Scotia* und *Littlemill*. Als Einzelfassabfüllungen sind mindestens acht verschiedene Malts zu haben: *Croftengea, Inchmoan, Craiglodge, Glen Douglas* und *Inchfad*, manche auch *peated* oder *heavily peated*. Dazu kommt ein Single Grain und die Kuriosität eines Single Blends, dessen Bestandteile komplett in nur einer Brennerei gemacht wurden.

Die Brennerei liegt unweit der A 82, die von Glasgow am See vorbei führt, und bietet, mitten in einem etwas heruntergekommenen Industriegebiet nicht weit vom Romantik umsponnenen Loch, einen eher deprimierenden Anblick.

LOCHSIDE

[loch said]

Seenplatte, Seegegend ehemals: Angus

Abgerissen

Besitzer ehemals: Allied Domecq

Adresse Montrose, DD10 9AD · OS 54 71 / 59

HIGHLANDS

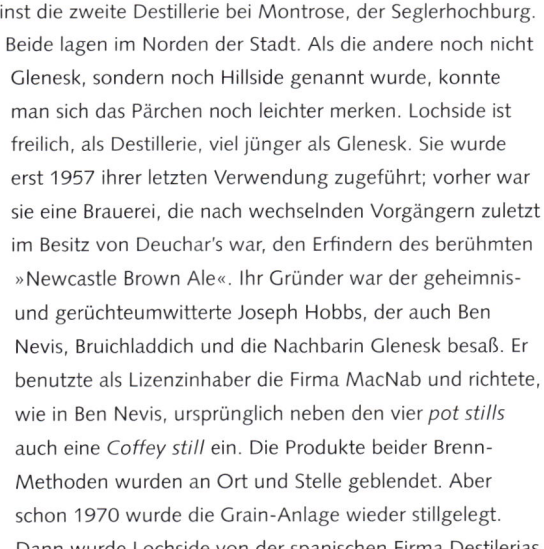

Einst die zweite Destillerie bei Montrose, der Seglerhochburg. Beide lagen im Norden der Stadt. Als die andere noch nicht Glenesk, sondern noch Hillside genannt wurde, konnte man sich das Pärchen noch leichter merken. Lochside ist freilich, als Destillerie, viel jünger als Glenesk. Sie wurde erst 1957 ihrer letzten Verwendung zugeführt; vorher war sie eine Brauerei, die nach wechselnden Vorgängern zuletzt im Besitz von Deuchar's war, den Erfindern des berühmten »Newcastle Brown Ale«. Ihr Gründer war der geheimnis- und gerüchteumwitterte Joseph Hobbs, der auch Ben Nevis, Bruichladdich und die Nachbarin Glenesk besaß. Er benutzte als Lizenzinhaber die Firma MacNab und richtete, wie in Ben Nevis, ursprünglich neben den vier *pot stills* auch eine *Coffey still* ein. Die Produkte beider Brenn-Methoden wurden an Ort und Stelle geblendet. Aber schon 1970 wurde die Grain-Anlage wieder stillgelegt. Dann wurde Lochside von der spanischen Firma Destilerias y Crianza aufgekauft und produzierte hinfort für den spanischen *DYC*. Die Spanier waren sowohl auf dem heimischen wie auf den schottischen Markt aktiv und lande-ten dann schließlich beim Allied Domecq-Imperium (ohne dass Allied Distillers sich je für die Brennerei verantwortlich fühlten). Lochside war dann zu, verfiel zusehends und wurde schließlich dem Erdboden gleichgemacht. Ihr Wasser kam aus einer Quelle auf dem Destillerie-Gelände. Ihren Namen hat sie übrigens von einem zugeschütteten See in ihrer Nähe.

Ein weiterer Kandidat für die Liste der Brennereien und Whiskies, die bei der nächsten Auflage wahrscheinlich fehlen werden. Inzwischen sind wohl die letzten Flaschen vom 10jährigen, den es noch lange in Spanien gab, verschwunden, aber immer noch findet das eine oder andere Fass zu einem Unabhängigen wie Berry Bros., Gordon & MacPhail oder den Laing-Brüdern. Der erstaunlichste Fund dürfte wohl das Fass sein, das Adelphi bei sich reifen ließ, bis sie es 2011 mit 46 Jahren abfüllten: Tatsächlich einer der Blends, der 1965 in Lochside gemischt wurde.

Once upon a time … – aber jetzt spurlos verschwunden.

LONGMORN
[long morn]

Platz des heiligen Mannes

In Betrieb www.maltwhiskydistilleries.com

Besitzer Chivas Brothers (Groupe Pernod-Ricard, Frankreich)

Adresse Morayshire · Longmorn by Elgin, IV30 3SJ, OS 28 23 / 58

SPEYSIDE

Der Name verheißt einen langhaltenden (Sommer-)Morgen, bedeutet aber im Gälischen sehr viel prosaischer *place of the holy man* (der vielleicht St. Morgan hieß, eine weitere Variante für die Erklärung des Namens). Longmorn wurde in den Jahren des Whiskybooms 1894 / 95 von John Duff auf einem Platz gebaut, wo lange vorher einmal eine Kapelle gestanden und dreihundert Jahre eine Mühle gearbeitet hatte.

Schon 1898 wurde die Nachbar-Destillerie Benriach übernommen. Die Vereinigung 1970 mit Glen Grant und Glenlivet machte eine Erweiterung von vier auf sechs, später auf acht *stills* möglich. Eingeweihte wussten längst, dass der Whisky von Longmorn es ohne weiteres mit den eigenen »Stallgenossen« und mit fremden Konkurrenten aufnehmen konnte (und bei Blendern ebenso begehrt war, die ihn zur Abrundung ihrer Kreation als »top dressing« schätzen), nur eben leider viel zu selten zu bekom-

men war. Auch nach der Übernahme durch Seagram (1977 / 78) und deren Verkauf an den heutigen Besitzer hat man die alte Dampfmaschine und das Wasserrad nicht ausgemustert. Das Wasser wird von einer örtlichen Quelle bezogen, der man ewiges Sprudeln nachsagt – vielleicht ein später Segen des Heiligen Mannes.

Der grandiose, leicht rauchige Tropfen, einst, wenn überhaupt, nur von Gordon & MacPhail, zu bekommen, wurde von Seagram als 15jähriger in die »Heritage Selection« aufgenommen. Pernod zieht ein Jahr mehr vor und hat auch beim Volumen etwas zugelegt: 48 %. Dazu gibt es, in Halbliterflaschen, innerhalb der »Cask Strentgth Edition«, die hauptsächlich online angeboten wird, immer wieder Einzelfassabfüllungen. Doch auch G & M dürfen ihn noch verkaufen, in einer Art Lizenzabfüllung.

Longmorn, etwa vier Kilometer südlich von Elgin an der A 941 nach Rothes, ist für das Publikum nicht offen. Daran haben weder Seagram noch die Franzosen etwas geändert.

MACALLAN, THE
[mak-állen]

Allans Sohn (oder Fillan's Feld)

In Betrieb **www.themacallan.com**

Besitzer The **1887** Company (Edrington Group, Schottland)

Adresse Banffshire · Easter Elchies by Craigellachie, AB38 9RX, OS 28 27 / 44

Telefon 01 340 872 280

SPEYSIDE

Schier endlos ist die Zahl derer, die ihn ihren Lieblings-Whisky nennen, kaum zu zählen die Hymnen und Prädikate. Den »Rolls Royce unter den Malts« hat man ihn genannt – und das Image des Besonderen, Exclusiven, Kostbaren ist ebenso verdient, wie es sorgsam, konsequent und liebevoll bis ins kleinste Detail gepflegt wird: Durch dediziertes Qualitätsbewusstsein in der Herstellung und vor allem durch die Konsequenz, mit der man jahrzehntelang für Eigenabfüllungen ausschließlich nicht nur einfache Sherry-, sondern Olorosofässern verwendete, bis die Strategie gewechselt und die neue »Fine Oak«-Reihe eingeführt wurde. Aber immer noch werden sorgsam ausgesuchte Fässer in Spanien auf eigene Kosten erst einmal mit Wein gefüllt und dann zur Whiskylagerung höchstens ein- bis zweimal verwendet. Auch das an ein kleines Schloss erinnernde alte Manorhaus gehört dazu, das von Alters her zum Besitz gehört und, liebevoll restauriert, lange als *Visitor Centre* diente, ehe man ein neues Gebäude dafür errichtete. Es war, gleichsam als Logo, ebenso jahrzehntelang auf den eleganten weißen Verpackungen der »Normal«-Flaschen abgebildet. Stolz ist man darauf, dass die Brennerei, die in der Nähe der alten Telford Bridge auf einem Hügel über dem Spey liegt, schon 1824, also im gleichen Jahr wie Glenlivet, die Lizenz erworben hatte und dass wahrscheinlich auch vorher schon dort gebrannt wurde. Stolz war man, dass Macallan, das sich auf den Flaschen selbstbewusst vom »Glenlivet«-Zusatz befreit

und sich stattdessen ein hoheitsvolles *The* zugelegt hat, zwar seit 1966 an der Börse gehandelt wurde, dass aber immer noch Mitglieder der Familie von Roderick Kemp, der sie 1892 übernommen hatte, maßgeblich beteiligt waren – bis zum Juli 1995, als Macallan durch ein *hostile takeover* (feindliche Übernahme) an die heutigen Besitzer fiel, die zusammen mit Suntory schon vorher beteiligt waren. In den 1950er Jahren zweimal erweitert und inzwischen auf immerhin 21 *stills* angewachsen, kokettiert man damit, dass sie die kleinsten der Speyside seien. Seit 1980 ernsthaft auf den Markt gebracht, ist der Macallan zu einer Edelmarke geworden, was einer geschickten Strategie, cleverer und oft witziger Werbung und der Tatsache zu verdanken ist, dass der Malt in einigen spektakulären Blindverkostungen sogar teure Renommier-Cognacs hinter sich gelassen hat.

Würden wir bei Macallan so hochmütig sein und Vollständigkeit auch nur anstreben wollen, würde die Liste wohl viele Seiten umfassen – und es würden viele Flaschen darin auftauchen, die zur Legende geworden sind und Erinnerungen an viele schöne und genussreiche Stunden heraufbeschwören. Selbst das gegenwärtige Angebot ist schon schwer genug zu fassen, besonders nach der Einführung der »Fine Oaks«, die *Macallan* seiner einsamen Stellung als feinster Sherry-Malt beraubt haben –

besonders in Deutschland, wo in der groteskesten Marketing-Fehlentscheidung der Whiskygeschichte die traditionelle Reihe ganz vom Markt genommen wurde. Lassen Sie sich nicht täuschen: es gibt sie noch, und genauso umfangreich wie seit jeher mit 10 (auch als *highproof*), 12, 18, 25 und 30 Jahren. Die »Fine Oaks« haben zusätzlich noch 17- und 21jährige. Außerdem gibt es »The 1824 Collection« mit dem Unterreihen »Select Oak«, »Whisky Maker's Edition«, »Estate Reserve«, »The 1824 Limited Edition« und »Oscuro«. Kostbare alte Jahrgänge bietet die »Fine & Rare«-Serie (als ältesten einen 1926er). Macallan bedient auch gerne den Luxus-Markt, z. B. mit den Kristall-Decantern der Lalique-Edition. Gerne nimmt man auch Prominente wie den Fotografen Albert Watson oder den Krimiautor Ian Rankin als »Herausgeber« von speziellen Macallans. Auch die Unabhängigen haben ihn oft und Gordon & MacPhail kann in der Speymalt-Serie sogar ebenfalls sehr alte Macallans bieten.

Besuche sind ganzjährig möglich, eine vorherige Anmeldung aber immer empfehlenswert, auf jeden Fall zur »Precious«-, aber auch zur Standard-Tour. Auch wer schon viele Brennereien besucht hat und nicht schon wieder erklärt haben möchte, dass man zur Whiskyherstellung Gerstenmalz braucht, kann sich einfach durch die Schönheit des Ortes und den Blick von den Anhöhen hinunter auf den Spey bezaubern lassen.

MACDUFF

[mac-daff]

Duffs Sohn

In Betrieb

Besitzer John Dewar & Sons (Bacardi Limited, Bermuda)

Adresse Banffshire · Banff, AB45 3JT, OS 29 69 / 63

HIGHLANDS

Weil sie östlich von Banff am Ostufer des Deveron liegt, nur einige Schritte vom Moray Firth entfernt, heißt ihr Whisky *Glen Deveron*; unter dem Namen der Destillerie, als *Macduff*, wird er nur von den »Unabhängigen« abgefüllt. Die Brennerei wurde erst 1962 gebaut und, nachdem sie Stanley Morrison (Bowmore, Auchentoshan, Glengarioch) besessen und von zwei auf drei, dann auf vier *stills* erweitert hatte (jetzt sind es fünf), 1972 von William Lawson übernommen – mit dem Hauptzweck, den Blends der Firma zuzuliefern. 1980 wurde Lawson und damit auch Macduff von einem in Luxemburg ansässigen Konzern erworben, der sein Geld vor allem mit den

Produkten von Martini & Rossi machte und später vom Bacardi-Konzern übernommen wurde. Der kaufte 1998 zusammen mit vier schottischen Brennereien die Marke *Dewar's White Label* und ließ den altehrwürdigen Namen Lawson aus dem Handelsregister streichen, um seine Whiskyaktivitäten unter dem Namen John Dewar & Sons neu zu strukturieren. Das ist nur ein weiterer Hinweis auf die gigantischen Umschichtungen im Spirituosengeschäft der letzten Jahrzehnte.

Dies ist ein Malt, der wirklich zu oft übersehen und zu sehr vernachlässigt wird, ein richtiges Aschenbrödel. Es gab ihn mit 8, mit 12 und sogar 15 Jahren, dann kamen ein paar Jahrgangsabfüllungen und als die eingestellt wurden, keimte die Hoffnung auf größeren Bedarf und größeres Angebot. Sie war unberechtigt. Da darf man froh sein, dass es ihn jetzt als 10jährigen *Glen Deveron* gibt, mit dem Herstellungsjahr auf dem Label, das übrigens immer noch William Lawson nennt. Auch bei den Unabhängigen, als *Macduff*, macht er sich rar.

Macduff, über dem Deveron gelegen, ist für Besucher leider nicht zugänglich. Aber Whisky ist ja nicht alles, was Schottland zu bieten hat, und am anderen Ufer des Flusses entschädigt der wunderschöne Bau von Duff-House für die weite Anreise.

MANNOCHMORE
[mánnoch-mór]

Großer Mönch

In Betrieb www.malts.com

Besitzer Diageo plc, England

Adresse Morayshire · Birnie by Elgin, IV30 3SS, OS 28 21 / 57

SPEYSIDE

Dass Mannochmore etwas und was es mit Glenlossie zu tun hat, ist dort nachzulesen. Mannochmore ist fast ein Jahrhundert jünger; die Destillerie wurde erst 1972 eingeweiht und 1985 schon wieder geschlossen, ging dann aber wieder in Produktion. Im Unterschied zur älteren Schwester ist sie, toitoitoi, bisher auch von dem

obligatorischen Feuer verschont
geblieben. Mannochmore, die
wie viele andere Brennereien
auch auf die gute sparsam-
schottische Weise ihre Abfälle
nicht wegwirft, sondern in
einer eigenen Tierfutterfabrik
verwertet, kann eine Million
Gallonen Malt produzieren –
das Problem war lange Zeit
nur, auch nur eine einzige
davon auf Flasche abgefüllt
zu finden. »Mannochmore
has never been available
as a single« schrieb z. B.
Michael Jackson. Er irrte
glücklicherweise. Zumin-
dest einmal gab es ihn
auch damals schon, freilich
nur für Mitglieder als Abfüllung der »Scotch Malt
Whisky Society«. 1992
wurde er dann in die Serie

»Flora & Fauna« aufgenommen. Die hat ihren Namen, weil das Etikett und die früher
als Verpackung dienende Holzkiste schottische Tiere und Pflanzen schmücken. Bei
Mannochmore ist es ein Specht. Leider kann man sich nicht darauf verlassen, dass er
permanent im Angebot ist. Aus Mannochmore kam auch der berüchtigte, wegen seiner rabenschwarzen Farbe so genannte *Loch Dhu*. Woher sie kam, wurde nie geklärt.
Vermutlich waren die Fässer mit dem Sherry-Extrakt Paxarette »gewürzt« und den
Rest besorgte eine Extradosis des gesetzlich erlaubten *spirit caramel*, also Zuckerkulör.

Die »F & F«-Abfüllung enthält einen 12jährigen. Er war, mit einer Version, auch bei
den »Rare Malts« vertreten, ebenso bei den »Managers' Choice«. Ein 18 Jahre alter
von 1990 kam als »Special Release«. Glücklicherweise haben die Unabhängigen
Vorräte, aber häufig ist er auch bei ihnen nicht.

Besuche in der Brennerei sind – eine weitere Gemeinsamkeit mit Glenlossie – leider
nicht möglich.

MILLBURN
[mill börn]

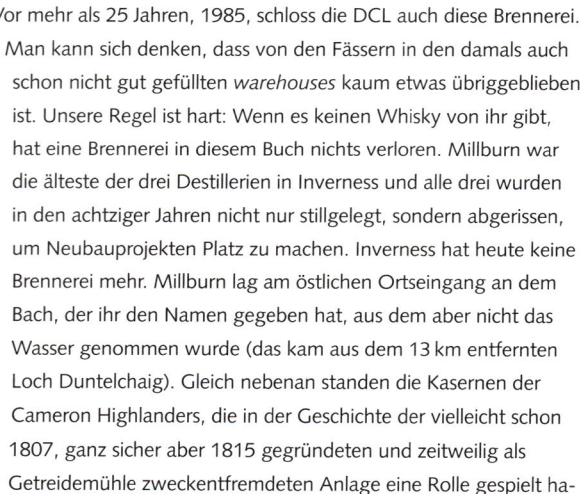

Mühlbach ehemals: Inverness-shire

Abgerissen

Besitzer ehemals DCL

Adresse Inverness, IV2 3QX · OS 26 67 / 45

HIGHLANDS

Vor mehr als 25 Jahren, 1985, schloss die DCL auch diese Brennerei. Man kann sich denken, dass von den Fässern in den damals auch schon nicht gut gefüllten *warehouses* kaum etwas übriggeblieben ist. Unsere Regel ist hart: Wenn es keinen Whisky von ihr gibt, hat eine Brennerei in diesem Buch nichts verloren. Millburn war die älteste der drei Destillerien in Inverness und alle drei wurden in den achtziger Jahren nicht nur stillgelegt, sondern abgerissen, um Neubauprojekten Platz zu machen. Inverness hat heute keine Brennerei mehr. Millburn lag am östlichen Ortseingang an dem Bach, der ihr den Namen gegeben hat, aus dem aber nicht das Wasser genommen wurde (das kam aus dem 13 km entfernten Loch Duntelchaig). Gleich nebenan standen die Kasernen der Cameron Highlanders, die in der Geschichte der vielleicht schon 1807, ganz sicher aber 1815 gegründeten und zeitweilig als Getreidemühle zweckentfremdeten Anlage eine Rolle gespielt haben: Einer der Cameron-Kommandanten, Col. David Haig, war einige Zeit ihr Besitzer – und unter seinem Kommando bewährten sich die braven Soldaten 1922, als sie halfen, einen verheerenden Brand zu bekämpfen. Dass das Feuer nicht auch die Whiskyvorräte in den Lagerhäusern vernichtete, erzählt man sich, sei vor allem ihnen zu verdanken.

Bevor die Tränen zu dick werden: Flaschen mit der Aufschrift *The Mill Burn*, ein Vatted Malt, sind zwar wohl nicht mehr zu finden, aber von den, wahrscheinlich fünf, »Rare Malts« von UDV / diageo steht die eine oder andere noch da und dort. Außerdem sind es natürlich wieder Gordon & MacPhail mit der großartigen »Connoisseurs Choice«-Reihe, die (noch) helfen können.

An der Stelle von Millburn Distillery steht heute ein Neubaukomplex, zu dem auch ein Pub gehört. Einen *Millburn* führen sie nicht, aber auch ein Gläschen *Haig's* oder *Dimple* (den die Haigs auch »erfunden« haben) wäre zum Trost und zum Gedenken durchaus angemessen.

MILTONDUFF

[milten-dáff]

Schwarze Mühle, Duffs Mühle

In Betrieb www.maltwhiskydistilleries.com

Besitzer Chivas Brothers (Groupe Pernod-Ricard, Frankreich)

Adresse Morayshire · Miltonduff by Elgin, IV30 3TQ, OS 28 18/60

SPEYSIDE

Miltonduff, manchmal auch in zwei Wörtern (mit und ohne Bindestrich) Milton Duff geschrieben, liegt auf historischen Grund: Auf dem von Pluscarden Abbey, dem einzigen auch heute noch aktiven Kloster in Schottland, das von der heutigen Destillerie allerdings gute fünf Kilometer entfernt ist. Schon im Mittelalter wurde dort gebraut – und vielleicht auch gebrannt. Das Wasser von Black Burn wurde damals wie heute dazu verwendet. Die jetzige Brennerei geht auf 1824 zurück, wurde 1895 neuerrichtet und 1974 unter der Regie des Konzerns Hiram Walker, der sie 1936 übernommen hatte, in großem Maßstab erneuert. Dabei wurden auch die zwei *Lomond stills* eingebaut, deren Whisky unter dem Namen *Mosstowie* (siehe dort) bekannt ist. 1999 wurde unter Führung der damaligen Besitzer Allied Distillers eine umfassende Reno-vierung abgeschlossen, die es erlaubt, dort mehr als 5 Millionen Liter Alkohol im Jahr zu produzieren – und das mit nur einem Mitarbeiter pro Schicht. Wenn gilt, dass Malt vor allem das Produkt der Menschen ist, die ihn machen, ist das allerdings kein Fortschritt!

Dass G. Ballantine & Sons die Lizenz hatten, konnte man früher leicht an der typischen Flasche sehen, die *Miltonduff* mit dem Marken-Blend ebenso gemeinsam hatte wie mit dem fünfjäh-rigen *Balblair*. Das war zu Walkers Zeiten. Allied, ihre Nachfol-ger, waren ausschließlich an ihren beiden Malts *Laphroaig* und *Glendronach* interessiert, die anderen Brennereien waren nur Zulieferbetriebe für ihre erfolgreichen Blends. Erfreulicherwei-se gaben sie aber Gordon & MacPhail die Erlaubnis, neben *Balblair*, *Scapa* und *Pultney* auch den *Miltonduff* abzufüllen. Die Unabhängigen aus Elgin verwenden dafür ein erfreulich unprätentiöses Label, das einfach nur die Brennerei in ihrer Umgebung zeigt. Es schmückt einen 10jährigen und hin und wieder eine Jahrgangsabfüllung. Daneben scheinen sie auch eigene Vorräte zu haben. Die aktuellen Besitzer bieten, online, einen *Cask Strength* an.

Miltonduff hatte einmal ein *Reception Centre*. Heute bleiben die Türen verschlossen, obwohl ein Besuch eine Alternative zu anderen Destillerien wäre, gibt es doch ein Zentrum für Destillerie-Technik, Labors und eine Tierfutteranlage.

MORTLACH
[mort-lach]

Großer (grüner) Hügel

In Betrieb	www.malts.com / www.mortlach.de
Besitzer	Diageo plc, England
Adresse	Banffshire · Dufftown, AB55 4AQ, OS 28 32 / 39

SPEYSIDE

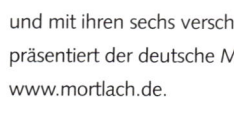

Man meint den Whisky (oder zumindest den »Anteil der Engel«) zu riechen, wenn man sich Dufftown nähert, wo es fast mehr Brennereien als Wohnhäuser gibt. Je nach Zählung sind es mittlerweile acht oder sogar zehn. Mortlach ist die älteste von ihnen. Sie steht auf geheiligtem schottischen Boden: König Malcolm schlug dort 1010 die Dänen. Damals stand die berühmte Mortlach-Church schon einige Jahrhunderte. Man findet sie, wenn man von der Destillerie den reizvollen Weg am Dullan entlang flussaufwärts wandert. 566 wurde sie erbaut und ist damit eine der ältesten christlichen Stätten in Schottland. Aus dem Flüsschen kommt übrigens nur das Kühlwasser; das »richtige« Wasser zum Maischen wird aus den Conval Hills nach Mortlach geholt. Mortlach, 1823 gegründet, wurde mehrmals modernisiert, sieht mit seinen Pagoden aber immer noch sehr *old fashioned* aus. Leider wird aber nicht mehr mit Kohle beheizt und auch die beiden Mälzböden sind nicht mehr in Betrieb. Mortlach gehörte zu den seltenen Brennereien, die auch während des zweiten Weltkriegs produzieren durften. Die alte Mortlach, in der einst William Grant 20 Jahre arbeitete, ist im Inneren eine moderne Brennerei mit Ein-Mann-Betrieb geworden. Ihre Brenn-Methode ist aber immer noch einmalig und mit ihren sechs verschiedenen *stills* und drei *spirit safes* sehr kompliziert. Ein Schema präsentiert der deutsche Mortlach-Spezialist Markus Mattonet auf seiner Internet-Seite www.mortlach.de.

Mortlach ist heißbegehrt bei den Blendern, von denen ihn einige ihre absolute Nummer 1 nennen, und ebenso heißbegehrt und -geliebt bei vielen Malt-Kennern. Seine Eigentümer haben sich nie anstrengen müssen, ihn zu verkaufen. Was sie nicht brauchen, wird ihnen aus den Händen gerissen. Sie haben einmal den zaghaften Ansatz gemacht, ihn anzubieten, und geben sich seitdem mit dem hin und wieder zu findenden 16jährigen in der »Flora & Fauna«-Reihe, einigen »Rare Malts« und einem Fass bei den »Managers' Choice« zufrieden. Immerhin haben sie Gordon & MacPhail erlaubt, ihn unter dem Namen des Lizenzinhabers G. Cowie & Sons zu verkaufen. G & M konnten mit einem 70 Jahre alten von 1938 den bisher ältesten Malt überhaupt anbieten, ein kostbares Tröpfchen in einer angemessenen Aufmachung. Auch wenn so viel an die Blender geht, ist er aber bei den Unabhängigen gut zu bekommen.

Mortlach hat leider kein *Visitor Centre*. Das ist schade, denn diese Form der Destillation ist wirklich einzigartig. Wo kann man sonst eine Brennblase sehen, die »wee witchie«, kleine Hexe, heißt?

MOSSTOWIE
[moss-tauie]

Ortsname ehemals: Morayshire

Abgebaut

Besitzer ehemals Allied Distillers, Schottland

Adresse Miltonduff by Elgin, IV30 3TQ · OS 28 18 / 60

SPEYSIDE

Es gibt ein Anwesen namens Mosstowie südwestlich von Elgin in der Nähe des Lossie (OS 28 15 / 60), aber das ist nicht die Destillerie, aus der dieser Whisky kommt. Die liegt knapp 2,5 km weiter östlich und heißt – Miltonduff. Wie im Fall von Glenburgie / Glencraig oder Lomond / Inverleven handelt es sich um eine ursprünglich von Hiram Walker geführte Brennerei (zu Allied Distillers geworden und mit ihnen von Pernod-Ricard übernommen) und wie dort hat man auch in Miltonduff bei einer Überholung zwei *stills* vom sogenannten *Lomond*-Typ eingebaut, deren Produkt sich gravierend von dem der anderen *stills* unterscheidet, deshalb auch einen anderen Namen und damit das Recht bekam, in diesem Buch zu erscheinen. Der *Mosstowie* war immer eine Rarität; bald wird es ihn aber gar nicht mehr geben, weil die beiden *Lomond stills* schon lange, 1981, wieder abgebrochen worden sind.

Seine Eigentümer haben nie einen *Mosstowie* abgefüllt, dafür konnten die Mitglieder der »Scotch Malt Whisky Society« (selten genug) hin und wieder mit einem Fläschchen rechnen. Gordon & MacPhail hatten ihn regelmäßiger in der »Connoisseurs Choice«-Reihe, z. B. von 1970, 1975 und jetzt 1979. Signatory hatten und haben ihn, wie auch der in Huntly ansässige Abfüller Duncan Taylor, der viele alte Fässer sein eigen nennt.

Früher konnte man wenigstens Miltonduff, wo der Whisky ehedem gebrannt wurde, besichtigen. Die Franzosen lenken Besucher nach Glenlivet, Strathisla und Aberlour, die Türen ihrer vielen anderen Brennereien bleiben verschlossen. Miltonduff, wie dort beschrieben, grüßt hinüber zu dem kleinen Sträßchen, das man nehmen muss, wenn man von Elgin über das einzige aktive schottische Kloster Pluscarden Abbey Richtung Inverness fährt: Zum Whiskymuseum Dallas Dhu, zum Schlachtfeld von Culloden oder zum Macbeth-Schloss Cowdor.

North Port (-Brechin)

[norß poort, bréchin]

Nördliches Tor ehemals: Angus

Abgerissen www.malts.com

Besitzer ehemals UDV

Adresse Brechin, DD9 6BE · OS 44 59 / 60

HIGHLANDS

North Port, manchmal auch zusätzlich mit dem Namen ihrer Stadt Brechin genannt, war immer sehr selten in Flaschen zu finden. Die Brennerei war oft geschlossen, kriegsbedingt wie 1917–1919 und 1940–1947, oder produktionsabhängig, weil die Whiskyindustrie Übermengen vermeiden oder abbauen wollte. Im Zuge eines solchen Manövers wurde North Port wie viele andere Brennereien im Krisenjahr 1983 geschlossen und, anders als viele ihrer »Schwestern« im Besitz von UD bzw UDV, leider nicht wieder in Betrieb genommen. Sie trägt ihren jetzigen Namen – bei der Gründung 1820 hieß sie Townhead, drei Jahre später Brechin – nach einem Tor in der

(längst abgerissenen) Stadtmauer des Städtchens, das mit Glencadam immerhin noch eine zweite Destillerie beherbergt und inmitten einer Gegend liegt, die für ihren Gerstenanbau berühmt war. North Port war klein und hatte nur zwei *stills*. Sie war immer ein Familienbetrieb in dem Sinn, dass die Arbeitsplätze über Generationen hinweg vom Vater auf den Sohn übergingen. Die Kondensatoren wurden in einem durch die Anlage fließenden Bach gekühlt und das »Prozess«-Wasser kam – glückliches Schottland! – aus dem örtlichen Wassernetz, das aus Loch Lee gespeist wird.

Einer der ganz raren Malts. In diesen Fall trug die Reihe der »Rare Malts« ihren Namen wirklich zu Recht. Außer den drei Varianten, die sie noch bei UD bzw. UDV herausbrachte, gab und gibt es den Whisky als *North Port* nur bei den Unabhängigen. G & M haben ihn zuweilen immer noch als »Connoisseurs Choice«, zuletzt einen 1982er. Diageo, wie die Firma nach mehreren Namenswechseln heute heißt, brachte 2005 in ihrer Serie »Special Releases« einen 28 Jahre alten *Brechin*, ohne das Nordtor zu erwähnen.

Inmitten der Stadt gelegen und deshalb natürlich auf einem wertvollen Grundstück, blieb die Brennerei nicht lange eine Ruine. Sie wurde 1990 verkauft und vier Jahre später durfte sie das Schicksal der Stadtmauer teilen und wurde abgerissen. Heute steht dort ein Supermarkt.

OBAN

[óben, oo-baan]

Kleine Bucht

In Betrieb www.discovering-distilleries.com, www.malts.com

Besitzer Diageo plc, England

Adresse Argyll & Bute · Oban, PA34 5NH, OS 49 85 / 29

Telefon 01 631 572 004

HIGHLANDS

Die Destillerie liegt mitten in der kleinen und (wenigstens im Sommer) sehr umtriebigen Stadt, die das Zentrum der westlichen Highlands ist und der Ausgangspunkt für die Fähren nach Mull und anderen Hebriden-Inseln. Die grauen Steingebäude von Oban Distillery werden überragt, ja gekrönt vom Wahrzeichen der Stadt, dem pompös-grotesken McCaig's Tower, einer wie die Faust aufs Auge in diese Landschaft passenden Rekonstruktion des römischen Colosseums, das der Bankier McCaig als Familienmonument errichtet hat. Die Brennerei ist sehr alt und soll bereits 1794 von der für die Entwicklung der Stadt wichtigen Familie Stephenson gebaut worden sein. Man hatte sich eine Stelle der *Little Bay of Caves* ausgesucht, die vielleicht die älteste Siedlung Schottlands geborgen hatte – so will es jedenfalls das Etikett des *Oban* wissen. Tatsächlich wurden in einer Höhle auf dem Brennerei-Gelände menschliche Überreste aus dem Neolithikum gefunden! Seit 1923 gehörte die Brennerei zu John Dewar & Sons, über den sie ein Teil des Konzerns DCL und seiner Tochter SMD wurde. Auch Oban war in ihrer Geschichte mehrmals geschlossen (zuletzt 1969–1972). Das Wasser für die zwei *stills* kommt aus dem Loch Gleann à Bhearraidh von den Mooren von Ardconnell, die auf den Bergen hinter der Stadt liegen.

Der *Oban* gehört, seit die geniale Serie geschaffen wurde, zu den »Classic Malts of Scotland«, für die sein Alter um 2 auf 14 Jahre erhöht wurde. Wie alle diese Klassiker hat auch er einen »Bruder« in der »Distillers Edition«, der in regelmäßigen Abständen in einer neuen Abfüllung herauskommt, die in seinem Fall in Montilla Fino-Holz nachreift. Anders als in Amerika ist der Malt in Europa, leider, nicht gerade ein Kult-

whisky und den Herstellern scheint das gerade recht zu sein, weil Oban eine winzig kleine Produktion hat, die wegen der Lage ihrer Gebäude auch nicht so ohne weiteres erhöht werden könnte. Deshalb gab es bis auf einen einzigen »Special Release« und natürlich das eine Fass bei den »Managers' Choice« nie Sonderabfüllungen und das wurde wegen seiner Jugend (9 Jahre) und seines exorbitanten Preises viel kritisiert. Die Unabhängigen haben ihn praktisch nie.

Das neugestaltete und informative *Visitor Centre* ist bis auf Januar ganzjährig geöffnet. Die Brennerei liegt günstig mitten in der Stadt. Oban hat viele Touristen, die Brennerei also großen Zuspruch. Deswegen ist eine Anmeldung zur Führung wichtig. Im Shop gibt es übrigens ein »Distillery Bottling« des raren Westküsten-Highlanders.

PITTYVAICH

[pitti-véch, pitti-víach]

Platz, Farm mit Kuhstall

Abgebaut www.malts.com

Besitzer ehemals Diageo plc, England

Adresse Dufftown Banffshire, AB55 4BR · OS 28 32 / 39

SPEYSIDE

Als Arthur Bell & Sons die Dufftown Distillery kauften, erwarben sie auch Pittyvaich Farm, die etwas oberhalb der Brennerei liegt. Sie bot den Platz, auf dem 1974 eine neue Destillerie gebaut werden konnte – und sie machte den alten Spruch ungültig, demzufolge Rom zwar sieben *hills*, Dufftown aber sieben *stills* habe. Der neue Betrieb war sehr modern, zweckmäßig in der Anlage und auch kostengünstig, weil die alte und die neue Brennerei zusammen betrieben werden konnten. Für Pittyvaich freilich brauchte man nicht die alten Arbeiter, die sich auf Erfahrung, ihren Blick und ihre Nase verlassen, sondern Betriebsingenieure, die nach einer vorübergehenden

Schließung eine Zeitlang genau die richtigen waren, um Experimente durchzuführen, und es dabei sogar mit Gin versuchten. 2002 wurde der Betrieb endgültig eingestellt. Pittyvaich hatte vier *stills* und verwendete zum Maischen Wasser aus den beiden Quellen Convalleys und Balliemore, das gleiche Wasser also wie Dufftown Distillery, was neue Möglichkeiten zum Studium des alten Problems der Gemeinsamkeiten und der Verschiedenheiten bietet. Man findet die Reste der Brennerei übrigens, wenn man von Mort- lach und der uralten Kirche mit dem Friedhof, auf dem das Familiengrab der Grants von Glenfiddich liegt, weiter den schönen Weg am Water of Dullan entlangspaziert, an

Dufftown Distillery vorbei bis zum Wasserfall, dort den Bach überquert und die Straße oberhalb der Brücke zurückwandert.

Es gab nur zwei Eigentümer-Abfüllungen: 1991 einen 12 Jahre alten »Flora & Fauna« und dann sehr viel später, 2009, bei den »Special Releases« einen 20jährigen von 1989. In diesem Fall hat MacArthur die Ehre, der erste überhaupt gewesen zu sein, von dem man eine Flasche kaufen konnte, aber viele Nachfolger hat er nicht gefunden. Am ehesten hat man noch Chancen bei Gordon & MacPhail und ihrer »Connoisseurs Choice«.

Pittyvaich, das von den Dorfbewohnern verblüffend verschieden ausgesprochen wird, konnte immer nur von außen bestaunt werden. Trotzdem sollte man die schöne Wanderung unternehmen.

PORT ELLEN

[port ellen]

Ellens Hafen

Größtenteils abgerissen **www.malts.com**

Besitzer ehemals DCL

Adresse Ehemals: Argyll & Bute · Port Ellen, Isle of Islay, PA42 7AH, OS 60 36 / 45

ISLAY

Bewunderung für die Vergangenheit mischt sich mit Trauer über die Gegenwart: Ausgerechnet die erste Destillerie, auf die jeder stößt, der mit der Fähre auf der Südroute in Islay landet, neben deren Pagoden Schornsteine weithin sicht- und riechbar verführerisch nach Torf duftenden Rauch ausstoßen, ausgerechnet diese Destillerie ist geschlossen. Nur die riesigen *maltings* arbeiten, die Lagavulin, Caol Ila und alle anderen Brennereien außer Bruichladdich auf der Insel versorgen. Nachdem Port Ellen bereits 1929–1966 *silent* war, wurde schon 1983 wieder aufgehört – und diesmal endgültig: Eine der Pagoden ist abgerissen, die ganze Technik abgebaut und die vier *stills* wurden auf dem Festland eingeschmolzen. Auch sie wurde das Opfer der großen Krise, als der Rückgang der Blends zum »Whisky-Loch« führte. Der Whisky wird immer mehr zur Rarität, das Ende wird irgendwann kommen. Bitter nicht nur für Islay-Liebhaber, sondern auch für alle, die sich für Geschichte interessieren. Denn mindestens zweimal hat Port Ellen, 1825 gegründet, Geschichte geschrieben: Hier wurde zum ersten Mal ein *spirit safe* installiert. Hier wurde an der Erfindung der kontinuierlichen Destillation gearbeitet. Und von hier stachen die Schiffe in See, mit denen 1840 der Direktexport nach Amerika begann. Dass überhaupt noch Gebäudereste an die alte Brennerei erinnern, ist dem Denkmalschutz zu verdanken, der darauf bestand, zwei der Pagoden nicht anzutasten und auch die *warehouses* stehen zu lassen. Sie sind schließlich die ältesten Schottlands.

Als sie geschlossen wurde, hat niemand sie vermißt und auch, als Anfang der 90er Jahre der Malt Whisky immer mehr Liebhaber fand, war er nicht deren erste Wahl. Das hat sich gründlich geändert, heute ist er Kult und jede Flasche ist schnell verkauft, bei fröhlich steigenden Preisen. So mancher Unabhängige wird inzwischen bedauern, wie verschwenderisch er seine Vorräte schmelzen ließ – obwohl noch genügend Fässer vorhanden sind, der Hype also eigentlich gar nicht berechtigt ist. Die DCL-Erben Diageo haben mehrere »Rare Malts« verkauft und bringen bei ihren »Special Releases« munter jedes Jahr eine Abfüllung. Bei den Unabhängigen scheinen besonders Gordon & MacPhail, Signatory und vor allem Douglas Laing über gute Bestände zu verfügen – letztere können es sich sogar leisten, sie in ihrem witzigen *Big Peat* zu verwenden, einem Islay Vatted (oder wie das jetzt zu heißen hat: Blended) Malt.

Schon von der Fähre ist der Name in großen schwarzen Buchstaben an den Lagerhäusern zu lesen. Auch sie sind jetzt leer, nachdem Diageo die darin lagernden Bestände ihres *Laguvulin* aufs Festland geschafft hat. In den Resten von Port Ellen haben sich verschiedene Betriebe angesiedelt. Die großen *maltings* sind übrigens bis auf einen Tag beim Islay Festival für Besucher tabu.

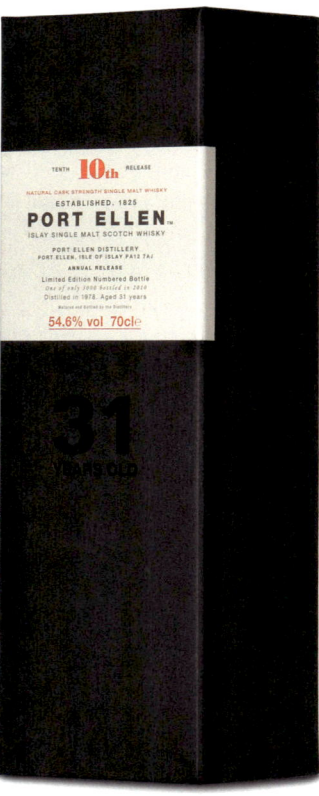

PULTENEY

[púltni]

Ortsname, nach einem der Gründer

In Betrieb www.oldpulteney.com

Besitzer Inver House Distillers (Thai Beverage plc, Thailand)

Adresse Caithness · Wick, KW1 5BA, OS 12 36 / 50

Telefon 01 955 602 371

HIGHLANDS

Unergründlich sind sie oft, die Ratschlüsse: Es bleibt ein Geheimnis, warum seine Eigentümer ihren Whisky ausgerechnet mit dem Präfix *Old* verkaufen lassen. Sagt einem doch jeder, dass gerade dieser Malt ausnehmend schnell reift, weshalb es durchaus vertretbar war und ist, dass G & M ihn schon mit dem zarten Alter von acht Jahren abfüllen. Warum dieser *Old Pulteney* so schnell trinkbar wird, weiß man auch nicht so genau. Es könnte mit der Lage der *warehouses* zu tun haben, die direkt an der Nordseeküste liegen und den frischen Winden ausgesetzt sind: Pulteney, am Rand der ehemaligen Heringshauptstadt Wick gelegen, ist die nördlichste Brennerei auf dem Festland, nur die beiden Orkney-Destillen Highland Park und Scapa liegen »höher«. Pulteney wurde schon 1826 gegründet und wurde fast genau hundert Jahre später, 1925, an DCL verkauft, die sie gleich danach für 25 Jahre schlossen. Hiram Walker übernahm und erneuerte den Betrieb, beließ es aber bei zwei *stills*. Das Wasser zum Maischen kommt aus dem Loch of Hempriggs. Seit 1995 gehört Pulteney Inver House, die jetzt Teil des größten asiatischen Getränkekonzern sind.

Inver House brachten diesen wunderschönen und immer noch zu unbeachteten Whisky endlich auch in Originalabfüllungen heraus: Zuerst einen 12jährigen, einen 15jährigen in Fassstärke (60.6 %) und mehrere *vintages*. Abgesehen von der einen oder anderen Sonderabfüllung zu einem besonderen Anlass umfasst das Portfolio des »maritime malt« jetzt die Altersstufen 12, 17, 21 und 30 Jahre und, nicht zu vergessen, auch einen Whiskylikör. Zu bekommen sind zudem noch die Lizenzabfüllungen von G & M, auch der 8jährige.

Die rührigen Leute von Inver House haben sich von der relativ abgeschiedenen Lage im hohen Norden nicht abschrecken lassen und im Sommer 2000 ein *Visitor Centre* eröffnet. Geöffnet ist es ganzjährig und es gibt drei verschiedene Touren, die für »Whisky Lover«, die »Master Class« und die »Whisky Connoisseurs Tour«. Vor Ort schmeckt der Whisky immer am besten – und in Wick muss man einfach ein Gläschen trinken: Auf dass sie nie wieder die Prohibition einführen, die dort von 1922 bis immerhin 1947 herrschte.

ROSEBANK
[ros-bank]

Rosenufer

Geschlossen und teilweise abgerissen www.malts.com

Besitzer ehemals: UDV

Adresse Ehemals: Stirlingshire · Falkirk, FK1 5BW, OS 65 87 / 80

LOWLANDS

Dies ist kein Ort für Romantiker. Rosebank liegt mitten in einer reinen Industriegegend. Und die Ufer des alten Forth & Clyde Canal, an denen sie sich befindet, sind auch nur spärlich von den namengebenden Rosenbüschen geziert. Glücklicherweise diente das Kanalwasser nur zum Kühlen, zum Destillieren benutzte man die örtliche Wasserleitung, die vom Carron Valley Reservoir gespeist wird. Es wird erzählt, dass ein James Rankine 1840 die *maltings* der früheren Camelon Distillery verwendet hat, um sein Unternehmen zu etablieren. Einige Gebäude aus der Mitte des letzten Jahrhunderts wurden noch benutzt, obwohl schon 1864 in großem Umfang umgebaut wurde. Seit 1914 Teil von SMD war Rosebank 1993 unter dem Dach von UDV, als sie geschlossen wurde. Es gab drei *stills*; gebrannt wurde mit ihnen, wie z. B. auch in Auchentoshan, nach der Dreifach-Methode. Ein Teil der Gebäude steht noch, in einem befindet sich ein Restaurant. Es hat immer wieder Gerüchte gegeben, dass Rosebank vielleicht doch noch einmal produzieren würde – im Zuge einer Revitalisierung und touristischen Aufwertung des Kanals und seiner Umgebung, wo auch Reste der einstmals nördlichsten Mauer des römischen Imperiums, des »Antonine Wall« zu finden sind. Der

Kanal ist mittlerweile restauriert und kann sogar wieder mit Bötchen befahren werden, aber Rosebank bleibt tot.

Rosebank hatte immer treue Anhänger, es gab ihn schon vor dem Malt-Boom, mit 8 und 12 Jahren. UDV brachten immerhin noch den 12jährigen »Flora & Fauna« und (mindestens) vier »Rare Malts«. Dann passierte lange nichts, ehe es doch noch zwei Versionen bei den »Special Releases« gab. Die Unabhängigen sind freundlicher: G & M haben ihn, Signatory und Douglas Laing ziemlich häufig, hin und wieder auch Ian MacLeod (z. B. in der »Dun Bheagan«-Reihe) oder Murray McDavid.

In Falkirk ist eine neue kleine Destillerie im Entstehen, aber sie wird, weil Diageo das strikt ablehnt, nicht Rosebank heißen.

ROYAL BRACKLA
[bráckla]

Platz der gefallenen / gefällten Bäume

In Betrieb

Besitzer John Dewar & Sons (Bacardi Limited, Bermuda)

Adresse Inverness-shire · Cawdor by Nairn, IV12 5QY, OS 27 86 / 51

HIGHLANDS

Nur drei Destillerien dürfen sich *Royal* nennen. Lochnagar und Glenury sind die beiden anderen. Brackla verdankt den stolzen Adelstitel König William IV., der sich 1835 als Liebhaber dieses Whiskys zu erkennen gab. Queen Victoria, damals noch sehr jung, erneuerte den »warrant«. Normalbürger haben nicht oft die Möglichkeit, den königlichen Geschmack zu überprüfen, denn die Erwartungen, die das Prädikat weckt, werden nur selten durch Verfügbarkeit eingelöst. Überhaupt ist es seltsam mit dieser Brennerei: Das fängt schon beim Namen an, von dem wir oben *eine* Version anführen. Es gibt aber noch weitere: Kornkammer und gar Biberbau werden genannt, auch gesprenkelter Hügel. Und so gesprenkelt die Verfügbarkeit war, so waren es auch die Öffnungszeiten für die Produktion und für Besucher. Seit 1985 war Brackla geschlossen – zwei Jahre, nachdem noch ein *Visitor Centre* eröffnet wurde, fünfzehn, nachdem man sie von zwei auf vier *stills* vergrößert hatte. Als Brackla dann von UD übernommen worden war, durfte sie wieder destillieren (auch für *Johnnie Walker*). Sie verkauften 1998 an Bacardi. Nun ist, wie fast immer bei den Rum-Königen, alles wieder wie früher: Keine Abfüllungen, keine Besucher.

Die unbewegliche und am Single Malt gänzlich uninteressierte DCL hatte immerhin einen 12- und einen 16jährigen, UD einen »Flora & Fauna«, einen »Rare Malt« und einen Alterslosen und für Japan im Decanter und für Mitarbeiter in Normalflaschen einen 1924 destillierten 60jährigen! Bacardi brachte einen 10jährigen, führt ihn aber nicht weiter. Hier hat man, was ihre Brennereien und selbst Aberfeldy betrifft, den Eindruck, sie seien Fabriken für Blend-Grundstoff und alles andere mache viel zu viel Arbeit. Auch in diesem Fall gilt: Was würden wir machen ohne die Unabhängigen!

Royal Brackla könnte eine der am besten besuchten Destillerien sein, liegt sie doch gleich neben einer berühmten Touristen-Attraktion, dem Shakespeare-Schloss Cawdor mit seiner großen Vergangenheit, in der König Macbeth eine Rolle spielt, und seiner weniger ruhmreichen Gegenwart, in der der verstorbene Schlossherr, ein Campbell, seine Frau und Kinder zugunsten einer neuen Gattin verstoßen hat. Aber einen schönen und besichtigungswerten Garten hat die Dame!

ROYAL LOCHNAGAR
[loch-na-gár]

See des Lärms / Gelächters

In Betrieb www.disvovering-distilleries.com, www.malts.com

Besitzer Diageo plc, England

Adresse Aberdeenshire · Crathie by Ballater, AB35 5TB, OS 37 26 / 93

Telefon 01 339 742 700

HIGHLANDS

Kurz nach ihrem Einzug lud er die neuen Nachbarn ein und tatsächlich kamen Queen Victoria und Prinz Albert schon einen Tag danach aus ihrer neuen Sommerresidenz Schloss Balmoral herüber, um John Beggs Destillerie zu besichtigen. Der offensichtlich auch damals schon kredenzte obligate Probeschluck scheint den Royals so gut gemundet zu haben, dass Begg, wieder einen Tag später, zum Hoflieferanten ernannt wurde. Seitdem schmückt man sich mit dem prestigeträchtigen Präfix – nur einmal in den siebziger Jahren verzichtete man darauf für kurze Zeit, weil man sich, so wird gemunkelt, über eine Rede von Prinz Philipp geärgert hatte. Beggs Brennerei, 1845 errichtet, ist die einzige von ehemals vielen im lieblichen Tal des Dee, die überlebt hat. Ihm erging es besser als seinem Nachbarn vom anderen Ufer, dessen Anlage nach der Legalisierung 1826 gleich mehrmals von eifersüchtigen »Illegalen« niedergebrannt wurde. Lochnagar ist nach dem Berg benannt, von dem auch das Wasser für die Brennerei kommt. Sie wurde mehrmals umgebaut (zuletzt 1967), sieht immer noch liebenswert *old fashioned* aus, hat immer noch nur zwei *stills* und mit weniger als einer halben Million Liter pro Jahr eine sehr kleine Produktion.

Manchmal ist es wirklich seltsam: Statt dankbar zu sein, dass es diesen Whisky vor allem in Deutschland schon gab, als man Malts noch mit der Lupe suchen musste, und er in Supermärkten sehr preisgünstig angeboten wurde, lassen ihn viele links liegen. Dabei könnte, wer seine Qualität nicht schon beim 12jährigen erkennt, sich spätestens von der *Selected Reserve* eines Besseren belehren lassen, für die der Destillerie-Manager hin und wieder zwei Bourbon- und zwei Sherry-Fässer auswählt.

2006 wurde auch der *Lochnagar* mit der Aufnahme in die »Classic Malts« geehrt, was bedeutet, dass es auch ein *finishing* in der »Distillers Edition« gibt, in diesem Fall in »Fine Old Muscat Wood« nachgereift. Die Unabhängigen haben ihn nicht oft.

Bei solcher Nachbarschaft und in einer Szenerie, die durch die Aquarelle des Prinzen von Wales und sein hübsches Kinderbuch vom »Alten Mann von Lochnagar« noch berühmter wurde, war es verständlich, dass auch die Brennerei mit einem ganzjährig geöffneten *Visitor Centre* und Führungen zu jeder halben Stunde zur Touristen-Attraktion wurde. £ 25 muss auf den Tisch legen, wer an der »Royal Tour« teilnehmen will. Das Training Centre, eine Whiskyschule für Mitglieder der Industrie, steht Whisky-Amateuren dagegen auch für noch so viel Geld nicht offen.

St. Magdalene
[sänt magadlín, modlíen]

Heilige Magdalena

Geschlossen und umgebaut www.malts.com

Besitzer ehemals: DCL

Adresse West Lothian, Linlithgow, EH49 6AQ · OS 65 00 / 77

LOWLANDS

Einst galt Linlithgow, die geschichtsträchtige Kleinstadt westlich von Edinburgh, als Zentrum des Brauens und Brennens. Immerhin vier Destillerien weisen Moss / Hume in ihrem Buch »The Making of Scotch Whisky« noch für das vorletzte Jahrhundert aus, unter ihnen auch St. Magdalene, die freilich oft auch unter dem Namen des Ortes firmierte. Um 1800 wurde die Brennerei gegründet und fast 200 Jahre lang wurde dort, wo früher einmal ein der Hl. Magdalena geweihtes Hospital gewesen war, Whisky hergestellt. Selbst eine Liquidation 1912 bedeutete nicht das endgültige Aus. Das kam erst 1983, in jenem Schicksalsjahr, in dem viele in der schottischen Whiskyindustrie wegen des rapide einbrechenden Absatzes ihrer Blends die Nerven verloren und Schließungen anordneten. Die schönen grauen, zwischen den Eisenbahnschienen und dem Union Canal gelegenen Gebäude waren sogar als historische Denkmäler registriert, ein Umbau in Luxusappartements ließ sich damit vereinbaren, bedeutete aber auch, dass die Brennerei für immer verloren war. Ihr Name grüßt noch mit (immer mehr verblassenden) großen weißen Buchstaben, wenn man mit dem Zug oder dem Auto vorbeifährt. Aber zu sehen gibt's in Linlithgow keine Destillerie mehr, sondern nur noch die Ruinen des Schlosses, in dem Mary, die unglückliche Schottenkönigin, geboren wurde.

St. Magdalene wurde meist für Blends verbraucht. Glücklicherweise haben manche Fässer die Schließung überlebt. Einige hat Diageo geerbt, die ein paar »Rare Malts« als *St. Magdalene* herausrückten und 2003, als »Special Realease«, sogar einen 30 Jahre alten Malt abfüllten, ihn unter dem Namen *Linlithgow*. Auch die Unabhängigen scheinen noch Vorräte zu haben und sind in der Namensgebung ebenso variabel. Signatory nimmt gerne den Ortsnamen, G & M den der Heiligen. Wie auch immer, was in den Flaschen ist, macht deutlich, wie kostbar das ist, was uns da verloren gegangen ist.

»Zu Roß, wir reiten nach Linlithgow«, dichtete der große Schottlandkenner Theodor Fontane. Früher musste man es in der Schule lernen – und reiste dann eben auch in das reizvolle Städtchen. Es lohnt sich immer noch, die imponierenden Ruinen des Schlosses sind ja noch da und in der Kirche daneben kann man ein Stoßgebet zu St. Magdalene schicken, auf dass sie eine Wiederholung des schrecklichen Jahres 1983 verhindern möge.

SCAPA
[scápa]

Schellfisch-Bay (?)

In Betrieb **www.scapamalt.com**

Besitzer Chivas Brothers (Groupe Pernod-Ricard, Frankreich)

Adresse Orkney Mainland · Scapa by Kirkwall, KW15 1SE, OS 6 43 / 08

HIGHLANDS

Scapa ist Tauchern ein geläufiger Name – weil Scapa Flow einer der schönsten Gründe ist. Manche Deutsche wissen vielleicht aus dem Geschichtsunterricht, dass sich dort 1919 die Kaiserliche Flotte selbst versenkte. Engländer denken an die Versenkung der stolzen Royal Oak durch ein eingedrungenes deutsches U-Boot im Jahre 1939 und an die dennoch gewonnenen Schlachten; Scapa war in beiden

Kriegen ein bedeutender Flottenstützpunkt. Ob der Name aber auch Whiskygenie-ßern etwas sagt? Denn der Malt war lange nur von »unabhängigen« Abfüllern zu bekommen und ist immer noch einer der Großen Unbekannten (beide Wörter groß-geschrieben). 1885 gebaut, wurde sie 1954 von Hiram Walker erworben und 1959 ausgebaut; seitdem läuft die erste Destillation in einer *Lomond still*. Walker war dann ein Teil von Allied Domecq, die zuerst dazu übergingen, einige ihrer Malts bei Gordon & MacPhail in neuer Ausstattung anzubieten, und sich dann zum einen sogar ent-schlossen, eine Eigentümer-Abfüllung herauszubringen, andrerseits die Brennerei aber 1993 zu schließen. Dann geschah ein kleines Wunder: Man beschloss zuerst, eine kleine Produktion mit Mitarbeitern der großen Nachbarin Highland Park zu beginnen, und startete eine umfassende Renovierung. Als 2005 die Franzosen einstiegen, be-endeten sie die Arbeiten und fassten den Beschluss, zwar nur wenig zu produzieren, das aber ausschließlich für die Verwendung als Single Malt. Das Wasser dafür kam und kommt aus Lingro(w) Burn und, weil es extrem *peaty* ist, wird ungetorftes Malz verwendet. Gelagert wird in Bourbonfässern.

G & M darf immer noch abfüllen, mit einem Label, das ein Wikinger-Schiff zeigt. Die Eigentümer-Abfüllungen sind indes immer älter geworden: Nach 8, 10, 12 und 14 ist der heutige 16 Jahre alt. Daneben kann man online auch eine Version in der »Cask Strength Edition« von Pernod erwerben.

Der erwähnte Beschluss, so erfreulich er ist, hat natürlich auch eine Kehrseite: Für die Unabhängigen bleibt nichts.

Nur etwas weiter »unten« als Highland Park liegt die zweite Brennerei auf den Orkneys, zwei Meilen südwestlich von Kirkwall, nahe der A 964, Richtung Orphir. Besucher werden nicht empfangen, trotzdem gibt es ein Gästebuch …

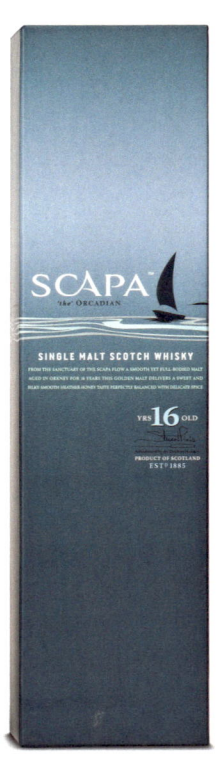

SPEYBURN

[spej-börn]

Spey (= Weißdorn?)-Bach

In Betrieb www.inverhouse.com

Besitzer Inver House Distillers (Thai Beverage plc, Thailand)

Adresse Morayshire · Rothes, AB38 7AG, OS 28 27 / 50

SPEYSIDE

Dieser Whisky scheint von Anfang an knapp gewesen zu sein: Die Familie Hopkins wollte unbedingt ihre Destillerie noch im Gründungsjahr 1897 in Betrieb nehmen. Das hätte ihr nämlich erlaubt, einen Whisky aus dem Jahr des »Diamond Jubilee« von Queen Victoria zu haben. Aber auch der renommierte Distillery-Architekt Charles Doig (der Erfinder der Pagoden) aus Elgin schaffte den Termin zum 1. November nicht. Erst in der letzten Dezemberwoche war es soweit – aber auch nur, weil die Arbeiter in Mänteln schafften, denn Fenster und Türen gab es noch nicht. Der erste Durchlauf ergab gerade ein Fass, immerhin aber eins, das man mit der Jahreszahl 1987 versehen konnte. Ganz so knapp ist Speyburn heute nicht mehr, obwohl die Brennerei nach wie vor klein ist. Ihren Namen leitet sie von einem Nebenfluss des Spey ab. Sie liegt etwas außerhalb von Rothes direkt zwischen der aufgelassenen Bahnlinie und der alten Straße nach Elgin und bietet einen sehr pittoresken Anblick. Das Wasser kommt aus dem Granty Burn. Speyburn hat, zumindest bei Insidern, 1991 Aufsehen erregt, weil sie eine der ersten DCL-Brennereien war, die UD weiterverkauften – fast unmittelbar, nachdem sie gerade zum ersten Mal eine »offizielle« Abfüllung angeboten hatten.

Diese Abfüllung, aus der »Flora & Fauna«-Serie, ist kaum noch zu bekommen. Inver House hat ihre Neuerwerbung neu ausgestattet und als 10jährigen herausgebracht, dessen Aussehen inzwischen mehrmals verändert wurde. 25 Jahre alt ist der Solera, und ein *no age* hat den schönen Namen *Bradan Oran*, was so viel bedeutet wie »Goldener Lachs«, sehr angemessen für eine Brennerei dieses Namens. Bei den Unabhängigen macht er sich rar.

Es ist ein Jammer, dass man Speyburn nicht besuchen kann, denn sie liegt nicht nur schön und sieht gut aus. Man könnte u. a. auch eine frühe (nicht mehr benutzte) Form von *drum maltings* bewundern. Und man könnte nachdenklich werden über die Information, dass man hier den Malt, der als Single verwendet werden soll, anders behandelt als den, der für Blends bestimmt ist. Der wird ins Hauptquartier nach Airdrie transportiert, aber der Single reift dort, wo er hingehört.

SPEYSIDE
[spej-said]

Gegend um den Spey (Weißdornfluss?)

In Betrieb www.speysidedistillery.co.uk

Besitzer Speyside Distilling Co. Ltd. (James Aykroyd & Co.), England

Adresse Inverness-shire · Glen Tromie by Kingussie, PH21 1NS, OS 35 78 / 99

SPEYSIDE

Hier ist ein Traum in Erfüllung gegangen. Geträumt hat ihn George Christie, ein erfahrener Blender, und er hatte gleich zwei Ziele. Er wollte seine eigene Destillerie haben, seinen eigenen Malt erzeugen. Und er wollte einen alten Namen wiederbeleben. Denn Speyside hieß, wie man aus alten Karten sehen kann, schon einmal eine Brennerei. Sie existierte 1895 bis 1911 und war gar nicht weit entfernt von dem Gelände zwischen den Flüssen Spey und Tromie, das Christie schon 1956 kaufte. 1962 begann er mit dem Bau, der sich lange hinzog – vor allem, weil Christie auch sehr genaue Vorstellungen davon hatte, wie sein Schmuckstück aussehen sollte: Nur der graue Stein, der alte schottische Gebäude so schön macht, durfte verwendet werden. Gebaut werden musste in traditionellem »dry stone dyking«, also wie die alten Trockenmauern. Und weil die gleichen

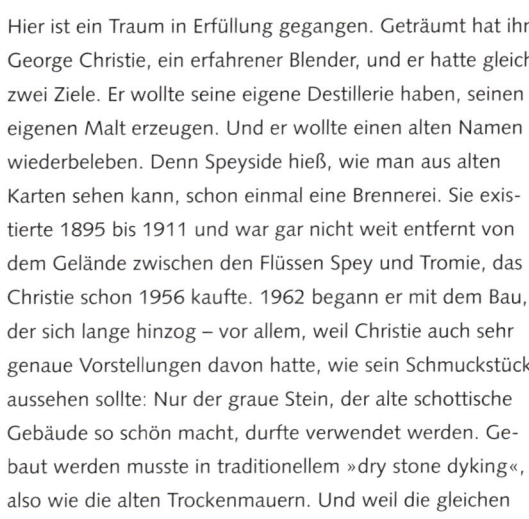

Grundsätze natürlich auch für die Inneneinrichtung galten, vergingen sieben Jahre bis zur Fertigstellung des Equipments und noch einmal drei, bis am 10. Dezember 1990 dann der erste Whisky floss. Nach der gesetzlich vorgeschrieben Mindestreifedauer von drei Jahren bedankten sich die Christies mit einer schön ausgestatteten *Limited Edition* bei all denen, die an der Realisierung des Traums beteiligt waren. Sie wird sicher einst zu den gesuchtesten Sammlerstücken zählen.

Wer eine neue Brennerei baut, kämpft immer, die ersten Jahre zu überleben. Mittlerweile ist sie 21 Jahre alt und verfügt über genügend Bestände. Der Malt nennt sich heute *»The«* Speyside und ist, nach 8 und 10, mittlerweile 12 Jahre alt. Immer noch gibt es den *Drumguish* ohne Altersangabe, der *Glentromie* ist kein Single, sondern ein vatted / blended Malt. Bei den Unabhängigen ist er selten, Cadenhead konnte helfen und natürlich war er in der »Scott's Selection« vertreten. Aber die gehört ja zur selben Firma, die auch viele Blends verkauft.

Speyside ist so schön, dass sie in der schottischen *soap opera* »Monarch of the Glen« als »Lagganmore« verewigt wurde. Aber diese Brennerei ist für Besucher unzugänglich. Das teilt sie zwar mit vielen anderen, aber so hermetisch abgeschlossen ist keine andere.

SPRINGBANK
[spring-bänk]

Rand der Quelle

In Betrieb **www.springbankwhisky.com**

Besitzer J. & A. Mitchell & Co, Schottland

Adresse Argyll &Bute · Campbeltown, Mull of Kintyre, PA28 6ET, OS 68 71 / 20

Telefon 01 586 552 009

CAMPBELTOWN

Ein, man kann es nicht anders sagen, Klassiker, gepriesen von den Connaisseurs, verwöhnt durch schmeichelhafte Siege bei zahllosen Verkostungen. Nicht nur deshalb ist man sich in Springbank seiner Verantwortung bewusst. Hedley G. Wright weiß, dass er der letzte Repräsentant einer gloriosen Vergangenheit ist: Auf Kintyre gab es einmal mehr als dreißig Destillerien, von denen gerade zwei übrig geblieben waren, ehe er dann selbst eine dritte wiederbelebte. Er ist ein direkter Nachfahre der Mitchells, die in Anspruch nehmen dürfen, die älteste noch mit der gleichen Brennerei arbeitende Familie zu sein. Schon 1837 übernahm ein Mitchell den 1828 gegründeten Betrieb und

seitdem ist er unter der Regie der Mitchells geblieben, seit 1897 unter dem Namen der jetzigen Gesellschaft, deren Chef heute Mr. Wright ist. Auch dass Springbank nur wenige Jahre schließen musste (1926–1935 und 1980–1988) stärkt das Selbstbewusstsein und fordert dazu heraus, ganz besonders traditionsbewusst zu sein – und damit gleichzeitig wegweisend. Schon vor vielen Jahren gab es etwa die sogenannte »West Highland Limited Edition«, für die alles, von der Gerste über das Wasser bis zur Kohle, aus einem Umkreis von nicht mehr als acht Meilen um die Destillerie stammen musste (vom, wie man ironisch anmerkte, Sherryfass einmal abgesehen). Auch der erste »Organic Malt« kam aus Springbank. Das sind Konzepte, wie sie gerade heute wieder wichtig werden, wo um Regionalität gekämpft werden muss und darum, dass es auch beim Whisky auf das »terroir« ankommt, also darauf, dass er möglichst alles aus der unmittelbaren Umgebung bezieht. Bei alledem ist man durchaus auch sehr geschäftstüchtig und entwickelte schon immer viel Phantasie bei der Vermarktung. Springbank ist darüber hinaus die einzige Brennerei, bei der alles vor Ort passiert – seit der Fehler rückgängig gemacht wurde, auf die *floor maltings* zu verzichten. Sie werden gottseidank wieder zum Mälzen benutzt. Immer noch wird das Wasser aus dem Crosshill Loch geholt. Und vor allem hält man weiterhin an den drei *stills* fest, mit denen lange nur zwei Malts gemacht wurden, ehe man sie logischerweise für einen dritten, der dreifach destilliert wird, benutzte. Springbank stellt außer dem unter seinem eigenen Namen angebotenen Malt den *Longrow* und den *Hazelburn* her. Sie unterscheiden sich durch den unterschiedlichen Einsatz der Brennblasen und durch unterschiedlich getorftes Malz. Beim *Springbank* wird weniger stark getorftes Malz benutzt und eine Mischung von *feints* (mit 50 %) und *low wines* (mit 20 %) wird ein drittes Mal destilliert. Das macht ihn feiner und delikater als den stärker getorften *Longrow*, bei dem klassisch zweifach gebrannt wird und nur zwei der *stills* zum Einsatz kommen. Beim *Springbank* spricht man gerne von einer Zweieinhalbfach-Destillation. Beim *Hazelburn* wird ungetorftes Malz genommen und er wird dreimal destilliert. In Springbank wurde auch nie gefärbt und es wurde schon immer auf das *chill-filtering* verzichtet, bei den eigenen Malts ebenso wie bei denen des ältesten unter den unabhängigen Abfüllern, Cadenhead, der seit vielen Jahren im Besitz von J. & A., Mitchell ist. Selbstverständlich wird auch im Hause selbst, wie sonst nur bei Glenfiddich / Balvenie und in Bruichladdich, abgefüllt. Beides erklärt, warum die Malts mindestens 46 % aufweisen – und garantiert, dass sie mit dem Wasser reduziert sind, mit dem sie auch gemacht sind.

Es gibt *Springbank* und seine beiden »Stallgenossen« schon lange in kaum zu übersehender Reichhaltigkeit, mit unterschiedlichem Alter, unterschiedlichen Stärken,

als *vintages*, als *finishings*, die hier gerne *wood expressions*
genannt werden – zuviel, um hier auch nur den
Versuch der Vollständigkeit zu unternehmen.
Der *Hazelburn* ist mit 12 Jahren gerade
»volljährig« geworden, der *Longrow* und
der *Springbank* sind als *CV*, mit 10 (auch
als »Highproof« mit 57 %), 12 und 18
Jahren verfügbar, *Springbank* auch mit 18
und der *Longrow* mit seinen traditionellen
14 Jahren. Sonderabfüllungen und limitierte »Auflagen« kommen dazu und
wer £ 50.000 übrig hat, kann bei Loch
Fyne Whiskies einen *Springbank* von
1919 kaufen. Bei den Unabhängigen
gibt es keinen *Hazelburn* und auch der
Longrow ist selten. Den *Springbank*
aber haben sie, vor allem die eigene
Tochter Cadenhead, die sogar einen
im Rumfass gelagerten *Springbank* in
zwei Versionen und kleiner Auflage
offerierte, aber auch Ian MacLeod,
Murray McDavid und Douglas Laing.

Der Druck war zu groß. Hedley Wright gilt als sehr zurückhaltend, aber auch er hat,
vielleicht ein bisschen gedrängt von seinem Produktionsdirektor Frank McHardy, ein-
gesehen, dass man die Liebhaber eines solchen Malts nicht vor der Tür stehen lassen
kann, was schon deswegen wunderbar ist, weil Springbank wirklich ihren eigenen
Charme hat. Es gibt auch Tastings und man kann auch ein Doppelpack buchen, wenn
man gleich die neue / alte Glengyle um die Ecke mitbesuchen will. Beide produzieren
übrigens nur einige Monate im Jahr.

STRATHISLA

[straß-aila]

(breites) Tal des River Isla

In Betrieb www.maltwhiskydistilleries.com / www.chivas.com

Besitzer Chivas Brothers (Groupe Pernod-Ricard, Frankreich)

Adresse Banffshire · Keith, AB55 5BS, OS 28 42 / 51

Telefon 01 542 783 044

SPEYSIDE

Auch ein Autor darf Vorlieben haben. Seine gilt Strathisla mit ihren Wasserrädern. Schon der Anblick aus der Ferne, mit den beiden hübschen Pagoden, erfreut das Herz. Aus der Nähe entpuppt sich Strathisla als Destillerie, die sorgsam im alten Stil erhalten wird (obwohl man die beiden mit Kohle befeuerten *stills* ausgemustert hat und die vier jetzt benutzten mit Dampf beheizt). Auch das Alter spielt natürlich eine Rolle für die Präferenz des Autors: Als Milltown wurde die Brennerei 1786 gegründet und ist damit unzweifelhaft eine der ältesten überhaupt; nur Bowmore, Littlemill, Glenturret und vielleicht auch Glen Garioch können konkurrieren. Ihre Geschichte wies (und es ist sympathisch, dass dies nicht verschwiegen wird) nicht nur Höhen auf: Es gab zweimal schwere Beschädigungen, durch Feuer und durch Explosion, aber beide brachten auch Fortschritte. Und

es gab ein finsteres Kapitel, als ein Londoner Spekulant Milton, wie sie damals genannt wurde, kaufte und dann wegen Steuerhinterziehung bestraft wurde. Bei der folgenden Versteigerung erhielt James Barclay den Zuschlag für Chivas Bros., die damals schon Seagram gehörten und die Destillerie so nannten, wie bis dato nur ihr Whisky hieß. Zur liebevollen Pflege der Tradition gehörte auch die kleine Festschrift, die im September 1986 zum 200. Geburtstag erschien. Für die Besitzer ist sie

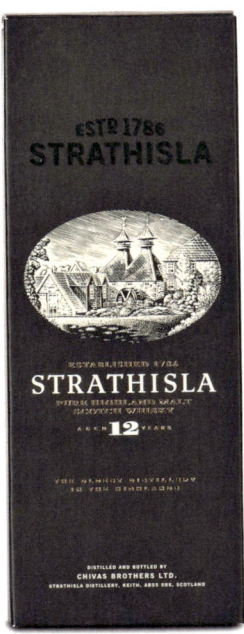

allerdings mehr »the spirituell home of *Chivas Regal*« als die Brennerei, die dessen »Herzmalt« *Strathisla* hervorbringt.

Von seinen Eigentümern, ob sie Chivas hießen oder Seagram oder eben jetzt Pernod-Ricard, gab es nur, und auch ihn lange nur zögerlich, einen 12jährigen. Alles andere lassen sie von Gordon & MacPhail erledigen, die ihn, wie seine ehemaligen Brüder *Glen Grant* und *Glenlivet*, in vielen Altersstufen und zum Teil sehr alten Jahrgängen haben. Das heißt, eine Ausnahme gibt es: *Strathisla* ist auch in der »Cask Strength Edition« von Pernod vertreten. Die Unabhängigen haben ihn auch, Signatory sogar zweimal einen *Craigduff*, einst als Experiment hergestellt, für den stark getorftes Malz verwendet wurde. Bis heute ist allerdings nicht endgültig geklärt, ob er nicht doch aus Glen Keith kommt.

Ein solches Juwel darf nicht verborgen gehalten werden: Strathisla steht Besuchern offen – obwohl es schon ein wenig weh tut zu sehen, wie konsequent eben nicht von ihr, sondern vom *Chivas* die Rede ist. Er steht auch im Mittelpunkt der »Ultimate Chivas Experience«, die man für Samstage, und der »Straight from the Cask Tour«, die man für Sonntage buchen kann. Kinder unter acht dürfen nicht in die *production area*; sie könnten z. B. im hübschen Garten gegenüber spielen.

STRATHMILL
[straß-mill]

Mühle im breiten Tal

In Betrieb

Besitzer Diageo plc, England

Adresse Banffshire · Keith, AB55 5DQ, OS 28 42 / 50

SPEYSIDE

Nicht weit von Strathisla liegt diese Brennerei, die in der ersten Auflage unseres Buches noch im Kapitel »Weitere Malt-Destillerien« zu finden war, weil ihr Whisky nicht als *Single* zu bekommen war. Sie hieß ursprünglich Glenisla-Glenlivet und entstand 1891 durch den Umbau einer 1823 gebauten Getreidemühle. Den neuen Namen erhielt sie, als sie – auf dem Höhepunkt des Whisky-Booms Ende des 19. Jahrhunderts – 1895 von Gilbey gekauft wurde. Fast immer produzierte Strathmill nur für Blends, darunter für einen, der *Glen Spey* heißt und nicht mit dem gleichnamigen Malt verwechselt werden darf, vor allem aber für den *J & B Rare* von

Justerini & Brooks, mit denen Gilbey 1962 fusionierte, um die International Distillers & Vintners zu bilden. Die waren eine Tochter von Grand Metropolitan, die 1997 mit Guinness fusionierte und aus ihrer IDV zusammen mit deren UD den weltgrößten Spirituosenkonzern UDV bildete. Diese gaben sich schließlich den Namen Diageo. Verwirrend? Whiskyrealität! Auch in den Blend *Dunhill* ging wahrscheinlich eine gehörige Portion, stand doch an der Pforte der Ende der 1960er Jahre von zwei auf vier *stills* erweiterten Brennerei, die ihr Wasser aus einer Quelle auf dem Firmengelände bezieht: »Home of Dunhill«. Das Schild ist mittlerweile ebenso verschwunden wie der Luxus-Blend.

UDV brachten immerhin als erste und einzige (neben einer sehr limitierten »Centenary«) Eigentümerabfüllung 1991 einen 12 Jahre alten *Strathmill* in der »Flora & Fauna«-Reihe heraus, der auch heute noch zu haben ist, bevor auch von ihm ein Fass bei den »Managers' Choice« vertreten war. Auch bei den Unabhängigen ist er nicht sehr oft zu finden, aber A. D. Rattray, Douglas Laing, Duncan Taylor (in der NC²-Serie) und Adelphi konnten Einzelfässer abfüllen. Am häufigsten hat ihn Andrew Symingtons Signatory. Von ihm stammen auch die abgebildeten Malts (die »Wildlife«-Serie gab whiskytrinkenden Tierfreunden eine Gelegenheit, den Scottish Wildlife Trust zu unterstützen).

Mitten im Ort gelegen, steht Strathmill leider nicht offen. Dafür aber das »Home of Chivas« in der idyllischen Strathisla, die sogar zum »Whisky Trail« gehört.

TALISKER

[talísker oder tálisker]

Steiniger Platz oder Wasserloch oder felsiger Abhang

In Betrieb www.discovering-distilleries.com

Besitzer Diageo plc, England

Adresse Inverness-shire · Carbost, Isle of Skye, IV 47 8SR, OS 32 37 / 31

Telefon 01 478 640 308

HIGHLANDS

»The king o'drinks / As I conceive it / Talisker, Islay or Glen-livet«, schwärmte Robert Louis Stevenson 1880, der mit seiner »Schatzinsel« freilich nicht Skye meinte. Zu seiner Zeit wurde in Talisker, die 1831 nach mehreren gescheiterten Versuchen von den Brüdern MacAskill in Carbost gegründet wurde, noch mit dem Dreifachverfahren destilliert. Es wurde 1928 eingestellt, als die Dailuaine-Talisker Distillers zur DCL kamen. Dass zu deren *Johnnie Walker* besondere Beziehungen bestehen, konnte man früher noch auf jedem Etikett sehen. Nach einem Brand des *stillhouse* gibt es heute fünf *stills*. Die Mälzerei wurde leider eingestellt. Talisker ist die einzige Brennerei auf Skye und liegt wunderschön am Loch Harport mit den

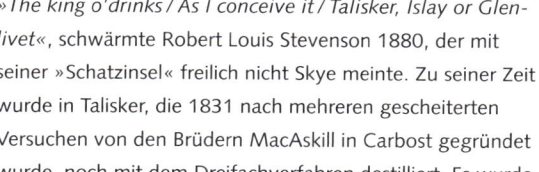

grandiosen Cuillin Mountains als Hintergrund – also nicht auf dem Gelände der namengebenden Farm, die einige Meilen entfernt an der Talisker Bay zu finden ist.

Jeder Malt ist einzigartig, sagt man, und das stimmt. Es stimmt aber auch, dass man Malts durchaus in Gruppen einteilen kann, die sich sehr ähnlich sind und die Abwechslung beim Genuss ermöglichen. Allerdings nicht den *Talisker* – er ist und bleibt einzigartig und lässt sich mit seiner feurigen Kraft durch keinen anderen ersetzen. Deswegen gehörte er natürlich auch in die Serie der »Classic Malts«, für die sein Alter von 8 auf 10 Jahre erhöht wurde. Seine Alkoholstärke von 45.8 %, auch sie ist einzigartig, hat man nicht angetastet. Mittlerweile ist eine »Distillers Edition« dazu gekommen und während es nie einen

»Rare Malt«, gab, werden mit erfreulicher Regelmäßigkeit 25- und 30jährige bei den »Special Releases« herausgebracht. Der Star war bisher ein 28 Jahre alter von 1973. Ein anderer Star ist der 18jährige, den es leider nicht immer gibt, anders als etwa den auf die Lage anspielenden 57° North. Unabhängige, die es wagen sollten, ihn unter seinem Namen abzufüllen, werden strafrechtlich verfolgt und weichen manchmal auf Namen wie »Tactical« aus, aber meist lassen sie die Finger von ihm.

Ein kleiner Abstecher auf dem Weg nach Dunvegan Castle (oder zum kleinen, hervorragenden »Three Chimneys«-Restaurant): Talisker bietet zwei unterschiedliche Führungen an, hat ein *Visitor Centre* und einen Shop, in dem man einen mächtigen Humpen bewundern kann, aus dem früher die Arbeiter zu Beginn und Ende jeder Schicht ein *dram* bekamen. Man hört, dass sie nie Probleme hatten, Mitarbeiter zu finden.

TAMDHU
[tam-dú]

Dunkler Hügel (oder Busch)

Noch geschlossen

Besitzer Ian MacLeod Distillers Ltd (Peter J. Russell & Co Ltd, Schottland)

Adresse Banffshire · Knockando by Aberlour, AB38 7RP, OS 28 18 / 41

SPEYSIDE

Es war wohl nicht zuletzt die nahegelegene, die vorher einsame Gegend touristisch und wirtschaftlich erschließende Eisenbahn, die William Grant, einen Banker und Direktor von Highland Distillers, den Tomdhu genannten Ort als ideal für den Bau einer Brennerei erscheinen ließ. 1896 / 7 überzeugte er ein Konsortium von renommierten Blendern von seiner Idee, aber schon zwei Jahre später übernahmen Highland Distillers die Anlage – Tamdhu gehört ihr bzw. ihrer Muttergesellschaft Edrington bis 2011. Zwanzig Jahre lang war sie während dieser Jahre geschlossen, nach dem Krieg aber 1947 im Zeichen zunehmender Nachfrage wurde sie wiedereröffnet. 1972 wurde von zwei auf vier, 1975 sogar auf sechs *stills* erweitert. Viel hat man nicht von ihr her gemacht, sie durfte nur treu Malts für die Blends der Firma produzieren und man benutzte auch die gewaltigen *saladin maltings*, eine Form der Technik, Malz herzustellen, die zwischen den traditionellen *floor* und den modernen *drum maltings* liegt und nur noch dort zu finden ist. Sie machten Tamdhu zur einzigen Destillerie, die ihr Malz komplett selbst erzeugen und sogar noch andere (wie z. B. früher Highland Park)

versorgen konnte. Die Schließung
von Brennerei und Mälzerei vor
ein paar Jahren war allerdings nur
der Vorbote des Verkaufs an die
heutigen Besitzer.

Erst seit 1976 ist *Tamdhu* als
Single Malt verfügbar. Der
10jährige wurde zuerst
neu ausgestattet und dann
plötzlich ohne Altersangabe
geliefert. Vom 18- und
vom 25jährigen sind noch
Bestände verfügbar. Zu
bekommen sind auch noch
der 8jährige, den Gordon
& MacPhail unter Lizenz
abfüllen, und mehrere
Version in ihrer »MacPhail's
Collection«. Wenn man
sieht, was die MacLeods aus
ihrer Glengoyne Distillery
gemacht haben, darf man
noch einiges erwarten.

Vor allem wäre es schön, wenn sie den alten Bahnhof, der als originelles Besucherzentrum diente, wiedereröffnen würden – zur Einkehr der vielen, die den berühmten
Speyside Way entlang wandern oder radeln. Edrington schloss ihn übrigens, wir
machen keine Scherze, weil die Mitarbeiter zu oft von angeheiterten Absolventen des
»Whisky Trail« belästigt wurden (wirklich!).

TAMNAVULIN
[tam-na-vúlin]

Mühle auf dem Berg, Mühlberg

In Betrieb

Besitzer Whyte & Mackay (UB Group, Indien)

Adresse Banffshire · Tomnavoulin, AB37 9JA, OS 36 21 / 25

SPEYSIDE

Außer Glenlivet selbst die einzige Destillerie, die das prestige-
trächtige Präfix nicht hochstaplerisch, sondern zu Recht trägt:
Tamnavulin (die sich ohne das doppelte »o« des gleichnamigen
Dörfchens schreibt) liegt unmittelbar am Livet, bildhübsch in
einer hinreißenden Landschaft, zu der allerdings die erst 1966
von der Invergordon-Tochter Tamnavulin-Glenlivet Distillers
errichteten Gebäude nur schlecht passen. Aber einerseits wird
das kompensiert durch das in der nahegelegenen alten Woll-
mühle, die der Brennerei den Namen gegeben hat, eingerichtete
Visitor Centre, andrerseits ist die Anlage mit ihren sechs *stills*
natürlich höchst funktionell und kann nur von wenigen Männern
gefahren werden, die man dann wohl besser als Techniker bezeichnet. Das Wasser kommt von unterirdischen Quellen. Auch
Tamnavulin gehörte zu jenen Destillerien, die Whyte & Mackay
auf Geheiß ihrer amerikanischen Besitzer kurz nach der Übernahme von Invergordon
dichtmachten. Aber sie sind ja jetzt Teil der indischen Gruppe, die zumindest vor der
Kreditkrise glaubte, viel Scotch zu brauchen, und sie 2007 wiedereröffnete.

Zuerst kam er mit 10 Jahren, jetzt ist der Malt 12 Jahre alt. Außerdem gibt es – in num-
merierten Flaschen und in einer Holzkiste – einen 22jährigen, der 45 % aufweist. Auch
der unrühmliche *Ferintosh*, der sich diesen Namen völlig zu Unrecht anmaßt (diese
Brennerei schloss schon zu Lebzeiten von Robert Burns und befand sich viel weiter
nordwestlich) ist ein *Tamnavulin*. Leider auch nicht häufig bei den Unabhängigen.

In der alten Mühle, die der Brennerei den Namen gegeben hat, wurde früher von
Dorfbewohnern ein hübsches *Visitor Centre* betrieben. Nach einem verheerenden
Wasserschaden wurde es leider nicht wiedereröffnet – und auch die Tische und Bänke
der sensationellen *picnic area* wurden demontiert. Weil es aber ein wunderschönes
Fleckchen Erde ist, ist es immer noch eine Rast auf einer selbstmitgebrachten Decke
wert … Die Brennerei ist für Besucher nicht zugänglich.

Teaninich

[te-níe-nick]

Haus am grünen Strand (?), am / auf dem Moor

In Betrieb www.malts.com

Besitzer Diageo plc, England

Adresse Ross-shire · Alness, IV17 0XB, OS 21 65 / 69

HIGHLANDS

Eine Rarität – schon deshalb, weil die erst in den 1970er Jahren mit viel Aufwand modernisierte und von vier auf immerhin zehn *stills* vergrößerte (sechs in der »A side«, vier in der »B side«) und durch eine Tierfutter-Anlage ergänzte Brennerei zu denen gehörte, die 1985 geschlossen wurden. Liebhaber des schwer zu findenden Whisky können aber hoffen: 1991 wurde die Arbeit wieder aufgenommen, wenn auch nur in den sechs Brennblasen der »A side«. Auch eine Herstellerabfüllung gibt es: UD (aus denen in der Zwischenzeit Diageo geworden ist) haben den *Teaninich* in die »Flora & Fauna«-Serie aufgenommen, aber die Hoffnung, dass das wie in anderen Brennereien des Konzerns die Möglichkeit einer Besichtigung nach sich ziehen würde, hat sich nicht erfüllt. Gegründet wurde Teaninich, die ihr Wasser von der Dairywell Spring bezieht, 1817 von Capt. Hugh Munro, der es als einziger von vielen in der Umgebung von Alness wagte, den Schritt in die Legalität zu tun. Er zog ein stark expandierendes Geschäft auf, das schon Alfred Barnard wegen seiner Modernität beeindruckte. Bereits 1905 übernahm SMD den Betrieb, dessen Lizenz R. H. Thomson gehörte.

Die Produktion wurde und wird (und gerne!) fast ausschließlich für Blends wie den *Johnnie Walker* und den *VAT 69* verwendet. Die »F&F«-Abfüllung, die es immer noch gibt, wenn auch nicht mehr in der schönen Holzkiste, bringt ihn 10jährig. Es hat auch mindestens drei »Rare Malts« gegeben und auch sein Manager durfte ein Einzelfass für die »Managers' Choice« auswählen. Es ergab nur 246 Flaschen, aber sie sind immer noch nicht ausverkauft: *Teaninich* ist nicht nur rar, sondern auch unbekannt. Beides gilt auch bei den Unabhängigen, die ihn nur selten haben.

Es bleibt dabei: Man kann die auf dem Westufer des River Alness unweit vom Cromarty Firth gelegene Destillerie nicht besichtigen. Von der A 9 aus hat man aber zumindest einen guten Blick auf die Fenster des modernen neuen *stillhouse*.

TOBERMORY

[tober-móri]

Marias Brunnen

In Betrieb www.tobermorymalt.com / www.burnstewartdistillers.com

Besitzer Burn Stewart Disillers (CL World Brands, Trinidad & Tobago)

Adresse Argyll & Bute · Tobermory, Isle of Mull, PA75 6NR, OS 47 50 / 55

Telefon 01 688 302 647

HIGHLANDS

Fast so verwirrend wie die Geschichte von Brora und Clynelish ist jene von Tobermory / Ledaig – der Schrägstrich ist deshalb berechtigt, weil es sich tatsächlich um
ein und dieselbe Brennerei handelt, die einzige auf der Insel Mull. Um die Konfusion
zu beseitigen, muss Historie erzählt werden. Tobermory wurde wahrscheinlich schon
1798 gegründet und war dann im 19. Jahrhundert lange geschlossen. Das war sie
auch – nach der Übernahme durch DCL – von 1930 bis 1972. Die neuen Besitzer
tauften sie dann um auf den auch schon früher manchmal gebrauchten Namen
Ledaig (»sicherer Hafen«, gesprochen *le-dschíg*), aber auch sie warfen schon nach
wenigen Jahren das Handtuch. 1978 fanden sich neue Käufer; sie führten wieder
den Namen Tobermory ein. Auch in den Achtzigern war die Destillerie lange zu. Seit
1990 arbeitet sie wieder, mit vier *stills* und dem Wasser aus Mishnish Loch – und das

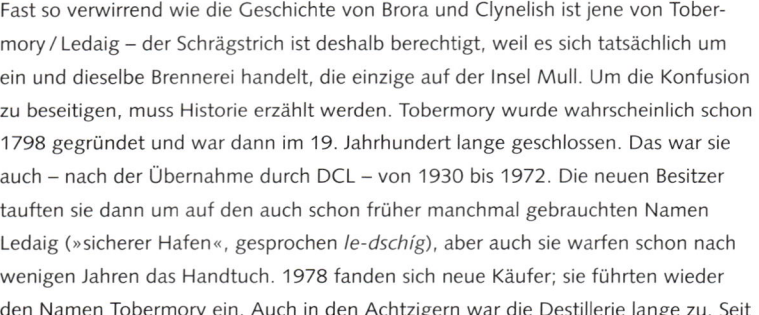

scheint so ziemlich das einzige zu sein, was in Tobermory kontinuierlich lief. Burn Stewart arbeitet
an Plänen, die Produktion zu erhöhen, was sich
aber wegen ihrer Lage im Ort und der verbauten
Räume schwierig gestaltet. Die Brennerei würde
auch liebend gerne in Mull lagern, kann es aber
nicht, weil das einzige *warehouse* von ihren
Vorgängern verkauft und inzwischen zu
einem Wohnhaus umgewandelt wurde.

Die aktuellen Besitzer haben endlich auch
die Verwirrung um die Namen auf den
Etiketten und den Inhalt in den Flaschen
beseitigt. Bei früheren Versionen von
Tobermory und *Ledaig* war man nie sicher,
was da wirklich verkauft wurde; nicht
einmal, ob es sich um einen Single oder
einen Vatted Malt handelte. Jetzt ist das

klar: Der *Tobermory* ist ungetorft, der *Ledaig* (ziemlich) getorft. Auch die Qualität hat man verbessert: Abgefüllt wird ohne Kühl-Filterung, mit hausüblichen 46.3 %. Von beiden gibt es einen 10jährigen, von Tobermory auch einen 15 Jahre alten, der für sein letztes Reifejahr sogar wieder auf die Insel zurückgebracht wurde. Selten bei den Unabhängigen.

Mull kann in Anspruch nehmen, die schönste Hebrideninsel zu sein und ist zudem Ausgangspunkt für einen Besuch auf der Heiligen Insel Iona und von Mendelssohns »Fingal's Cave« auf Staffa. Und Tobermory ist mit seinen bunten Häusern ein hübsches Städtchen. Jede Menge Gründe also, hinüberzufahren und auch der Brennerei einen Besuch abzustatten.

TOMATIN
[tomátn oder tómatin]

Wacholderhügel

In Betrieb **www.tomatin.com**

Besitzer Tomatin Distillery Co Ltd (Takara Shuzo, Japan)

Adresse Inverness-shire · Tomatin, IV13 7YT, OS 35 79 / 29

Telefon 01 808 511 444

HIGHLANDS

Obwohl sie (ausnahmsweise) nicht in deren Besitz ist, ist Tomatin ein Fall für Diageo, bzw. Guinness, denen ja auch das »Buch der Rekorde« gehört. Tomatin könnte darin gleich mehrfach vertreten sein. Nicht weil man, an den Nordhängen der Grampians, gerne die höchstgelegene Destillerie Schottlands wäre, aber weil es die größte ist. Ihre 24 *stills* produzierten in den 1970er Jahren tatsächlich fast 25 Millionen Liter jährlich und auch heute sind es noch zwölf. Die Lagerhäuser haben gar Platz für 40 Millionen Liter. Und noch einen Rekord hält Tomatin, aber der wird Traditionalisten eher traurig stimmen: Sie war die erste Brennerei in Schottland, die von Japanern aufgekauft wurde – was ihr (und den anderen auch) indes wirtschaftlich nur gut bekommen ist. Denn die neuen Herren retteten, das muss gerechterweise festgehalten werden, ein Unternehmen, das nach der Riesenexpansion in Liquidation war und eine finstere Zukunft hatte. Die Japaner, zuhause vor allem als Produzenten von Sake und Shochu bekannt, verwenden den größten Teil für den Blend *The Antiquary*, haben aber nun auch erkannt, dass man mit Single Malt gute Geschäfte machen kann.

Sie haben eine »Core Range« mit dem 12, 15, 18 und 25 Jahre alten. Daneben probiert man es mit *finishings* mit dem 25jährigen, der immer wieder in limitierten Auflagen kommt, und mit älteren Versionen, 30 und 40 Jahre alt. Das schottische Gesicht von Tomatin ist Douglas Campbell, der ganze 50 Jahre im Dienste »seiner« Brennerei war und zum Jubiläum Fässer aus den fünf Jahrzehnten für den *Decades* auswählen durfte. Zuweilen bei den Unabhängigen, von denen der deutsche Händler Weiser besonders viele Einzelfässer abfüllte, teilweise als sehr originelle *finishings*, etwa in deutschen Fruchtweinfässern.

Tomatin liegt nahe der »Rennstrecke« A 9 zwischen Perth und Inverness und hat ein *Visitor Centre* mit einem gutsortierten Laden. Es ist ganzjährig geöffnet. Öffnungszeiten sollten nachgefragt werden und für die Führungen sollte man sich anmelden.

TOMINTOUL
[tomín-taul]

Hügel mit der Scheune

In Betrieb www.tomintouldistillery.co.uk

Besitzer Angus Dundee Distillers plc, England

Adresse Banffshire · By Tomintoul, AB 37 9AQ, OS 36 14 / 25

Telefon 01 807 590 274

SPEYSIDE

Tomintoul gilt als das höchstgelegene Dorf Schottlands. Ob die nach ihm benannte Destillerie das gleiche Prädikat beanspruchen kann, darum streitet man sich mit Dalwhinnie und Tomatin. Die Brennerei liegt jedenfalls ein Stück tiefer und relativ weit weg vom Ort. Ein paar Meilen sind es schon. An der Bridge of Avon muss man nicht über den Fluss, sondern geradeaus weiterfahren und die B 9136 nehmen, die nach Glenlivet führt. Dafür rechtfertigt die Lage aber (knapp) ein anderes Prädikat, das Glenlivet hinter dem Bindestrich. Eine weitere Besonderheit ist, dass die 1964 / 5 gebaute moderne Anlage die erste neue Brennerei war, die tatsächlich mit schottischem Kapital errichtet wurde. Das Geld kam von zwei Whisky-Brokern, die zehn Jahre später an Hugh Frasers »Scottish and Universal Investment Trust« verkauften. Fraser erwarb im gleichen Jahr die alte Firma Whyte & Mackay, die bis zum 1. 8. 2000 nominell die Besitzer waren, als sie deren Konzernmutter Fortune Brands (ihr bekanntester Whiskey ist *Jim Beam*) an A. Dundee verkaufte. To-mintoul, in wildromantischer Gegend, bekommt Wasser von Ballantruan Spring. 1974, zum 10. Jubiläum, wurde von zwei auf vier *stills* erweitert – und der

Whisky als Herstellerabfüllung verfügbar gemacht.

Tomintoul produziert voll, drei Millionen Liter Alkohol im Jahr, und der Löwenanteil davon ging und geht in Blends, vor allen in den *Whyte & Mackay*, für den er ein konstituierender Teil ist. Angus Dundee, denen auch Glencadam gehört, haben viele Varianten: 10, 14, 16, 21, 27, 33 Jahre alt, zwei *finishings* und einen, den sie *Tangy Peat* nennen – was heißt, dass man auch einen mit 55 ppm heftig getorften Malt produziert. Er wird manchmal, z. B. vom deutschen »Unabhängigen« Jack Wiebers, als *Old Ballantruan* verkauft. Nicht zu erwerben ist dagegen die Flasche mit dem 16jährigen, die, fast mannshoch, wohl einen Weltrekord für die größte Whiskyflasche hält.

Tomintoul kann, nachdem sie bisher streng verschlossen war, besichtigt werden, aber nur nach telefonischer Anmeldung. Vorbeifahren sollte man auf jeden Fall, sie liegt malerisch, sieht hübsch aus und die Strecke gehört zu den schönsten in den Highlands. Wer sich doch aus Versehen ins Dorf verirrt hat, findet dort das »Whisky Castle«, das ein hervorragendes Angebot an Whiskies und auch alle Versionen des *Tomintoul* feilbietet.

TORMORE

[toor-mór]

Großer Hügel
Morayshire

In Betrieb

Besitzer Chivas Brothers (Groupe Pernod-Ricard, Frankreich)

Adresse Advie by Grantown-on-Spey, PH26 3LR · OS 28 15 / 35

SPEYSIDE

Ein Schmuckstück. Tormore sieht aus wie eine besonders liebevoll restaurierte Brennerei aus dem späten neunzehnten, stammt aber aus den späten fünfziger Jahren des letzten Jahrhunderts. Sie ist mit ihren von grauen Granitquadern gefassten weißen Gebäuden, mit ihrem Glockenturm, dem See, dem Springbrunnen und dem gepflegten Grün so blitzsauber, dass sie Prinz Charles wieder mit den Architekten versöhnen könnte. Seager-Evans wussten, was sie taten, als sie einem ehemaligen Präsidenten der Royal Academy den Auftrag zum Bau gaben. Das war 1958, zu Zeiten eines Booms also, als die Nachfrage nach Whisky stieg. Heute gehört Tormore nicht mehr dieser Firma, die damals übrigens in amerikanischem Besitz war; sie kam über Long John und Whitbread zu Allied Domecq. Der Erfolg machte schon 1972 eine Verdoppelung auf acht *stills* notwendig. Das Wasser kommt von Achvockie Burn, der von einem Loch mit dem schönen Namen an-Oir, also Goldsee, gespeist wird.

So sieht es also aus, wenn eine Destillerie und ihr Whisky ungeliebte Kinder sind. Der 12 Jahre alte *Tormore* stammt noch aus Allied-Zeiten, aber heute gehören er und seine Brennerei Pernod-Ricard, die sie zusammen mit dem Allied-Paket erwerben mussten. Was sie daran wirklich interessierte, war der *Ballentine's*. Aber während sie bei anderen wie beim *Longmorn* oder *Scapa* das Alter erhöhten, bleibt Tormore ein Aschenbrödel, ungewollt und ungeliebt. Die Franzosen haben schon viele Destillerien aus dem Allied-Erbe verkauft, man möchte fast wetten, dass der nächste Kandidat Tormore ist. Zynischerweise nennen sie den Whisky auch noch »pearl of Speyside«. Bei den Unabhängigen taucht er auf, gut etwa bei G&M und Signatory.

Was könnte man aus Tormore machen! Bei dem Aussehen – und bei der Lage. Jeder, der von Süden den schnellen Weg über Aviemore in die Speyside fährt, muss an ihr vorbei und man könnte viele anlocken, bevor sie ihr Geld nach Glenfarclas oder Glenfiddich bringen. Aber Tormore ist verschlossen wie eine Auster. Man ist schon froh, dass sie unter Denkmalschutz steht, sonst würden die Franzosen sie vielleicht sogar abreißen – man möchte ihnen wünschen, dass ein neuer Besitzer ihnen eines Tages alle abjagt, die in ihre Brennereien Glenlivet und Aberlour wollen.

TULLIBARDINE
[tulli-bá-din]

Hügel von Bardine, Warn-Hügel?

In Betrieb www.tullibardine.com
Besitzer Tullibardine Distillery (Picard Vins & Spiritueux Groupe, Frankreich).
Adresse Perthshire · Blackford, PH4 1QG, OS 58 89 / 08
Telefon 01 764 682 252
HIGHLANDS

Tullibardine Moor, zwischen Stirling und Perth, ist Golfern und Reitern wohl eher ein Begriff als Whiskygenießern – einige Minuten Autofahrt von der Destillerie entfernt liegt Gleneagles mit seinen Golfplätzen und Mark Philipps Reiterzentrum. Aber das Moor, heute von der Autobahn A 9 durchschnitten, war auch immer für sein Wasser berühmt. Vielleicht gab es deshalb dort die erste öffentliche Brauerei Schottlands (an dessen Bier sich der König 1448 labte). Heute sprudelt in Blackford auch das Mineralwasser Highland Spring. Aber das Wasser für die Brennerei kommt nicht von dort, sondern aus den nahen Ochil Hills. Es scheint früher auch schon eine Brennerei gegeben zu haben, aber ihr

genauer Standort ist unbekannt. Die heutige wurde erst 1949 als Umwandlung einer Brauerei von Delmé-Evans errichtet, der auch in Isle of Jura und Glenallachie seine Spuren hinterlassen hat. 1971 kam Tullibardine Distillery Co. zu Invergordon. Es folgte ein Umbau mit Vergrößerung von zwei auf vier *stills*. Invergordon wurde 1994 von Whyte & Mackay übernommen, deren amerikanischen Besitzer Fortune Brands sie (wie auch Bruichladdich und Tamnavulin) gar nicht schnell genug schließen konnten. Aber sie wurde von zwei Geschäftsleuten, Michael Beamish und Douglas Ross, wieder wachgeküsst. Sie errichteten um die Brennerei herum ein schönes Einkaufszentrum, holten sich mit John Black einen großen Whiskymacher und machten ihren Whisky in den letzten zehn Jahren so erfolgreich, dass sie im November 2011 an die französische Gruppe verkaufen konnten.

Tullibardine war ein Blender's Malt und entsprechend sorglos behandelte man die Fässer. Die neuen Besitzer verordneten vielen von ihnen eine Umfüllung in gute Weinfässer, also ein *finishing*: Sauternes, Port, Moscatel, Rum, Burgunder kamen zum Einsatz, um nur ein paar zu nennen. Fast alle Malts stammten aus dem Jahr 1993, das auch die Standard-Abfüllung lieferte. Das eine oder andere Einzelfass kam dazu – und man verkaufte auch fleißig an die Unabhängigen.

Tullibardine ist nur eine Autostunde von Glasgow und Edinburgh entfernt, der ideale Platz also für einen Familienausflug. So wurde er auch inszeniert: Ein Teil der Familie kann in verschiedenen Läden einkaufen, der andere die Brennerei besichtigen (und im Shop dann auch einkaufen). Anschließend kann man in einem der Restaurants zusammen essen. Auch das der Brennerei ist empfehlenswert. Wem ein oder zwei *drams* für die Weiterfahrt zu riskant erscheinen, der kann sich am »1448 Ale« erfrischen, das Michael und Douglas in einer befreundeten Brauerei machen lassen.

UNABHÄNGIGE ABFÜLLER

eine Auswahl

Gordon & MacPhail

George House, Boroughbriggs Road

Elgin, IV30 1JY

www.gordonandmacphail.com

    Connoisseurs Choice

    Rare Vintage

    Distillery Label

    Speymalt

    Cask-Strength-Serie

    Private Collection

    The MacPhail's Collection

    Speymalt-Reihe

    Rare Old

    Secret Stills MacPhail's

    regionale Malts (Pride

       of ...-Serie)

    zahlreiche eigene Malts und

       Blends

    Benromach

Signatory Vintage Scotch Whisky

Edradour Distillery

Pitlochry, PH16 5JP

    Cask-Strength-Serie

    The Un-chillfiltered Collec-

       tion

    Decanter Collection

    Straight from the cask

    Vintage-Serie mit 43 %

    Dun Eideann

    Edradour

    Ballechin

WM Cadenhead's

83 Longrow

Campbeltown, PA28 6EX

www.wmcadenhead.com

Zahlreiche eigene Blends

eigene Läden in Edinburgh, London, Köln

    Authentic Collection

    Original Collection

    Chairman's Stock

    World Whiskies

    Duthie's-Reihe

    Springbank

    Longrow

    Hazelburn

    Glengyle / Kilkerran

Adelphi Distillery Ltd

Glenborrodale Castle

Ardnamurchan, PH36 4JP

www.adelphidistillery.com

A. D. Rattray

Whitefaulds Farm, Culzean Road

Maybole, KA19 8AH

www.adrattray.com

Alambique Classique

Kanzelwandtraße 5

86825 Bad Wörishofen

www.alambic-classique.com

    Rare & Old Selection

    Special Vintage Selection

    Double Matured Selection

Angus Dundee

Hillmann House

70 Marylebone Lane

London, W1U 2PU

    Mackillop's Choice

Blackadder International
89A St James Road
Tunbridge Wells, TN1 2HH
www.blackadder.com
> BLACKADDER
> BLACKADDER RAW CASK
> CELTIC CONNECTION
> CALEDONIAN CONNECTION
> CLYDESDALE

Bottlers, The
21 / 23 Comely Bank Road
Edinburgh, ED4 1DS
www.thebottlers.com

Douglas Laing & Co.
Douglas House, 18 Lynedoch Cresc.
Glasgow, G3 6EQ
www.douglaslaing.com
> OLD & RARE
> THE OLD MALT CASK
> DIRECTOR'S CUT
> PREMIERE BARREL
> PROVENANCE (MCGIBBON'S)
> DOUGLAS OF DRUMLANRIG
> DOUBLE BARREL
> BIG PEAT

Duncan Taylor Scotch Whisky Ltd
4 Upperkirkgate
Huntly, AB54 8JU
www.duncantaylor.com
> PEERLESS
> RARE AULD COLLECTION
> DIMENSIONS
> THE OCTAVE
> NC²-SERIE

Hart Brothers Ltd
202 Bath Street
Glasgow, G2 2EN
www.hartbrothers.co.uk

Jean Boyer s. a.
Lieu-dit Desbans – PA Atlantisud
40230 Saint-Geours-de-Maremne
www.jeanboyer.com
> BEST CASKS OF SCOTLAND
> GIFTED STILLS
> ONE SHOT
> FARMERS MALT

Ian MacLoad & Co
(Peter J. Russell & Co Ltd)
Russel House, Dunnet Way
Broxburn, EH52 5BU
www.ianmacleod.com
> CHIEFTAIN'S CHOICE
> DUN BHEAGAN COLLECTION
> SHIELDAIG
> HEDGES & BUTLER
> AS WE GET IT
> GLENGOYNE

Jack Wiebers Whisky World
Wiener Straße 22
10999 Berlin
> OLD TRAIN LINE
> CROSS HILL
> SCOTTISH CASTLES COLLECTION
> PRENZLOW COLLECTION

Im mittleren Teil des spirit safe sind die Messinstrumente zur Kontrolle der Temperatur und des Alkoholgehalts.

James MacArthur

The Keep, 20 Knights Templar Way
High Wycombe, HP11 1PY
www.james-macarthur.co.uk
   OLD MASTERS

Lombard Brands Ltd

Bourne House, College Street
Ramsay, Isle of Man, IM8 1JW
www.lombardscotchwhisky.com
   JEWELS OF SCOTLAND

Malts of Scotland

Heinrich-Strohmeier-Straße 36
33104 Paderborn
www.malts-of-scotland.com

Murray McDavid

Bruichladdich Distillery
Isle of Islay, PA 49 7UN

www.murray-mcdavid.com
   MISSION SERIES SILVER
   MISSION SERIES GOLD
   CELTIC HEARTLAND

Samaroli SRL

Via Groenlandia
00144 Roma
www.samaroli.it
   COILTEAN
   LIBRARY SELECTION
   50CL SELECTION

Scotch Malt Whisky Society

The Vaults, 87 Giles Street
Edinburgh, EH6 6BZ
www.smws.com
Eigenabfüllungen in *cask strength*
nur für Mitglieder

Scotch Single Malt Circle
Auf der Hofreith 35
40489 Düsseldorf
www.scotchsingle.de
Eigenabfüllungen in *cask strength*
nur für Mitglieder

Speyside Distillers Ltd
Duchess Road
Glasgow, G73 1AU
www.speysidedistillery.co.uk
  SCOTT'S SELECTION
  PRIVATE CELLAR

Van Wees, Groothandel
Heliumweg 5
NL 3812 RD, Amersfoort
www.vanweesholland.com
  THE ULTIMATE

Vintage Malt Whisky
2 Stewart Street
Milngavie, G62 6BW
www.vintagemaltwhisky.com
  THE COOPER'S CHOICE
  THE HIGHLANDS & ISLANDS
    SCOTCH WHISKY CO
  FINLAGGAN
  THE ILEACH
  TANTALLON
  GLENALMOND

Whisky-Doris
Doris Debbeler
Germanenstraße 38
14612 Falkensee

www.whisky-doris.de
  WHISKY-DORIS COLLECTION
  THE DRAM
  CASK STRENGTH BY DORIS

The Whisky Exchange
Speciality Drinks Ltd
Unit 7, Space Business Park
Alley Road, Park Roxal
London, NW10 7SU
www.thewhiskyexchange.com
  ELEMENTS OF ISLAY
  SINGLE MALTS OF SCOTLAND
  PORT ASKAIG

The Whisky Fair
Altmann & Ehrlich GbR
Zum Mühlchen 3
65582 Diez
www.whiskyfair.de
  PERFECT DRAM

Wilson & Morgan
24 King Street
Edinburgh, EH3 6QN
www.wilsonandmorgan.com
  BARREL SELECTION
  WILSON & MORGAN CASK
    STRENGTH

Wine & Spirit Partner A. Camencini
Kirschenstraße 3
53340 Meckenheim
www.wine-and-spirit-partner.de
  C & S DRAM COLLECTION
  C & S DRAM GOOD

Verzeichnis der Malts, deren Namen von dem der Destillerien abweichen

Es war eigentlich immer ein, wenn auch ungeschriebenes, Gesetz, dass eine Flasche, auf der der Name einer schottischen Malt Distillery stand, nur den Whisky dieser Brennerei enthalten sollte, eben einen Single Malt. Bis die Firma Diageo, überwältigt vom großen Erfolg ihres *Cardhu*, nicht mehr wusste, wie sie die Nachfrage befriedigen sollte, und auf seinem Etikett still und leise das Wort »Single« gegen ein »Pure« austauschte, also einen »Vatted« aus ihm machte, ohne den Namen zu ändern. Das führte schließlich dazu, dass ein unfassendes Gesetzgebungsverfahren in Gang gesetzt wurde, und nun ist es seit dem 23. November 2009 eindeutig: Wenn der Name einer Brennerei auf dem Label steht, ist auch nur ihr Whisky drin. Man darf auch nicht mehr von einem »Vatted« sprechen, der muss nun »Blended Malt Whisky« heißen, zum Leidwesen vieler, weil der neue Name eher Verwirrung stiftet. Die Verwendung des Wörtchens »Pure« wurde gleich mitverboten.

Reinigungsöffnung einer Brennblase

Es weichen allerdings immer noch manchmal die Namen eines Whiskys und seiner Brennerei voneinander ab. Dafür gibt es mehrere Gründe: Einige Destillerien machen bekanntlich mehrere Varianten von Malt Whisky, wie etwa Springbank, wo auch ein *Longrow* oder ein *Hazelburn* destilliert werden, oder, am extremsten, Loch Lomond, die gleich fast ein Dutzend im Angebot haben. Immer mehr brennen einen getorften und einen ungetorften Malt, geben ihnen aber keine unterschiedliche Namen. Oder sie geben einem unabhängigen Abfüller das Recht, ihren Whisky zu vermarkten, aber nicht ihren Namen zu benutzen. Früher hieß dieses Buch: »Führer zu den Quellen«. Die Quelle eines Whiskys ist für uns die Brennerei, die wir in alphabetischer Reihenfolge behandeln. Dafür gibt es eine ganz klare Regel: Sind der Name von Destillerie und Whisky identisch, haben sie in diesem Alphabet einen eigenen Eintrag, macht eine Destillerie mit dem gleichen Equipment mehrere Whiskies, wie Springbank oder Bruichladdich, sind sie, auch wenn sie verschieden heißen, unter dem Namen dieser Brennerei genannt. Es gibt allerdings auch Fälle, wo z. B. die selben *mash tuns* oder *wash backs* benutzt, aber für die Destillation eigene Brennblasen verwendet werden, wie etwa bei Balvenie und Kininvie, oder bei denen, die neben ihren normalen noch die Sonderform der Lomond *still* hatten, wie Glenburgie und Glencraig. Diese haben dann auch einen eigenen Eintrag. Hier finden Sie, wo Sie nachschauen müssen, wenn sie einen Whisky nicht unter dem Namen der Brennerei gefunden haben:

An Cnoc
  ► Knockdhu

Arran
  ► Isle of Arran

Ayrshire
  ► Ladyburn

Ballechin
  ► Edradour

Braes of Glenlivet
  ► Braeval

Brechin
  ► North Port

Burnfoot
  ► Glengoyne

Craigduff
  ► Strathisla

Craiglodge
  ► Loch Lomond

Croftengea
  ► Loch Lomond

Deerstalker
  ► Balmenach

Drumguish
  ► Speyside

Dunglass
  ► Littlemill

Glen Deveron
  ► Macduff

Glen Douglas
  ► Loch Lomond

Glencraig
- ► Glenburgie

Glenisla
- ► Glen Keith

Hazelburn
- ► Springbank

Hazelwood
- ► Kininvie

Hillside
- ► Glenesk

Inchfad
- ► Loch Lomond

Inchmoan
- ► Loch Lomond

Islebrae
- ► Glenflagler

Inchmurrin
- ► Loch Lomond

Kilkerran
- ► Glengyle

Killyloch
- ► Glenflagler

Ledaig
- ► Tobermory

Linlithgow
- ► St. Magalene

Lomond
- ► Inverleven

Longrow
- ► Springbank

Mosstowie
- ► Miltonduff

Octomore
- ► Bruichladdich

Old Ballantruan
- ► Tomintoul

Old Fettercairn
- ► Fettercairn

Old Pulteney
- ► Pulteney

Old Rhosdhu
- ► Loch Lomond

Port Charlotte
- ► Bruichladdich

Singleton
- ► Auchroisk
- ► Dufftown
- ► Glen Ord
- ► Glendullan

Stonnachie
- ► Benrinnes

DIE GROSSE MALT-BIBLIOGRAPHIE

Periodika

Malt Advocate. Erscheint
vierteljährlich seit 1992.
Herausgeber und Verle-
ger: John Hansell.
Whisky Botschafter. Er-
scheint viermal im Jahr
seit 1997. Herausgeber
und Verleger: Christian
Rosenberg (Schweizer
Version: Whisky Time).
Whisky Magazine.
Erscheint zweimonatlich
seit 1999. Diverse Her-
ausgeber.
Whisky Watch. Erscheint
vierteljährlich seit 1997.
Herausgeber: Walter
Schobert, Verleger:
Marie-Louise Schobert.

A

Albrecht, Jörg: Das
Wasser des Lebens. in:
Zeit-Magazin, Nr. 41
v. 5. 10. 1990. S. 46–57.
Allen, H. Warner: Number
Three 3 St. James's Street;
a History of Berry's, the
Wine Merchants. London
1950. 269 S. (über Berry
Bros & Rudd)
Amis, Kingsley: Kingsley
Amis on Drink. London
1972. (Auf Deutsch:
Anständig trinken.
Berlin 2008. 140 S. mit
Zeichnungen von Eugen
Egner)

Andrews, Allen: The Whis-
ky Barons. London 1977.
148 S. (Reprint: Glasgow
2002, 148 S.)
Angeloni, Umberto:
Single Malt Whisky. An
Italian Passion. New York
2001. 138 S. Mit einer
Einleitung von Charles
MacLean.
Arthur, Helen: The Single
Malt Whisky Companion.
A Connoisseur's Guide.
London 1997. 256 S.
(Auf Deutsch: Single
Malt Whisky. Köln 1998.
256 S.)
Arthur, Helen / Dewar,
Caroline: Whisky Jottings.
Glasgow 2003. 64 S.
Privatdruck.
Arthur, Helen: Whisky.
Uisge Beatha. Water
of Life. London: 2000.
224 S. Mit einem
Vorwort von Charles
MacLean.
Arthur, Helen: A Teacher's
Tale. 175 Years of Scotch
Whisky through the Eyes
of WM. Teacher & Sons.
o. O. 2005. 192 S.
Ashton, Raymond
K. / Targett, David: Scotch
Whisky – Too much or too
little? London, Tomatin
Distillers Company
1971 ff (–1981). 12 S.
Atkin, Tim: Whisky Galo-
re. in: Wine, Dec. 1991.

B

Baird, Bryce: The
International Whisky
Connoisseurs Quiz Book.
Doncaster 1995. 112 S.
Barnard, Alfred: The
Whisky Distilleries of the
United Kingdom. London
1887. 457 S. (Reprint mit
neuer Einleitung von
I. A. Glen: Newton Abbot:
1969. VII + 457 S. /
Selektiver Reprint mit
einem Vorwort von Alan
Keegan: The Whisky
Distilleries of Scotland
1887. Garntocharn.
The Centenary Edition.
Mit einem Vorwort von
David Daiches und einer
Einleitung von Michael
Moss. Edinburgh 1987.
457 S. / Reprint mit
einem deutschen und
englischen Vorwort
von Gunnar Kwisinski
und Jens Sagemann.
Osnabrück 2000. 457 S. /
und Anhang. Reprint
mit einem Vorwort von
Richard Joynson und ei-
nem Porträt des Autors.
Edinburgh 2003. 457 S.
und Anhang. / Reprint
mit fünf Einzelarbei-
ten [A Run Through
Some Famous Scotch
Distilleries, John Walker
& Sons Limited, How To
Blend Whisky, Dalmore,
Royal Gordon Whisky],

Vorworte von Richard Joynson zur Ausgabe von 2003 und 2008. Edinburgh 2008, 632 S. und Anhang.)

Barnard, Alfred: Royal Gordon Whisky. A Visit to the Scotch Whisky Stores of Messrs. Pattison, Elder & Co, and Glenfarclas Distillery, Glenlivet. London 1893. 46 S.

Barnard, Alfred: How to Blend Scotch Whisky. With a Brief Description of Lagavulin Distillery, Islay, Laphroaig Distillery, Islay, Craigellachie Distillery Glenlivet. London o. J. 36 S.

Begg, Donald: The Bottled Malt Whiskies of Scotland. Edinburgh 1972. 14 S. (erweiterte Auflage 1979. 20 S.)

Behrendt, Axel: Pure Single Malt Whisky. Schottlands schönster Flaschengeist. in: Der Feinschmecker, Jan. 1992.

Behrendt, Axel: Die schottischen Singles kommen. in: Der Feinschmecker, Februar 1993.

Bell, Colin: Scotch Whisky: Colin Bell's Famous Drambusters Guide. Newtongrange 1985. 107 S.

Bell, Jeremy: Summer in Speyside. in: Decanter, Feb. 1991.

Bell, Jeremy: Island Adventure. in: Decanter, Aug. 1991.

Bénitah, Thierry: L'ABCdaire du Whisky. Paris 1996. 120 S.

Bénitah, Thierry (in Zusammenarbeit mit Jean-Marc Bellier & Emmanuel Dron): Le Whisky. Histoires et Fabrication. Paris 1999. 96 S. und Le Whisky. Itinéraires et Dégustations. Paris 1999. 96 S.

Bergius, Adam: Make your own Scotch Whisky. o. O.: WM. Teachers 1972 (?). o. S. (Reprint: Glendaruel: Argyll Publishing 1995. 32 S. mit Illustrationen von Rowland Emett)

Bernhardt, Ralf / Würsching, Hans Georg: The Aberlour Single Malt Collector's Guide. Foreword by Alan Winchester. Einhausen 2003. 236 S.

Bernhardt, Ralf / Würsching, Hans Georg: The Port Ellen Single Malt Collector's Guide. Foreword by Grant Carmichael and Prof. Walter Schobert. Einhausen 2003. 500 S.

Barnhardt, Ralf / Würsching, Hans Georg: The Glenfarclas Single Malt Whisky Collector's Guide. Foreword by John Grant. Einhausen 2004. 693 S.

Barnhardt, Ralf / Würsching, Hans Georg: The Glenmorangie Single Highland Malt Whisky Collector's Guide. Foreword by Graham Eunson. Einhausen 2005. 258 S.

Barnhardt, Ralf / Würsching, Hans Georg: The Glen Moray Single Highland Malt Whisky Collector's Guide. Foreword by Graham Coull. Einhausen 2006. 268 S.

Bielenberg, Andrew: Locke's Distillery. A History. Dublin 1993. 122 S.

Birnie, William, C. A.: Notes on The Distillation of Highland Malt Whisky. Compiled in 1937, retyped in 1963. Auchterarder 1964. 29 S.

Boba, Martin: Boba's Whisky Guide 2007 & 2008. Wien 2007. 239 S.

Bond, Keith (i. e. Jimmy Brown): Still Life. Memoirs of An Exciseman. Inverurie 1996. 47 S.

Bosanko, Abigail: The Scotch Malt Whisky Society. An Honest Tale. Edinburgh 2001. 16 S.

Brander, Michael: The Original Scotch. A History of Scotch Whisky from the Earliest Days. London 1974. 150 S. (Überarbeitete Fassung: The Original Guide to Scotch Whisky. Over 20 years old still going strong. Haddington 1995. 174 S.)

Brander, Michael: A Guide to Scotch Whisky. Edinburgh und London 1975 (1977, 1978 repr.). 96 S.

Brander, Michael: The Essential Guide to Scotch Whisky. Edinburgh 1990. 173 S. (2. Auflage 1992. 176 S.)

Brandl, Franz: Whisk(e)y. München 2007. 288 S.

Bremner, David: The Industries of Scotland. Their Rise, Progress and Present Condition. London und Edinburgh 1869. 535 S. (Reprint: Newton Abbot 1969. 535 S. mit einem Kapitel »Distilling«, S. 444–454.)

Briggs, Margaret: Whisky. The Water of Life. Broxburn 2009. 160 S.

Broom, Dave: Whisky. A Connoisseur's Guide. o. O. 1998. 96 S. (auf Deutsch: Whisky – Entdecken und Genießen. Bindlach 1999. 96 S.)

Broom, Dave: Handbook of Whisky. A Complete Guide to the World's Best Malts, Blends and Brands. London 2000. 160 S. (Auf Deutsch: Das Whisk(e)y Handbuch. Führer zum Verkosten, Einkaufen und Reisen. München 2001. 160 S.)

Broom, Dave: Distilling Knowledge. A professional guide to spirits and liqueurs. London 2006. 117 S. Mit einem Vorwort von David Grant.

Broom, Dave: The World Atlas of Whisky: More Than 300 Expressions Tasted. London 2010. 320 S.

Brown, Gordon: The Whisky Trails. A geographical guide to Scotch whisky. London 1993. 224 S. (revidiert 1997. 224 S. Mit einem Vorwort von Kingsley Amis.)

Brown, Gordon: Classic Spirits of the World. A comprehensive Guide. London 1995. 264 S.

Brown, Gordon: Mighty Malts. in: Decanter, January 1989.

Brown, Gordon: Spirits abroad. in: Decanter, May 1990.

Bruce-Gardyne, Tom: The Scotch Whisky Book. Edinburgh 2002. 240 S.

mit Photogaphien von Glyn Satterly.

Buchanan, John / Case, Norman / Gellert, Emery: Scotch Whisky. The Single Malts. Syndey 1981. 158 S.

Burke, Gerry: Scotch on the Rocks. Illustrated True Story of Whisky Galore. Glasgow 1988. 52 S.

Burns, Edward: It's a bad thing whisky, especially BAD WHISKY. Glasgow 1995. 176 S. (3. Auflage. Glasgow 2009. 176 S. mit einem Vorwort von Ian Buxton.)

Butta, Carmen: Whisky. Sonne aus der Flasche. In: Geo Special Schottland.

Buxrud, Ulf: Rare Malts. Facts, Figures and Taste. Wykey, Shrewsbury 2006. 176 S.

Buxrud, Ulf: Japanese Whisky. Facts, Figures and Taste. Malmö 2008. 150 S.

Buxton, Ian (Hrsg.): Beer Hunter, Whisky Chaser. Tomdachoille 2009. 167 S.

Buxton, Ian: The Enduring Legacy of Dewar's. A Company History. Glasgow 2009. 189 S. mit einem Vorwort von Charles McLean.

Buxton, Ian: 101 Whiskies to Try Before You Die. London 2010. 224 S.

Buxton, Ian (Hrsg.): Highland Park. A Good Foundation. Orkney 2010. XIII und 28 S. (Reprint einer Werbebroschüre von 1924. Mit einem Vorwort von Russell Anderson und einer Einführung von Ian Buxton.)

Buxton, Ian: Glenglassaugh. A Distillery Reborn. Glasgow 2010. 136 S.

Buxton, Ian: Glenfarclas 175. An Independent Distillery. Glasgow 2011. 184 S.

C

Caldenby, Pär: The Enthusiast's Course on Enjoying Malt Whisky. Göteborg 2006. 208 S.

Cameron, Andrew: Edradour. The Myth, The Mafia & The Magic. o. O. 2006. 61 S.

Cameron, Gilchrist: Diamonds are forever. in: Decanter, April 1988.

Cantini, Patricia: Whisky. Vom gälischen Lebenswasser, das die Welt eroberte. München 1996. 114 S. (Auf Englisch: Whisky. The Connoisseur's Companion. London 1999. 116 S.)

Casamayor, Pierre / Colombani, Marie-Josée: Le livre de l'amateur de Whisky. Toulouse 1984. 192 S.

Checkland, Olive: Japanese Whisky, Scotch Blend. The Story of Masataka Taketsuru, his Scottish Wife, and the Japanese Whisky Industry. Edinburgh 1998. 148 S.

Coenen, Daniela: Des Whiskys reine Seele. in: LIVE report, 12 / 93.

Collison, Francis: The Life & Times of William Grant. Dufftown. 102 S. (2. Auflage 1984. 3. Auflage 1987.)

Cooper, Derek: Guide to the Whiskies of Scotland. London 1978. 121 S. (Fortgesetzt als The Century Companion to Whiskies. London 1983. 169 S.)

Cooper, Derek: A Taste of Scotch. London 1989. 128 S.

Cooper, Derek / Godwin, Fay (Fotos): The Whisky Roads of Scotland. London 1982. 160 S.

Cooper, Derek: The Little Book of Malt Whiskies. Belfast 1992. 60 S. (Neuauflage als Scottish Malt Guide. Belfast 2007. 96 S.)

Cooper, Derek: The Balvenie. A Centenary Celebration 1893–1993. Dufftown 1993. 52 S.

Cooper, Derek: Glenmorangie Greatness. in: Decanter, Feb. 1988.

Cooper, Derek: Timeless Reminders. in: Decanter, Juni 1988.

Cooper, Derek: Malt of the Earth. in: Decanter, November 1994

Cousins, Geoffrey E.: A Family of Spirit. William Teacher and his descendants in the Scotch whisky trade 1830–1975. Glasgow 1975. 174 S.

Craig, H. Charles: The Scotch Whisky Industry Record. Dumbarton 1994. XVI + 659 S. mit Beiträgen von R. E. B. Duncan, John R. Hume, R. K. Martin und Michael Moss.

Craig, H. Charles: Glenpatrick House Elderslie. The Story of An Unsuccessful Distillery. Glasgow 1982. 39 S. (Typoskript)

Cribb, Stephen & Julie: Whisky on the Rocks. Origins of the »Water of Life«. Keyworth 1998. 72 S.

Crombie, James: Her Majesty's Custom and Excise. London/New York 1962. 224 S. (New Whitehall Series No. 10)

Crowley, Roz: The Story of Irish Whiskey. Die Geschichte des Irischen Whiskey. L'Histoire de Whiskey Irlandais. Clogroe, Blarney 1993. 20 S.

Cunningham, Karen: Business As Usual. The Miquel Way. Durham 2000. 194 S. (Biographie von Raymond Miquel, dem ehemaligen Chairman von Bell's)

D

Daiches, David: Scotch Whisky – Its Past and Present. London 1969. 168 S. (3. rev. Auflage 1978. 170 S. Taschenbuch mit neuem Vorwort: Edinburgh 1995. 192 S. [Auf Deutsch: Scotch Whisky. Luzern und Frankfurt a. M. 1971. 239 S.])

Daiches, David: Let's Collect Scotch Whisky. Norwich 1986. o. S. Reprint 1994. 32 S.

Daiches, David: A Wee Dram. Drinking Scenes from Scottish Literature. London 1990. 200 S.

Darven, James: La Grande Histoire du Whisky. Paris 1992. 216 S. (Auf Deutsch: Das Buch vom Whisky. München 1993. 215 S. Auf Englisch: The Illustrated History of Whisky. Suffolk 1993. 215 S.)

Davidson, Julie: A Singular Malt (Highland Park) in: Country Living, November 1992

Decanter Regional Guide: Scotland. in: Decanter June 1988

Delos, Gilbert: Les Whiskies du Monde. Paris o. J. (Auf Deutsch: Whisky aus aller Welt. Erlangen 1998. 160 S.)

Delves, Stuart: Creative Fire. The Story of Scotland's Greatest Export. London 2007. 192 S. (erschienen in der Serie: Great Brand Stories)

Dewar, Peter Beauclerk: The House of Dewar 1296–1991. The Fortunes of Clan Dewar. London 1991. 137 S.

Donat, Jacques: 1er Répertoire international de Mignonettes d'alcool. Le Mée-sur-Seine 1998. 192 S.

Drake, Jacky (Hrsg.): 25 Years of the Mini Bottle Club. o. O.: The Mini Bottle Club 2003. 364 S. mit einem Vorwort von Jim Murray.

Dunnett, Alastair: The Land of Scotch. Edinburgh 1953. 179 S.

Dymond, Paul: More than Knockando. in: Decanter Feb. 1988.

E

Elder, Andrew: The Whisky Map of Scotland. Edinburgh: John Bartholomew & Son 1976 ff. (Faltkarte, in Zusammenarbeit mit The Scotch Whisky Association).

Emery, Terry: The Classic Malts of Scotland – An Appreciation. o. O. 1994. 64 S. mit einem Vorwort von Giles MacDonogh.

Erskine, Kevin: The Instant Expert's Guide to Single Malt Scotch. Richmond, Virginia 2005, (2. Auflage 2006). 92 S.

Euler, Barbara E.: Whisky. Kleines Lexikon von A–Z. München 1999. 256 S.

F

Fielden, Christopher: A Dynasty in Drink: The Suntory Story. Holt, Trowbridge 1991. 193 S.

Fleming, Susan: The Little Whisky Book. London 1988 (Reprint: 1992). 60 S.

Forbes, George: Scotch Whisky. Glasgow 1995. 92 S.

Forbes, R. J.: Short History of the Art of Distilling. Leiden 1948. 405 S.

Frankham, Jill: William Grant & Sons 1887–1987. 100 years of achievement. o. O., o. J. 12 S.

Freud, Sir Clement: The Everest of the Highlands. in: Decanter December 1990 (über Dalmore).

G

Gabányi, Stefan: Schumann's Whisk(e)y Lexikon. München 1996. 368 S. (4. vollständig überarbeitete Auflage: München 2002. 446 S. Mit einen Vorwort von Charles Schumann und Illustrationen von Günter Mattei. (Auf Englisch: Whisk(e)y. New York, London, Paris 1997. 367 S.)

Gardiner, Leslie: The North British: The First Hundred Years. Edinburgh 1985. 64 S.

Garland-Steers, Eric: Slainte! in: Wine, Dec. 1991. (über die »Classic Malts« von United Distillers)

Gayer, Kurt: Whisky für Anfänger. Ein Brevier. Zürich 1961. 62 S. mit vielen Zeichnungen von Bon van den Born.

Gerlach, Senta & Wulf: Whisky. Gedanken für Genießer. Germering 2005. o. S.

Gööck, Roland: Whisky. Kleiner Almanach des »Königs der Getränke«. Gütersloh 1983. 127 S.

Graham, Duncan & Wendy: Visiting Distilleries. Glasgow: Angels' Share (Neil Wilson) 2001. 121 S. (2. Auflage 2003).

Grant, Elizabeth: Memoirs of a Highland Lady. The Autobiography of Elizabeth Grant of Rothiemurchus afterwards Mrs. Smith of Baltiboys. 1797–1830. Edited by Lady Strachey. 1898. London 1928. 427 S.

Gray, Alan: The Scotch Whisky Industry Review. (jährl. Report); bis 1989: Campbell, Neill & Co, Glasgow; 1990–1992: Charterhouse Tilney, Glasgow, 1993–2004: Sutherland & Partners; Glasgow 2005 ff.: Charles Stanley / Sutherlands.

Grayson, Richard (= Richard Grindal): Death Stalk. London 1982. 192 S.

Green, Martin / Greenwood, Malcolm: Collecting Malt Whisky. The Definitive Guide to Malt Whiskies at Auction. o. O. 2002. 208 S. (2. Auflage, Auinchruive 2007. 256 S.)

Greenwood, Malcolm: A Nip Around the World. Diary of a Whisky Salesman. Glendaruel 1995. 112 S.

Greenwood, Malcolm: Another Nip Around the World. Glasgow 1997. 92 S.

Greenwood, Malcolm: A Ramble round the Globe Revisited. In the Footsteps of Tommy Dewar. Glasgow 1999. 94 S.

Greenwood, Malcolm: Unique Distilleries of Scotland & Ireland. In the Footsteps of Alfred Barnard. o. O. 2001. 148 S.

Grindal, Richard: Return to the Glen. Adventures on the Whisky Trail. Chevy Chase 1989. 159 S.

Grindal, Richard: The Spirit of Whisky. An Affectionate Account of the Water of Life. London 1992. 256 S. (Auf Deutsch: Das Whisky Brevier. Geschichte und Geschichten vom Wasser des Lebens. München 1994. 239 S.)

Grinling, Jasper: Spey Royal. London 1960. o. S.

Günther, Hans-Jürgen: Gaumenkitzler. in: tip 15 / 1991. S. 80–81 (Berliner Profile: Werner Hertwig).

Gunn, Neil: Whisky and Scotland. London 1935. 198 S. (Reprint: London 1977. 198 S. Neuauflage London 1998. 192 S.)

Gunn, Neil: An Affair of Whisky. In: New Saltire No. 6, December 1962.

Gutzke, David W.: Alcohol in the British Isles from Roman Times to 1996. An Annotated Bibliography. Westport, Connecticut and London 1996. 266 S. (Nr. 44: Bibliographies and Indices in World History)

H

Hanley, Clifford: A Skinful of Scotch. London 1965. 174 S. (mit einem Kapitel »The Hard Stuff«).

Harris, James F. / Waymack, Mark H.: Single-Malt Whiskies of Scotland for the Discriminating Imbiber. La Salle, Illinois 1992. 194 S.

Harris, Paul (Hrsg.): The Rhythm of the Glass. Drinking: Contemporary Writing. Edinburgh 1977. 88 S. mit Beiträgen von Bill Tait, Alan Bold, George MacKay Brown, Jeremy Bruce-Watt, Duncan McAra, Stanley Roger Green, Ronald Shaw, Norman MacCaig, Cliff Hanley, John Broom, Donald Campbell. Etchings von Donald Mackenzie, Photos von Barry Jones.

Harrison, Brian: Drink and the Victorians: The Temperance Question in England, 1815–72. London 1971. 510 S. (2. Auflage Keele: Keele University Press 1994.)

Hartel, Klaus Dieter: Das Taschenbuch vom Whisky. München 1972. 144 S.

Hastie, S. H.: From Burn to Bottle. How Scotch Whisky is made. Edinburgh, 3. Auflage 1956. 24 S.

Hahlbohm, Leif / Hahlbohm, Eike N.: Malt Whisky. Renaissance einer traditionsreichen Kultur. Göppingen, Stuttgart o. J. [2007]. 176 S.

Henderson, Richard: Chasing Charlie. o. O. 1996. 424 S. (Geschichte um einen verborgenen Schatz von 1000 Flaschen Whisky)

Hills, Phillip (Hrsg.): Scots on Scotch. The Scotch Malt Whisky Society Book of Whisky. Edinburgh und London 1991. 192 S. mit Beiträgen von George Rosie, Trevor Royle, Colin McArthur, David Daiches, Alan Bold, Ruth Wishart, Derek Cooper, Russell Sharp, Hamish Henderson, Norman MacCaig, Phillip Hills. (2. Auflage: Scots on Scotch. The Book of Whisky. Edinburgh und London 2002. 188 S. mit einem neuen Vorwort von Phillip Hills.

Hills, Phillip: Appreciating Whisky. The connoisseur's guide to nosing, tasting and enjoying Scotch. Glasgow 2000. 191 S.

Hills, Phillip: The Scotch Whisky Directory. Edinburgh und London 2005. 384 S.

Hobley, L. F.: Customs and Excise Men. London 1974. 80 S.

Hoffmann, Marc A.: Whisky. Marken aus der ganzen Welt. Bath o. J. [2007]. 320 S.

Hofmann, Peter: Whisky. Die Enzyklopädie. Kultur, Geschichte, Herstellung, Genuss und die Whisk(e)y-Destillerien weltweit. Baden/München 2008. 632 S.

House, Jack: The Spirit of White Horse. Glasgow 1971. o. S.

House, Jack: Pride of
Perth. The Story of Arthur
Bell & Sons Ltd. Scotch
Whisky Distillers. London
1976. 135 S.
House, Jack: The Romance
of Long John. o. O. 1982.
32 S.
*Howard, Kathleen / Gibat,
Norman:* The Lore of Still
Building. A primer on the
production of alcohol for
food and fuel. (1st prin-
ting 1973) Fostoria, Ohio
1994. 194 S.
Hughes, John: Scotland's
Malt Whisky Distilleries.
Survival of the fittest.
Stroud 2002. 96 S.
Hughes, John: Still Going
Strong.
A History of Scotch
Whisky Advertising. Port
Stroud 2005. 120 S.
Hume, John R. Dallas
Dhu Distillery.
Edinburgh 1988. 16 S.

J

Jackson, Michael: The
World Guide to Whisky.
London 1987. 224 S.
(Auf Deutsch: Whisky.
Weil der Stadt 1988.
259 S. 2. Auflage 1993.
248 S. 3. Auflage 1997.
248 S.)

Jackson, Michael: Malt
Whisky Companion. A
Connoisseur's Guide
to the Malt Whiskies
of Scotland. London
1989. 240 S. (zahlrei-
che Neuauflagen; auf
Deutsch: Malt Whisky.
Der Guide für Kenner
und Genießer. München
1989. 240 S., viele Neu-
auflagen)
*Jackson, Michael / Wright,
Harry Cory* (Photogra-
phy): Scotland and its
Whiskies. London 2001.
144 S. (Auf Deutsch:
Schottland und seine
Whiskys. München und
Bern 2001. 144 S.
Jackson, Michael:
Whisky. London u. a.:
Dorling Kindersley 2005.
288 S. with contribution
from Dave Broom,
Jefferson Chase, Dale
DeGroff, Jürgen D. Deibel,
Richard Jones, Martine
Nouet, Stuart Ramsay,
Willie Simpson, Ian
Wisniewski
Jackson, Michael: A
Scottish Odyssey. in:
Decanter, Dez. 1991.
Jakits, Madeleine: Blaue
Stunde in der Whisky-
Destille am Meer. in:
Der Feinschmecker,
Feb. 1995.

Jefford, Andrew: Peat,
Smoke and Spirit. A
Portait of Islay and its
Whiskies. London 2004.
406 S.
Johnson, Tom: The Story
of Berry Bros. & Rudd
Wine and Spirit Mer-
chants. o. O. o. J. 32 S.
Jones, Andrew: Whisky
Talk. London 1997. 152 S.

K

Keegan, Alan: Scotch in
Miniature. A Collector's
Guide to Whisky Minia-
tures. Gartocharn 1982
(revidiert 1986: 80 S. und
2001: 91 S.).
*Kenna, Rudolph / Suther-
land, Ian:* The Bevvy. The
Story of Glasgow and
Drink. Glasgow 2000.
126 S.
Kilby, Kenneth: The
Cooper and his Trade.
London 1971. 192 S.
(Reprint: Fresno 1989.
192 S.)
*Kochan, Nick / Pym,
Hugh:* The Guinness
Affair. Anatomy of a Scan-
dal. London 1987. 198 S.
Korthals, Eckehard: Alles
über Scotch Whisky.
Aktueller Ratgeber u.
Geschmacksführer. Reise-
begleiter zu allen schott.
Destillerien. Wörterbuch
der Whiskysprache. Greiz
2001. 304 S.

Kreis, Bernd: Maltwhisky. In: Cotta's kulinarischer Almanach auf das Jahr 1994. Stuttgart 1994. S. 19–24.

Kurt, Chandra: Whisky & Food. Zürich 2007. 155 S.

Kuntze, Lothar: Geruchs- und Geschmacksleitfaden für Gourmets, Whisk(e)y-Kenner und Liebhaber edler Tropfen. Oberhausen 2006. o. S.

L

Lambert, Marc: Spirit of Jura. Edinburgh 2009. 151 S.

Laing, Robin: The Whisky Muse. Scotch Whisky in Poem and Song. Edinburgh 2002. 207 S. mit Illustrationen von Bob Dewar.

Laing, Robin: The Whisky River. Distilleries of Speyside. Edinburgh 2007. 208 S. mit Illustrationen von Bob Dewar.

Laing, Robin: Whisky Legends of Islay. Edinburgh 2009. 171 S. mit Illustrationen von Bob Dewar.

Lamond, John D. / Tucek, Robin: The Malt File. Hrsg. von The Malt Whisky Association, London 1989. 136 S. (2. Auflage 1993. 160 S.)

Lamond, John: The Whisky Connoisseur's Book of Days. Facts, Fables and Folklore. Whittingehame 1992. 140 S.

Lamond, John: The Whisky Connoisseurs's Companion. Facts, Fables and Folklore from the World of Whisky. Leith 1993. 136 S.

Laurin, Urban: Whisky fran hela välden. Västeras 1998. 168 S. (Auf Norwegische: Whisky fra hele verden. Oslo 1998. 168 S.)

Laver, James: The House of Haig. Markinch 1958. 75 S.

Le Chef (Hrsg.): Classic Malts & Gastronomie. Paris 1997. 72 S.

Lerner, Daniel: Single Malt & Scotch Whisky (auf Deutsch: Schottischer Whisky). Beide Köln 1998. VII + 184 S.

Liebenow, Karsten: Whisk(e)y »Wasser des Lebens«. Privatdruck 2004: 48 S.

Lockhart, Sir Robert Bruce: Scotch. The Whisky of Scotland in Fact and Story. London 1951. 184 S. (7. Auflage: Glasgow: 1995. 192 S. mit einem Vorwort von Robin Bruce Lockhart. Auf Deutsch: Whisky. Die abenteuerliche Geschichte des Scotch, mit ergänzenden Texten von Aladar von Wesendonck: »Whisky in aller Welt« und »Whisky in Deutschland«. München 1967. 220 S.

Lord, Tony: The World Guide to Spirits. London 1979. 256 S.

Lord, Tony u. a.: The Great Scotch Whisky Houses. Decanter Magazine's Guide. Decanter 1986.

Lord, Tony: Malt Masterpieces. in: Decanter, Feb. 1987.

Lord, Tony: After Dinner Debate. in: Decanter, Feb. 1988.

Lord, Tony: Great Aged Spirits Challenge. in: Decanter, October 1988. (Tasting von Malts und Cognac!)

Lord, Tony: Noble Spirits. Decanter Magazine's Guide. London 1989. 48 S. (darin Artikel und tasting notes zu Malt Whisky, Deluxe Blends, Irish Whiskey und Bourbon).

Lord, Tony und David Lowe: Malts: The Regional Factor. in: Decanter, Feb. 1989.

Lord, Tony: Stars and Bars. in: Decanter October 1988 (über Allan Shiach, den Drehbuchator und Chairman von Macallan).

Lord, Tony: Hearts of Oak. in: Decanter, March 1990. (über Glengoyne)
Lord, Tony: Sleeping Spirits. in: Decanter, Oktober 1990 (über das Problem der Fassalterung).

M

Macdonald, Aeneas: Whisky. Edinburgh 1930. 135 S. (Reprint mit einem Vorwort von Charles MacLean und einer Einleitung von Ian Buxton: Edinburgh 2006. 135 S.)
MacDonald, Ian: Smuggling in the Highlands. Sterling 1914. 124 S. (Reprint hrsg. von Ian Buxton: Tomdachoille 2007. 124 S.)
MacDonogh, Giles: 500 Years of Scotch Whisky. in: Decanter, Januar 1994
MacIlwain, Iain: Ardmore Distillery – A Portrait. Aberdeen 2011. 64 S.
Mackenzie, Compton: Whisky Galore. London 1947. 264 S. (ins Deutsche übersetzt von Elisabeth Schnack: Zürich 1965. 350 S.). Edinburgh 1999. 405 S. in Zusammenarbeit mit John Dewar & Sons Ldt.

Mackie, Albert D.: The Scotch Whisky Drinker's Companion. Edinburgh 1973. 124 S.
MacLean, Charles: The Mitchell Beazley Pocket Whisky Book. A guide to malt, grain, liqueur and leading blended whiskies. London 1993. 192 S. (2. erweiterte Ausgabe: Scotch Whisky. London 1998. 223 S.)
MacLean, Charles: Sainsbury's Guide to Malt Whisky. London 1995. 96 S.
MacLean, Charles: Discovering Scotch Whisky. Christchurch, Dorset and London 1996. 96 S.
MacLean, Charles: Scotch Whisky. Andover 1996. 29 S.
MacLean, Charles: Malt Whisky. London 1997. 176 S. (revidierte Ausgabe 2002. 176 S.; auf Deutsch. München 1998. 176 S.)
MacLean, Charles: The Macallan, Pillars of Spiritual Wisdom. o. O. 1998. o. S.
MacLean, Charles: Scotch Whisky. A Liquid History. London 2003. 288 S.
MacLean, Charles: Miscellany of Whisky. London 2004. 256 S.

MacLean, Charles: Whisky Tales. London 2006. 288 S. mit einem Vorwort von Alexander McCall Smith.
MacLean, Charles (Hrsg.): Whisky. London 2008. 288 S.
MacLean, Charles: Whiskypedia. A Gazeteer of Scotch Whisky. Edinburgh 2009. 352S.
MacLean, Charles: Turning Whisky into Words. in: Decanter, August 1996, (über die »Sprache des Whisky-Tastings«)
Mäder, Markus: Islay. Ein Whiskytrip. in: Neue Zürcher Zeitung v. 23. 3. 1991.
Maggee, Malachy: 1000 Years of Irish Whiskey. Dublin 1980. 144 S. (Reprint: Irish Whiskey. A 1000 Year Tradition. 1998)
Mahé, Patrick: La Magie du Whisky. Paris: 1997. 184 S.
Manners, John: Crafts of the Highlands and Islands. Newton Abbott, London etc 1978. 128 S. (darin Kapitel über »Coopering Whisky Barrels«, »Malting Barley« und »Whisky Distilling«).

Mantle, Jonathan: The Ballantine's Story. London 1991. 65 S.

Martine, Roddy: Scotland. The Land and the Whisky. (Photographs by Patrick Douglas-Hamilton). London 1994. 224 S.

Martine, Roddy (Text) / *Milne, Bill* (Fotos): Single Malt Scotch. New York 1997. 164 S.

Maxwell, Sir Herbert: Half-A-Century of Successfull Trade. Beeing a Sketch of the Rise and Development of the Business of W & A Gilbey, 1857–1907. London 1907. 85 S.

McBain, Stewart: 200 Years of Distilling Tradition. Strathisla Distillery Keith 1786–1986. Keith 1986. 68 S.

McCall, Robert: 500 Years of Scotch Whisky. Scotch Whisky – The Quincentary 1494–1994. Glasgow 1994. 106 S.

McCreary, Alf: Spirit of the Age. The story of »Old Bushmills«. »Old Bushmills« Distillery Company 1983. 232 S.

McDougall, John / Smith, John R.: Wort, Worms & Washbacks. Memoirs from the Stillhouse. Glasgow 1999. 215 S.

McDowall, R. J. S.: The Whiskies of Scotland. London 1967. 164 S. (4. revidierte Auflage, überarbeitet von William Waugh: 1986. 184 S.; gekürzte deutsche, vom Autor autorisierte Auflage: Mainz 1968. 100 S.)

McEwan, Jim: The Malt Whisky Map of Scotland. Glasgow 2004. Faltkarte mit Informationen.

McGuire, E. B.: Irish Whiskey. A history of distilling in Ireland. Dublin 1973. 462 S.

McHardy, Stuart: Tales of Whisky and Smuggling. Moffat 1991. 160 S.

McIvor, Doug: Scotch Whisky. Top Single Malts. London 1998. 96 S.

McNeill, F. Marian: The Scots Cellar – Its Traditions and Lore. Edinburgh 1956. 290 S. (zahlreiche Nachdrucke)

Mehrlich, Klaus: Whisk(e)y von den britischen Inseln. Eine Untersuchung der Industrien und der wirtschaftlichen Bedeutung des Whisk(e)y für Schottland und Irland. Frankfurt u. a. 1997. 374 S. (Dissertation Erlangen 1997)

Meininger, Peter (Hrsg.): Meininger Magazin: Whisk(e)y. Neustadt an der Weinstraße: Meininger GmbH 1993. 34 S.

Milroy, Wallace: Malt Whisky Almanac. Moffat 1986. 94 S. 2. Auflage 1987. 120 S. mit einem Vorwort von Kingsley Amis. 3. Auflage 1989. 144 S. mit einem Vorwort von John AR MacPhail. 5. Auflage: Glasgow 1992. 144 S. mit einem Vorwort von Sir Iain Tennant. 6. Auflage: 1995. 160 S. mit einem Vorwort von Earl of Mansfield. 7. überarbeitete Auflage: The Original Malt Whisky Almanac. A Taster's Guide. Glasgow 1998, 160 S. Auf Deutsch: Malt Whisky Almanach. Schortens 1991. 144 S. [5. Auflage: 1993. 144 S. 6. Auflage: 1995. 160 S. 7. Auflage: 1998. 160 S.])

Milroy, Wallace: Bottles to take away. in: Decanter, June 1988.

Milroy, Wallace: The Meaning of Malt. in: Decanter, Feb. 1989.

Milroy, Wallace / Wilson, Neal: Whisky in Your Pocket. Glasgow 2010. 188 S. (Nachfolger des Almanac)

Milsted, David: Bluff your way in Whisky. Horsham 1991. 62 S. (zahlreiche Neudrucke; 2. Auflage London: Oval Books 1999. 64 S.)

Minnekeer, Bob / Van Laere, Stefaan: Whisky. Tielt/ Haarlem 1998. 96 S.

Minnekeer, Bob / Van Laere, Stefaan: Mijn favoriete whisky's. Oostkamp 2000. 208 S.

Minnekeer, Bob / Van Laere, Stefaan: Whisky à la carte. Tielt 2004. 144 S.

Mitchell, Ewan: A Wee Guide to Whisky. Musselburgh 1999. 86 S.

Moore, Graham: Malt Whisky. A Contemporary Guide. Shrewsbury 1998. 160 S.

Morrice, Philip: The Schweppes Guide to Scotch. Sherbone 1983. 413 S.

Morrice, Philip: The Whisky Distilleries of Scotland and Ireland. London 1987. 369 S. mit Zeichnungen von Peter Haillay (limitierte Auflage zum 100. Jubiläum von Barnards Buch.)

Morrice, Philip: Glenfarclas. in: Decanter, May 1986.

Morrice, Philip: Strathisla. in: Decanter, Oct. 1986.

Morrice, Philip: Scotch marriages. in: Decanter, Oct. 1986. (Leitartikel zu Übernahmen)

Morrice, Philip: Business as usual after the great shake-up. in: Decanter, Oct. 1986.

Morrice, Philip: Scotish Rumours of Whisky's Demise. in: Decanter, Nov. 1986. (2. Teil des Artikels vom Okt. 1986)

Morrice, Philip: Still Waters. in: Departures, Nov. / Dez. 1986.

Morrice, Philip: Elixir of Edradour. in: Decanter, January 1987.

Morrice. Philip: Irish Inspiration. in: Decanter, February 1987 (Report über irische Trends).

Morrice, Philip: Still Making Whisky. in: Decanter, April 1987 (über Glen Grant).

Morrice. Philip: Glenfiddich: 100 and still going strong. in: Decanter, May 1987.

Morrice, Philip: The Oldest Dram. in: Decanter, June 1987 (über Glenturret).

Morrice, Philip: Whisky manages to keep up its image. in: Decanter, August 1987 (Leitartikel).

Morrice, Philip: Glenfiddich Centenary. in: Decanter, August 1987.

Morrice. Philip: Island of Charme. in: Decanter, August 1987 (Isle of Jura).

Morrice, Philip: Highland Maltsters. in: Decanter, September 1987 (über Glendronach).

Morrice, Philip: Aladdin's Cave. in: Decanter, November 1987 (über Gordon & MacPhail).

Morrice, Philip: Glenlivet Greatness. in: Decanter, Dezember 1987.

Morrice, Philip: Inchgower's Measure. in: Decanter, Feb. 1988.

Morrice, Philip: Take the High Road. in: Decanter, April 1988 (über Highland Park).

Morrice, Philipp: The Missing Link. in: Decanter, May 1988 (über Linkwood).

Morrice. Philip: Bonny Bowmore. in: Decanter, June 1988.

Morrice, Philip: Cardhu's Clever Package. in: Decanter, September 1988.

Morrice, Philip: Knockando. in: Decanter, November 1988.

Morrice, Philip: Tippling the Malt Balance. in: Decanter, February 1989.

Morrice, Philip: Speyside's new malt. in: Decanter, March 1989 (über Tamnavulin).

Morrissey, James: Hot Whiskey. The Story of Ireland's Biggest Ever Takeover Bid. Tralee 1989. 215 S. (über die Übernahmeschlacht um Irish Distillers).

Morton, Tom: Spirit of Adventure. A Journey Beyond the Whisky Trail. Edinburgh und London 1992. 188 S. (daraus: Dropping in on Highland Park. in: Orkney Stories. A specially commissioned collection. Perth 1998. S. 7–12.)

Moss, Michael S. / Hume, John R.: The Making of Scotch Whisky. A History of the Scotch Whisky Distilling Industry. Edinburgh 1981. 304 S. (Neuauflage mit neuem Vorwort, Postskript und überarbeiteten Listen. Edinburgh 2000. 368 S.)

Moss, Michael: Scotch Whisky. Edinburgh 1991. 91 S.

Mulryan, Peter: The Whiskeys of Ireland. Dublin 2002. 160 S.

Mulryan, Peter: Bushmills. 400 Years in the Making. Belfast 2008. 192 S.

Murphy, Brian: The World Book of Whisky. Glasgow, London 1978. 192 S.

Murray, Jim: Irish Whiskey Almanac. Glasgow 1994. 159 S.

Murray, Jim: Complete Book of Whisky. The Definitive Guide to the Whiskies of the World. o. O. [London]. 224 S. (Auf Deutsch: Whisky & Whiskey. München 1997. 224. S.)

Murray, Jim: The Complete Guide to Whisky. Selecting, Comparing and Drinking the World's Great Whiskies. o. O. 1997. 256 S. (Auf Deutsch: Die großen Whiskys der Welt. München 1998. 368 S.). Vom Text her fast identisch mit dem o. g. Titel, ohne »Exoten« und Fotos: Neuauflage als The World Whisky Guide. London 2000. 368 S.

Murray, Jim: Classic Irish Whiskey. London 1997. 256 S. (überarbeitete Fassung vom Irish Whiskey Almanac)

Murray, Jim: The Art of Whisky. A Deluxe Blend of Historic Posters from the Public Record Office. Kew 1998. 80 S.

Murray, Jim: Classic Blended Scotch. London 1999. 256 S. (Auf Deutsch: München 1999. 215 S.)

Murray, Jim: History of Black Bottle. Perth 2001. 22 S.

Murray, Jim: Jim Murray's Whisky Bible 2004. o. O. 2003. 256 S. (jährliche Neuauflagen: z.Zt. Jim Murray's Whisky Bible 2012. o. O. 2011. 384 S.)

Murray, Jim: No butts, the taste is in the wood (Malt Whisky's Sherry Connection). in: Decanter, Oktober 1992.

Murray, Jim: Highland Mist. in: Decanter, November 1992 (über Malt als after dinner drink, mit Vorstellung einzelner Malts).

Murray, Jim: A Nip Over the Water. in: Decanter, März 1994 (über Irish Whiskeies).

Murray, Jim: Spirit Level. in: Decanter, Juni 1994 (über Cask Strength).

Murray, Jim: Whisky Business. in: Decanter, November 1994 (neue Whisky Trends).

Müry, Andres: Das Herz des Whiskys. in: F. A. Z. Magazin Nr. 671 v. 8. 1. 1993.

N

Neish, Alexander B.: The art of Peat cutting. Bowmore 1966. 17 S.
Nettleton, J.A.: The Manufacture of Spirits as conducted at the Various Distilleries of the United Kingdom. Belfast 1893. 431 S.
Nettleton, J. A.: The Manufacture of Whisky and Plain Spirit. Aberdeen 1913. XXIV + 606 S. (Reprint hrsg. von Ian Buxton Buxton: Tomdachoille 2009. 606 S.)
Newman, Peter C.: King of the Castle. The Making of a Dynasty: Seagram's and the Bronfman Empire. New York 1959. 304 S.
Nouet, Martine: Les Routes du Malt. Paris 1999. 144 S.
Nouhuys, Heinz von: Es begann im Duty-free-Shop. in: New Mag, April 1993.
Nown, Graham: Edradour. The Smallest Distillery in Scottland. Whitley, Melksham 1988. 48 S. mit einem Vorwort des Duke of Argyll.

Nown, Graham: Malt Whisky. A Comprehensive Guide for both the Novice and Connoisseur. London 1997. 128 S.(Paperbackausgabe 2000; auf Deutsch: Malt Whisky. Ein Geschenk der Natur. Cham (Schweiz) 1998. 128 S.
Nown, Graham: Laphroaig® – no half messures. Dumbarton 1997. 40 S.

O

'Ole Bottleman, The: Pub-Jugs and other Advertising Jugs with Price Guide. Book 1. Barnsley o. J. 122 S.
o. V.: Report respecting the Distilleries in Scotland. Ordered to be printed 12th July 1799.
o. V.: Report respecting the Scotch Distillery Duties. Ordered to be printed 11th June 1798.
o. V.: Whisky. Thoughts on distllation of ardent spirits in the Highlands of Scotland; submitted to the consideration of the government by a landed proprietor in the country of Inverness. Inverness 1814.

o. V.: Truths about Whisky. London: Sutton Shape and Co. 1878. 104 S. (Second Edition Revised: 1879. 113 S. Reprint London 1878. Reprint herausgegeben von Ian Buxton: Tomdachoille 2008. 115 S. mit einer CD.)
o. V.: Report from the Select Committee on British and Foreign Spirits. Ordered by the House of Commons, to be printed, 30th April 1891. London 1891. 151 S. (2. Auflage 1908)
o. V.: The North British. Edinburgh 1960. 43 S.
o. V.: North British. The North British Distillery Co. Ltd. Wheatfield Road Edinburgh 1885–1935. o.O.: o. J. 47 S.
o. V.: Scotch Whisky and the House of Haig. o. O.: o. J. 48 S.
o. V.: An Old Scotch House. Arthur Bell & Sons Ltd. Distillers Perth Scotland. o. O.: o. J. 22 S.
o. V. [Capt. W. S. Smith-Grant]: Glenlivet. Where Romance and Business meet being the Annals of The Glenlivet Distillery founded by George Smith in 1824. Glenlivet 1924. 32 S. (2. Auflage 1959. 41 S. mit Illustrationen von George Mackie, zum

100. Jahr der Produktion am gleichen Ort. 4. Auflage 1966. 41 S. mit einer neuen Farbillustration)

o. V.: **1846 D 1946.** o. O.: 1946. o. S. (über Dewar)

o. V.: **Scotch Whisky. Questions and Answers.** Edinburgh Whisky Association 1953. 82 S.

o. V.: **All About Whiskey.** Dublin 1957. 18 S.

o. V.: **Irish Maltster's Conference. Selected Papers 1952–1991.** Dublin 1961. 339 S. (Aufsatzsammlung zu verschiedenen Aspekten des Mälzens, von der Ernte bis zum Trocknen des Malzes.)

o. V.: **D.C.L. and Scotch Whisky.** Ipswich 1961. (2. Auflage 1962. 3. Auflage 1966. 4. Auflage 1975. 8th revised edition: Distillers of Scotch. 1982. 52 S.)

o. V.: **Mr. Seager & Mr. Evans. The Story of a Great Partnership.** London 1963. o. S.

o. V.: **The Story of Scotch Whisky.** Markinch 1977. 16 S.

o. V.: **Harrods Book of Whisky.** Published by Decanter for Harrods. London 1978. 46 S. (rev. 1980, 1981, 1983, 1985. Jeweils o. S.)

o. V.: **Von Malt bis Rye. Alles über Whisky.** in: Gourmet. Das internationale Magazin für gutes Essen. Ausgabe 24, Sommer 1982.

o. V.: **Scotch Whisky in the 80s.** Distilling Sector Working Group. Edinburgh 1984.

o. V.: **The Story of Scotch Whisky. A Souvenir Guide Book to the Scotch Whisky Heritage Centre.** Edinburgh 1988. o. S.

o. V.: **Dram of the millenium.** in: Decanter, February 1990 (Angebot eines Aberlour für £ 2000).

o. V.: **Old and rare Whiskies.** in: Decanter, February 1991 (Tasting-Report).

o. V.: **Seele vom Holz. Die Chemiker rätseln noch: Wie kommt der Geschmack in den Malt Whisky.** in: Der Spiegel 15 / 1991.

o. V.: **The Maltmap. A Full Colour Map of Scotland's Most Famous Malt Whiskies.** Edinburgh 1991.

o. V.: **The Brewery Manual and Who's Who in British Brewing and Scotch Whisky Distilling 1992.** Hampton 1992. 248 und 31 S. (seither jährlich erscheinende Publikation)

o. V.: **Single Malt Whiskies.** in: Decanter, February 1993.

o. V.: **Islay Malt Whisky Trail Passport.** Bowmore o. J. [1994]. o. S.

o. V.: **Caol Ila Distillery 1846–1996. A Photographic Celebration.** Port Askaig 1996. 56 S.

o. V.: **La Dolce Vita: Whisky.** London, Cape Town, Sydney, Auckland 1999. 64 S.

o. V.: **The Cutty Sark Visitor's Centre Rothes, Scotland.** o. O. o. J. 21 S.

o. V.: **The Definitive Guide to Buying Vintage Macallan.** Aberlour 2002. 109 S.

o. V.: **The Practical Distiller: Or, a Brief Treatise of Practical Distillation.** London 1718. (Reprint mit einem Vorwort von Malcolm Greenwood: Elgin 2002. 152 S.)

o. V.: **Distilleries to Visit 2009.** Edinburgh und London 2009. o. S. [15 S.], erscheint jährlich.

o. V.: **Whisky. Edle Destillate für Genießer und Kenner.** Klagenfurt 2007. 224 S.

Owens, Bill / Dikty, Allan (Hrsg.): The Art of Distilling Whiskey and Other Spirits. An Enthusiast's Guide to the Artisan Distilling of Potent Potables. Beverly (Mass.)2009. 176 S. mit einem Vorwort von Fritz Maytag.

P

Pacult, F. Paul: A Double Scotch. How Chivas Regal and The Glenlivet Became Global Icons. Hoboken 2005. 290 S.

Pacy, Joseph: The Reminiscences of a Gauger. Imperial Taxation, Past and Present, Compared. Newark 1873. 127 S. (Reprint hrsg. von Ian Buxton: Tomdachoill 2007. 127 und 40 S.)

Parish, Woodbine: Two Reports of W.P., Esquire, Chairman of the Board of Commissioners in Scotland, on the subject of ILLICIT DISTILLATION in Scotland; dated London 25th April and 26th April 1816 (ordered, by the House of Commons, to be printed, 7th June 1816).

Parnell, Colin: Enhancing a Dram. in: Decanter, February 1993 (über das Riedel-Glas).

Paterson / Richard, Smith / Gavin D.: Goodness Nose. The Passionate Revelations of A Scotch Whisky Master Blender. Glasgow 2008. 206 S.

Pattullo, Diane, Derek Cooper: Enjoying Scotch. London 1980. 112 S.

Pearson, Michael: Iron Road to Whisky Country. A Travellers and Tourists Guide to the Aberdeen to Inverness Line. o. O. 2002. o. S. [40 S.]

Philipson, John: Whisky Smuggling on the Borders. Newcastle upon Tyne 1991. 46 S.

Pfister, Fabian: Kultbuch Malt Whisky. Alles über das Wasser des Lebens. Köln o. J. 144 S. mit einem Vorwort von Richard Paterson.

Piggott, J.R. / Sharp, R. / Duncan (Hrsg), R. E. B.: The Science and Technology of Whiskies. Harlow 1989. 410 S.

Pyke, Magnus: Science and Scotch Whisky. Edinburgh 1966.

Q

Quigley, John: King's Royal. London 1975. 442 S.

Quinn, Tom: The Whisky Companion. London 2005. 160 S.

R

Ramsay, Stuart Maclean: Single Sensation. So many Single-Malt Scotches but which dram do we drink. in: Cigar Aficionado Vol. 7, December 1998.

Ravier, Michel: Whisky. Wissenswertes für Genießer. München 1984. 79 S.

Reeve-Jones, Alan: A Dram like this ... The Gourmet's Guide to Scotch Whisky. London 1954. 122 S.

Riddell, J. B.: Observations on the Scotch Whisky Production Cycle. o. O. 1976.

Rivans, Stuart: Whisky Dream. Waking a Giant. Mit einem Vorwort von Lord George Robertson. Edinburgh 2008. 214 S.

Robb, J. Marshall: Scotch Whisky. A Guide. London und Edinburgh: o. J. [1950]. 80S.

Ronde, Ingvar (Hrsg.): Malt Whisky Year Book 2006. The facts, the people, the news, the stories. Shrewsbury: 2005. 273 S. (erscheint jährlich, zuletzt: Malt Whisky Yearbook 2012. 2011. 300 S.)

Roskrow, Dominique: World's Best Whiskies: 750 Unmissible Drams from Tennessee to Tokyo. London 2010. 288 S.

Ross, James: Whisky. London 1970. 158 S.

Rousies, Jean-Bastien: L'univers du Whisky. Paris o. J. 143 S. (Auf Deutsch: Whisky. Rastatt o. J. 143 S.)

Rowe, David: The Blender's Art. in: Decanter, Feb. 1990. (Malt / Vatted / Blended)

Rowe, David: Malt and Food at Mosiman's. in: Decanter, August 1990.

Rudolf, Karl: Malt, Scotch, Bourbon & Co. Düsseldorf 1989. 116 S.

Russell, Inge (Volume Editor): Whisky. Technology, Production and Marketing. Handbook of Alcoholic Beverage series. Amsterdam u.a. 2003. 366 S.

S

Scarisbrick, J.: Spirit Manual. (Historical & Technical). Burton-on-Trent 1891. 152 S. (Revenue Series No. 2)

Saintsbury, George: Notes on a Cellar Book. London 1920. 228 S. (zahlreiche Neuauflagen zwischen 1920 und 1978)

Schmidt, Tom: Whisky-Büchlein. Leipzig 2001. 128 S.

Schobert, Walter: Malt Whisky Guide. Führer zu den Quellen. Weil der Stadt 1992. 161 S. (2. Auflage 1994. 175 S. 3. Auflage 1996. 184 S. 4. überarbeitete und erweitere Ausgabe 2000. 197 S.)

Schobert, Walter (Hrsg.): The Glenmorangie Trail. Bar und Shopping Guide 1996 – Ein Führer zu den besten Malt Whisky Adressen Deutschlands. Aschheim bei München 1995. 223 S.

Schobert, Walter: Single Malt Note Book. Syke 1996. 267 S. (2. Auflage Weil der Stadt 2001. 271 S.)

Schobert, Walter: Das Whisky-Lexikon. Frankfurt a. M. 1999. 635 S. (Aktualisierte Taschenbuchausgabe: Frankfurt 2003. 640 S.; auf Englisch: The Whisk(e)y Treasury. Glasgow 2002. 374 S. Foreword: James McEwan)

Schobert, Walter: Scotch Whisky – Wasser des Lebens. Weil der Stad 2002. 96 S. (2. Auflage 2006. 3. Auflage 2010.).

Schobert, Walter: Das kleine Malt Lexikon. Frankfurt / Main 2002. o. S. [78 S.]

Schobert, Walter: Der Club der alten Singles. in: Der Feinschmecker, Dezember 1993.

Schobert, Walter: Malt News. 32 Folgen. in: Die Bar, 2 / 94 bis 4 / 99

Schobert, Walter: Flora & Fauna. in: new mag, April 1994 (über die Serie von United Distillers).

Schobert, Walter: 500 Jahre Whisky. in: Der Feinschmecker, Aug. 1994.

Schobert, Walter: Macallan in Rom. in: Die Bar, 1 / 1966.

Schobert, Walter: Prost Malt-Zeit. in: VIF, Okt. 1966, S. 88–92.

Schobert, Walter: »Whisky and freedom gang thegither«. in: Pipe & Cigar, 1 / 98 (über Malt und Wasser).

Schobert, Walter: Schöne, neue Welten. Wie ein Malt-Trinker zur Zigarre kam. in: Pipe & Cigar, 3 / 98.

Schobert, Walter: News aus Malt-Land. in: Der Feinschmecker, Nov. 1998.

Schobert, Walter: Mit Malt unter dem Kilt. in: Pipe & Cigar, 1 / 99.

Schobert, Walter: Irish Whiskey. Irlands ganzer Stolz. in: Der Feinschmecker, Nov. 1999.

Schobert, Walter: Schätze aus dem Whisky-Faß. in: Der Feinschmecker, Feb. 2001.

Seton, Mike: Distilleries of Moray. An illustrated Survey. o. O. 1980. o. S.

Setter, Jürgen / Lösch, Roland / Klassen, Horst: Whisky. Sande 1981. 141 S.

Setter, Jürgen: Whisk(e)y World Wide. Schortens 2004. 118 S.

Shaw, Carol P.: Whisky. Glasgow 1993. 237 S.

Shaw, Carol P.: Whisky. A guide to over 200 Scotch & Irish whiskies. Glasgow 1996. 287 S. (neu als: Scotch & Irish Whiskies. Glasgow 2000. 287 S.)

Shaw, Carol P.: Classic Malts. A beautifully illustrated guide to over 85 classic Scottish and Irish malt whiskies. Glasgow 1997. 95 S.

Sillett, S(teve) W.: Illicit Scotch. London 1965. 121 S. (2. Auflage: Aberdeen 1970. 121 S. 3. Auflage Glasgow 1990. 120 S. Reprint: Glasgow 2007. 78 S.)

Simon, André L.: Everybody's Guide to Wines and Spirit. London 1961. 194 S. mit einem Kapitel »Whisky«

Simon, André: Drink. London 1948. 272 S. mit einem Kapitel »John Barleycorn«.

Simpson, Bill u. a.: Scotch Whisky as tasted by Bill Simpson, Anthony Troon, S. Russell Grant, Hugh MacDiarmid, Donald Mackinlay, Jack House, Theodora FitzGibson. London 1974. 120 S.

Sinclair, Clive: Rare Images. A View of J & B. o. O. 1977. o. S.

Skipworth, Mark: Whisky. London 1987. 156 S. (Sonderausgabe: London 1992. 156 S. 3. Auflage 1994. Auf Deutsch: Schottischer Whisky. Herrsching 1989. 156 S.)

Slinn, Iain: Whisky Miscellany. Inverness 2004. 207 S.

Smith, Gavin D.: Whisky. A Book of Words. Manchester 1993. 213. S. (neu als: A–Z of Whisky. Glasgow 1997. 213 S.)

Smith, Gavin D.: Scotch Whisky. Stroud 1999. 160 S.

Smith, Gavin D.: Whisky, Wit & Wisdom. A Verbal Distillation. Glasgow 2000. 148 S.

Smith, Gavin D.: The Secret Still. Scotland's Clandestine Whisky Makers. Edinburgh 2002. 187 S.

Smith, Gavin D.: The Scottish Smuggler. Edinburgh 2003. 193 S.

Smith, Gavin D.: The Whisky Man. Edinburgh 2005. 176 S.

Smith Gavin D.: Whisky. A Brief History. Wisley 2007. 96 S.

Smith, Gavin D. / Wallace, Graeme: Ardbeg – A Peaty Provenance. Thatcham 2009. 216 S.

Smith, Gavin D.: Cheers! in: Scottish Field, May 1994.

Spiller, Brian: The Chameleon's Eye. James Buchanan & Company Limited 1884–1984. London/Glasgow 1984. 148 S.

Spiller, Brian: Cardhu. The World of Malt Whisky. London 1985. 80 S.

Steadman, Ralph: Still Life with Bottle. (Whisky according to Ralph Steadman) London 1994. 160 S. (Paperback-Ausgabe 1966)

Steel, James: Selection of the Practical Points of Malting and Brewing and Structures theron, for the Use of Brewery Proprietors. Glasgow 1878. 130 S. (und X plates).

Steneker, Fred: Whisky: Het complete whiskyboek met o. a. tips, recepten, longdrinks, en cocktails. Rotterdam o. J. 104 S.

Stirk, David: The Malt Whisky Guide. Making Whisky Fun. Basingstroke 2002. 224 S. (Ringbuch)

Stirk, David: The Distilleries of Campbeltown. The Rise and Fall of the Whisky Capital of the World. Glasgow 2005. 220 S.

Storrie, Margaret: Islay and Whisky. in: Islay. Biography of an Island. Isle of Islay, 2. Auflage 1987. 271 S. (S. 187–202).

Supp, Eckhard: Der süße Duft des braunen Wassers. Auf den Spuren der Schnapsbrenner in Schottland. in: Frankfurter Rundschau v. 1. 12. 1990.

Swindon, Arthur: Scotch on the Rocks. The true story behind Whisky Galore. Edinburgh 2005. 186 S. (Introduction: Antonia Swindon, foreword: Compton Mackenzie)

Symons, William: The Practical Gager or The Young Gager's Assistent. London 1830. 346 S.

T

Taylor, Iain Cameron: Highland Whisky. Inverness, 1968. 12 S. (Reprint 1972)

Tholstrup, Jens (Hrsg.): The Whisky Companion. (Einleitung: David Stewart, Vorwort: Michael Jackson. o. O. 2004. 191 S.

Thomson, Thomas: Brewing and Distilling. Edinburgh 1849. 378 S.

Tovey, Charles: British & Foreign Spirits: Their History, Manufacture, Properties, etc. London 1864. 376 S.

Townsend, Brian: Scotch Missed. The Lost Distilleries of Scotland. Glasgow 1993. 160 S. (2. Auflage als Paperback: 1997. 192 S. 3. Auflage: Glasgow 2000. 208 S.)

Townsend, Brian: The Lost Distilleries of Ireland. Glasgow 1997. 154 S. (2. Auflage als Paperback: 2000. 160 S. Vorwort: John Clement Ryan)

Trotter, Christopher: A Marriage Made in the Highlands. in: Decanter, October 1989. (Malt and food)

Tucek Robin / Lamond, John: The Malt Whisky File. Edinburgh 1995. 224 S. (2. Auflage: 1997. 240 S. Auf Deutsch: Kirn 1995. 224 S. mit einem Vorwort von David Stewart)

U

Udo, Misako: The Scottish Distilleries. For the whisky enthusiast. Edinburgh 2005. 461 S. (2. Auflage: The Scottish Whisky Distilleries. Edinburgh 2006. 610 S.)

V

van Gils, Marcel / Offringa, Hans: The Legend of Laphroaig. Odijk 2007. 216 S.

W

Warth, Ralph L.: Malt Whisky – unabhängige Abfüller. Pioniere, Künstler, Handwerker. Norderstedt 2005. 121 S.

Waugh, Alec: Merchants of Wine. Being a Centenary Account of the House of Gilbey. London 1957. 135 S.

Webb, S. & B. [Sidney & Beatrice]: The History of Liquor Licensing in England. Principally from

1700 to 1830. London 1903. 162 S. (+54 S. Anzeigen)

Weir, Ronald B.: History of the Pot Still Malt Distillers Association. Elgin 1970. o. S.

Weir, Ronald B.: The Distilling Industry in Scotland in the Nineteenth and Early Twentieth Century. Edinburgh 1974. XXIII, 570 und XIII S. (Dissertation)

Weir, Ronald B.: The History of the Malt Distillers' Association of Scotland. o. O. o. J. [York 1974]. 177 S. (Typoskript)

Weir, Ronald B.: The History of the Distillers Company 1877–1939: Diversification and Growth in Whisky and Chemicals. New York 1995. 417 S.

Wellings, Emma: Hunting High and Low. in: Decanter, August 1989 (Liste der Distilleries, mit tasting notes von Wallace Milroy).

Wesendonk, Aladar von: Whiskey und Whisky. Götzenhain 1974. 413 S. (ungekürzte Taschenbuchausgabe München 1976. 334 S.)

Westcott, David: Westcott Price Guide to Advertising Water Jugs. Deniliquin 1991. 144 S.

Westcott, David: Westcott Price Guide to Advertising Water Jugs & Associated Collectibles Volume Two. Deniliquin 1999. 176 S.

Wheatley, Dennis: 1749–1949. The Seven Ages of Justerini's. London 1949. 85 S.

Wheatley, Dennis: 1749–1965. The Eight Ages of Justerini's. Aylesbury. 1965. 102 S.

Wilke, Thomas: Malts, Blends, Vats – und ein Rätsel. In: Geo Special Schottland.

Wilkinson, Roderick: The Big Still. London 1958. 192 S. (Krimi)

Wilson, John: Scotland's Malt Whiskies. A Dram by Dram Guide. Gartocharn 1973. 126 S. (2. Auflage: 1974. 3. Rev. Auflage: 1978. 125 S. 4. Auflage: 1988. 126 S.)

Wilson, Neil: Scotch and Water. Islay, Jura, Mull, Skye. An illustrated guide to the Hebridean malt whisky distilleries. Moffat 1985. 128 S. (Paperbackausgabe mit einem Vorwort von David Daiches; 2. Auflage als Hardcover: 1989. Reprint: Glasgow 1992. 128 S. 3. Auflage: 1998 mit einem Vorwort von Charles MacLean)

Wilson Neil: The Malt Whisky Cellar Book. Glasgow 1999. 250 S.

Wilson, Neil: Ardbeg. The Jewel of Islay. Glasgow 2000. 42 S.

Wilson, Neil: The Island Whisky Trail. An Illustrated Guide to the Hebridean Distilleries. Glasgow 2003. 150 S. (eine Weiterentwicklung von »Scotch and Water«)

Wilson, Neil / Miroy, Wallace: Whisky in Your Pocket. A New Edition of Wallace Milroy's the Original Malt Whisky Almanac. Glasgow 2010. 192 S.

Wilson, Ross: The House of Sanderson. o. O. 1963. 108 S.

Wilson, Ross: Scotch Made Easy. London 1959. 336 S. (2. Auflage: London 1970.)

Wilson, Ross: Scotch. The Formative Years. London 1970. 502 S.

Wilson, Ross: Scotch. Its History and Romance. Newton Abbot 1973. 184 S.

Winkler, August F.: Die nackte Majestät. in: newmag, April 1993.

Wishart, David: Whisky Classified. Choosing Single Malts by Flavour. London 2002. 224 S. (2. Auflage: 2006. 240 S.)

Wisniewski, Ian: The Classic Whisky Handbook. London u. a. 1998. 64 S.

Wisniewski, Ian: Classic Malt Whisky. London 2001. 187 S.

Wisniewsk, Ian: Malt Whisky. Discovering, exploring, enjoying. London 2003. 64 S.

Wolters, Stefan / Bernasconi, Claudio: Whisky Guide. Die 100 besten Single Malts und vieles mehr. Zürich 1999, 161 S.

Wormstone, Jeffrey: Strength of Scotch Whisky. in: Decanter, April 1988.

Z

Zagatti, Valentino: The Best Collection of Malt Scotch Whisky. Turin 1999. 295 S.

Zagatti, Valentino: The Best Collection of Malt Scotch Whisky – Part Two. Whiskies and Whiskeys. Turin 2004. 192 S.

Abkürzungsverzeichnis

Co. Ltd. Company Limited. Die Company Limited entspricht in etwa einer deutschen GmbH.

F & F Flora & Fauna oder neuerdings Fauna & Flora. Wegbereitende Serie von Single Malts, mit der die damals wie heute größte schottische Spirituosenfirma DU (heute Diageo) zum ersten Mal Whiskies von all den Brennereien in Eigentümerabfüllungen verfügbar machte, die nicht zu den »Classic Malts« gehörten oder schon länger vermarktet wurden. So genannt, weil jeder Brennerei ein Tier oder eine Pflanze zugeordnet und auf dem Etikett abgebildet ist.

G & M Gordon & MacPhail. In Elgin ansässige, 1895 gegründete Firma, somit der zweitälteste der unabhängigen Abfüller nach Cadenhead und wahrscheinlich der weltgrößte Whiskyhändler. Den Laden, mit dem alles begann, gibt es in Elgin immer noch, allerdings nicht mehr mit der kompletten Inneneinrichtung.

IDV International Distillers & Vintners Ltd., ehemals Tochter von Grand Metropolitan plc, Mutter von Justerini & Brooks (Scotland) Ltd.

J & B Justerini & Brooks, siehe IDV.

DCL Distillers Company Ltd., gegründet 1877, Mutter von SMD, ehemals größte schottische Whiskyfirma. Sie war Anfang der 1980er Jahre stark angeschlagen und wurde 1987 in einem »hostile takeover«, dessen Umstände bis heute nicht geklärt, sind von Guinness plc übernommen und hieß dann, zunächst, United Distillers plc (UD).
plc Public Limited Company, entspricht in etwa einer deutschen AG (Aktiengesellschaft).

ppm parts per million = 1 Teil pro Million = 0,0001 %.

SMD Scottish Malt Distillers Ltd., 1914 aus dem Zusammenschluss der fünf Lowland-Destillerien (Rosebank, Glenkinchie, St. Magdalene, Grange und Clydesdale) entstanden; war dann die für Malt-Aktivitäten verantwortliche DCL-Tochter

SWA Scotch Whisky Association. Dachverband der schottischen Whiskyindustrie, der für die ganze Branche spricht, dem aber nicht alle Firmen angehören. Kümmert sich um (Einhaltung der) Gesetze und setzt sich weltweit für günstigere Steuern und Zölle ein.

UB United Breweries of India. Unternehmen des indischen Industriellen Vijay Mallya, der seit der Übernahme von Whyte & Mackay 2007 auch in Europa und im Whiskygeschäft engagiert ist.

UD United Distillers plc, Tochter von Guinness plc. Als diese mit Grand Metropolitan fusionierten, mit deren Tochter IDV vereinigt. Die neue Spirituosenabteilung hieß UDV. Danach wurde für kurze Zeit der Name Guinness / UDV benutzt, ehe seit 2002 nur noch Diageo verwendet wird.

UDV United Distillers und Vintners, siehe UD.

UK United Kingdom.

UMGD United Malt & Grain Distillers Ltd., die für alle schottischen Whiskyaktivitäten (Malting, Distilling, Bottling) zuständige Tochter von UD.

Weitere Bücher von Walter Schobert

Scotch Whisky – Wasser des Lebens

96 Seiten mit 65 Farbfotos und
12 s/w-Abbildungen, 140 x 230 mm,
Hardcover, ISBN 978-3-7750-0487-9.

Von Single Malts und Blends, Cask strength,
Master Blendern und der unglaublichen Vielfalt
schottischer Genüsse: Ein Geschenkbuch für
Whiskyfreunde und es bringt auch die auf den
Geschmack, die es noch werden wollen.

Bezugsquellen

In den früheren Auflagen des Malt Whisky Guides haben wir auch immer Adressen angegeben, die Ihnen bei der Beschaffung Ihres Malts behilflich sein können. Whiskyläden kommen und gehen, Adressen ändern sich und es ist nahezu unmöglich, dabei in einem gedruckten Buch immer auf dem aktuellen Stand zu bleiben. Daher haben wir für Sie den Service einer Website eingerichtet, der Sie sowohl aktuelle Änderungen in der Welt der schottischen Malts als auch eine Adressübersicht von Bezugsquellen entnehmen können. Darüber hinaus finden Sie dort auch Pubs und Bars, die aufgrund ihres beeindruckenden Malt-Angebots einen Besuch wert sind. Sollten Sie dort eine erwähnenswerte Adresse nicht finden, freuen wir uns über Ihr Feedback per E-Mail an: info@haedecke-verlag.de mit.

Unsere Online-Serviceseite des
„Malt Whisky Guides":
www.maltwhiskyguide.de